珍藏本
纪念版

汉译世界学术名著丛书

福利经济学评述

〔英〕李特尔 著

陈彪如 译

2017年·北京

I.M.D.Little
A CRITIQUE OF WELFARE ECONOMICS
Oxford
At The Clarendon Press
1957

本书根据克拉伦登出版社 1957 年版译出。

汉译世界学术名著丛书
（120年纪念版·珍藏本）
出 版 说 明

2017年2月11日，商务印书馆迎来120岁的生日。120年前，商务印书馆前贤怀揣文化救国的理想，抱持"昌明教育，开启民智"的使命，立足本土，放眼寰宇，以出版为津梁，沟通中西，为中国、为世界提供最富智慧的思想文化成果。无论世事白云苍狗，潮流左右激荡，甚至战火硝烟弥漫，始终践行学术报国之志，无改初心。

迻译世界各国学术名著，即其一端。早在20世纪初年便出版《原富》《天演论》等影响至今的代表性著作，1950年代后更致力于外国哲学和社会科学经典的译介，及至1980年代，辑为"汉译世界学术名著丛书"，汇涓为流，蔚为大观。丛书自1981年开始出版，历时三十余年，迄今已推出七百种，是我国现代出版史上规模最大、最为重要的学术翻译工程。

丛书所选之书，立场观点不囿于一派，学科领域不限于一门，皆为文明开启以来，各时代、各国家、各民族的思想与文化精粹，代表着人类已经到达过的精神境界。丛书系统译介世界学术经典，引领时代思想，为本土原创学术的发展提供丰富的文化滋养，为推动中国现代学术和现代化进程做出了突出的贡献。

为纪念商务印书馆成立120周年，我们整体推出“汉译世界学术名著丛书”120年纪念版的珍藏本，寄望既利于文化积累，又便于研读查考，同时向长期支持丛书出版的译者、编者和读者致以敬意。

两甲子后的今天，商务印书馆又站在了一个新的历史时间节点上。我们不仅要铭记先辈的身影和足迹，更须让我们的步伐充满新的时代精神。这是商务人代代相传的事业，更是与国家和民族的命运始终紧密相连的事业。我们责无旁贷，必须做好我们这代人的传承与创造，让我们的努力和成果不仅凝聚成民族文化的记忆，还能成为后来人可以接续的事业。唯此，才能不负前贤，无愧来者。

商务印书馆编辑部

2017年10月

译　序

现代资产阶级福利经济学体系是由英国剑桥学派的庇古建立起来的。庇古认为社会经济福利的标志有二:(一)国民收入总量越大,福利越大;(二)收入分配越平均,福利越大。他根据上述两个标志研究社会福利的增进和生产资源的最适度配置问题。但是这个理论是以效用的可比较性为基础的。如果效用在个人之间无法进行比较,那么就整个社会来说,就不可能进行任何的总计,关于福利最大化的任何命题,也就无从谈起。因此,经过实证经济学的一番攻击,福利经济学的基础发生了根本的动摇。自 1939 年以后,新福利经济学继之而起,在英美各国风靡一时。新福利经济学的代表人物有勒纳、卡尔多、希克斯、伯格森、萨缪尔森等人。他们从基数效用论转到序数效用论,排除了效用在个人之间的比较。照他们的看法,如果一种社会变革使一个人的福利有所增进,同时其他任何人的福利都不致减少,它就是可取的;而一种社会变革是否给一个人带来好处,则由它在市场上显示的偏好来判断。所以新福利经济学的核心是实现"帕累托最适度"(paretian optimum)所必需的一系列边际条件。所谓"帕累托最适度"是指社会已经达到这样一种情况,即任何变革都不可能使任何人的福利有所增进,也不使其他人的福利减少。于是从 20 世纪 40 年代以来,一些资产阶级学者纷纷著文

从事推敲和“修漏补缺”的工作，为进一步宣扬福利主义廓清道路。李特尔的《福利经济学评述》是其中比较重要的一部著作，它在资本主义世界曾引起广泛的注意并产生重大的影响。

李特尔是英国一位后起的资产阶级福利经济学家，任教于牛津大学。除本书外，他还写有《福利经济学基础》(1949 年)、《消费者行为理论的重新表述》(1949 年)、《社会选择与个人价值》(1952 年)、《燃料价格》(1953 年)和《对非洲的援助》(1964 年)等著作。在本书中，他用繁琐的论证对卡尔多、希克斯等人依据“帕累托最适度”条件建立的“新福利经济学”提出了一些批评意见。在他看来，这种福利经济理论在逻辑上和伦理上是有缺点的。他认为，要判断一个社会在一种情况下比在另一种情况下好，是困难的。因为消费者的选择是不一致的，社会上的人口是不断变动的，人们的嗜好和需要会受到其他人消费的影响。而且并非所有的人都清楚地了解什么是对他们有益的东西。他还认为，在福利经济学里，价值判断，特别是关于分配的价值判断，是无法避免的，因为“福利结论就是价值判断，并且因为价值结论需要有价值前提”(本书第七章)，认为一项满足卡尔多、希克斯标准的政策增进了经济组织的“效率”，实际上是在推荐这种政策。所以卡尔多、希克斯标准并不是观察“财富”或“效率”增长的客观方法，它包含有伦理判断。因此，他反对卡尔多在效率和分配之间所作的二分法(即把福利经济学分成关于效率的命题和关于分配的命题)。他认为，要使社会福利增加，除了要满足生产上和交换上的必要条件以外，还必须满足收入分配上的充分条件——实际收入的分配要比现在好，至少不比现在坏。他对伯格森和萨缪尔森的社会福利函数也攻击得不遗余力，认为“它只能看做是完全笼统而抽象的‘福利’体系所必需的形式手段，它同实际政策是没有关系的。”（本书第七章）最后他下结论说：“把福利经济学说成是研究社会快乐的经济原因的科学容易引起误解。这样来描述福利经济学意味着一定程度的客观性和精确性，然而这是不存在的。”（本书第十五章）“最好是把福利经济学看成是研究经济体系的一种形态比另一种是好还是坏，以及一种形态是否应当转变为另一种形态的问题。”（本书第十五章）

李特尔的批评牵涉到福利经济学的伦理和经验基础。但是，由于他没有能够摆脱资产阶级的狭隘眼界的束缚，他完全是站在资产阶级立场批判资产阶级立场，用唯心主义观点批判唯心主义观点，因而他的批评是软弱无力的。他首先提出了个人经济福利增加的标准。在他看来，个人幸福增进的标志，就是他“处在一个挑选的位置上”（本书第二章），因为“一个消费者处在一条比较高的行为线或无差异曲线上这一抽象观念不能很好地应用到各个个人身上。然而说某人处在一个挑选的位置上，也许依然意味着某种确切的事情。”（本书第三章）显而易见，李特尔是在个人主义的基础上宣扬福利主义，他仍然是从抽象的人（他所谓的“普通人”或“代表人物”）出发来探讨福利问题，抹煞了人的社会性和阶级性，也抹煞了快乐与幸福的社会性和阶级性。他从抽象的个人出发进一步论证社会福利极大化的条件。他认为利己主义是社会关系的基础，是社会发展的动力，通过个人幸福和切身利益的追求，就可以达到“全民福利”。从这里可以看到，李特尔的个人福利标准是一种重新装扮起来的资产阶级利己主义。他把资产阶级的自私自利说成是人的本性，并企图在资本主义社会里把个人利益和社会

利益调和起来,使“社会福利”达到最大量。

李特尔的中心论题是要杜撰一套新的社会福利标准,作为“福利国家”的指导原则。他写道:“一种经济变革是可取的,如果(一)它会导致财富的适当再分配,又如果(二)潜在受害人不能有力地使潜在受益人反对这一变革的话。”(本书第十五章)按照他的社会福利标准,当实际生产增加而收入发生“不可取”的变化时,就无法断定这种变革是否应当进行。这等于说,资本主义的分配关系是不可改变的,即使为了缓和阶级斗争而必须进行点滴的改良,也不能侵犯垄断资本的既得利益。从这一点可以看出,李特尔同他的前辈福利经济学家相比反而倒退了。庇古和勒纳还承认平均分配收入可以增进社会经济福利,卡尔多和希克斯小心翼翼地回避了收入分配这个爆炸性的问题,李特尔却断言垄断资产阶级的财产所有权是神圣不可侵犯的。

李特尔的社会福利标准突出了伦理判断,因为它包含有“好”或“坏”的道德规范。但他所提出的道德规范并不是什么新鲜的东西,而是边沁所倡导的功利主义。这就是说,按照李特尔的福利经济标准,追求幸福,追求个人利益,不仅是个人活动的指导原则,而且是进行社会变革的哲学基础。因此他用整整一章篇幅鼓吹功利主义幸福观。正如马克思和恩格斯所指出的:“经济学内容逐渐使功利论变成了替现存事物的单纯的辩护,变成了这样的说教:在目前条件下,人们彼此之间的现有的关系是最有益的,最有公益的关系。”[①]

① 《德意志意识形态》,《马克思恩格斯全集》第3卷,人民出版社1960年版,第484页。

而且，他大力鼓吹的“规范经济学”比一些现代资产阶级经济学者所主张的“实证经济学”具有更明显的辩护性质。实证经济学者要保持“伦理上的中立”，他们说经济学家的任务在于客观地“说明”各种经济现象，而这种“说明”是可以用事实来验证的，因而它只涉及“是”与“否”的问题，而不涉及“好”与“坏”的道德判断问题。李特尔不同意这种看法。他写道：“我决不认为经济学家必须对伦理问题保持中立。……我们往往可以同某个人进行说理而使他相信我们的伦理见解要比他的高明。然而这同试图靠使用鼓动性语言使人接受我们的意见是不同的——即是说，同试图靠含蓄的劝说性定义来使人接受某种东西是不同的。”（本书第十五章）所以李特尔的福利经济理论标志着资产阶级“实证经济学”或“纯粹经济学”向“规范经济学”的过渡。

李特尔还认为：一个社会要达到**唯一**的“最适度”状态，除了要满足生产和交换的“最适度”条件外，还要求福利在各个人之间进行理想的分配，而实际收入的平均分配近乎使幸福达到最大化。但是他又说：某种收入分配是同私人企业不相容的，因为整个经济将因个人收益动机削弱而陷于崩溃。这等于说，任何社会变革都不能触动资本主义私有制的基础。他还指出，一种社会变革是好是坏，要取决于对收入分配的价值判断，而价值判断又只能以统治阶级（即他所谓的“超人”）的见解为准则。这就“杜绝”了对资本主义社会进行根本改革的可能性。

其实，在资本主义制度下，根本谈不上什么“全民福利”措施，更谈不上为“全民福利”措施建立一套科学的客观标准了。李特尔企图以功利主义作基础，以序数论作前提，结合资本主义的分配关系编造一种福利经济理论。然而最后他不得不承认:"福利理论的任何进一步扩展,除了作为一种数学练习以外,未必会有什么价值。"(本书导言)

李特尔对福利经济理论的评述,可以使我们进一步了解现代资产阶级福利经济学的危机。

陈彪如

1966年2月

目　　录

第一版序

许多牛津经济学家和哲学家都有意或无意地对本书作出了贡献。在哲学家当中，我要特别感谢吉尔伯特·瑞尔教授，没有他的关怀与鼓励，我也许不能坚持下去。在经济学家当中，张波尔诺教授、沃尔斯维克、威尔逊和安德鲁斯各位先生阅读了初稿的一部或全部并提出种种有益的批评，是我必须表示谢意的。我还特别感谢克罗斯兰先生，在他的帮助下，我在体裁和阐述方面作了许多改进。

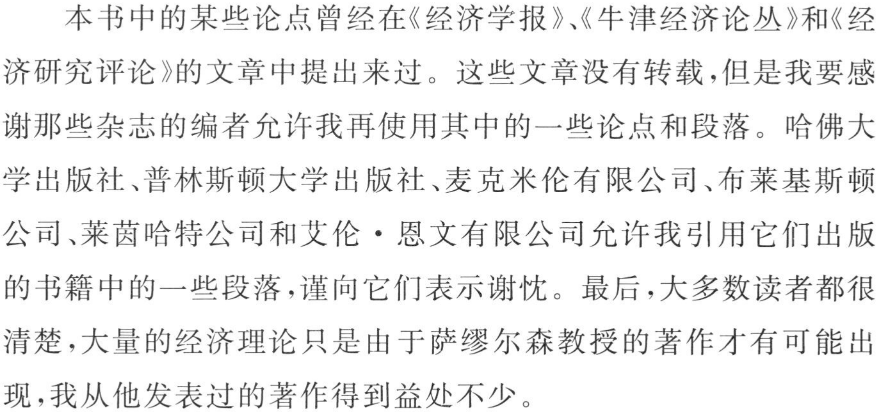

本书中的某些论点曾经在《经济学报》、《牛津经济论丛》和《经济研究评论》的文章中提出来过。这些文章没有转载，但是我要感谢那些杂志的编者允许我再使用其中的一些论点和段落。哈佛大学出版社、普林斯顿大学出版社、麦克米伦有限公司、布莱基斯顿公司、莱茵哈特公司和艾伦·恩文有限公司允许我引用它们出版的书籍中的一些段落，谨向它们表示谢忱。最后，大多数读者都很清楚，大量的经济理论只是由于萨缪尔森教授的著作才有可能出现，我从他发表过的著作得到益处不少。

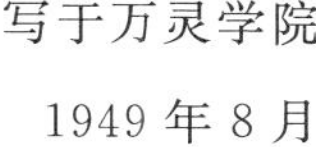

写于万灵学院

1949 年 8 月

第二版序

在为第二版进行修订中，我不打算扩大本书的范围。例如，我不曾注意到阿罗教授所著《社会选择与个人价值》一书，也不曾注意到这本书所引起的、主要是在《政治经济学杂志》所进行的讨论。我已在别处说过，我不认为这个问题对本书所阐释的和评述的经典学派福利经济学有很大关系。[①] 不论是弗莱明先生[②]，还是哈尔桑伊先生[③]，要恢复福利是效用总和这种观念的饶有兴趣的尝试，我都不曾加以考虑，照我的看法，这种尝试并不是令人向往的。

下面简单谈一下这一版本的一些变动。在第一章，为了回应休·达尔顿先生的批评，所以评论庇古教授关于福利经济学和伦理学的相互关系的见解部分略微作了一些修改并仔细加以推敲。第二章作了相当大的修订，为的是试图应付各种不同的批评；在“显露的偏好”这个附录（现在是本书后面的附录二）里增加了对以后发展的评论。就以上某些修订来说，我得感谢乔治斯库-罗根教授。附录一是新增加的，它是温斯顿先生所著强顺序（strong or-

---

① 李特尔：“社会选择与个人价值”，《政治经济学杂志》，1952 年 10 月号。

② 弗莱明：“福利的基数概念”，《经济学季刊》，1952 年 8 月号。

③ 哈尔桑伊：“基数福利、个人主义伦理学和效用的个人间比较”，《政治经济学杂志》，1955 年 8 月号。

dering)的逻辑。第三章只是略加修改，比较强调的是这个事实，即消费决定嗜好，就和嗜好决定消费一样。这一章的原有附录——效用和需求理论——删掉了，因为它对这个问题论述得不充分（虽然我不曾改变我的看法）。第四、五章没有更改。论“福利标准”的第六章大部分都重新写过，以便考虑阿罗[①]和其他作者[②]对以前分析所提出的正当批评。但是我没有接受肯尼迪先生[③]提出而有另外一些作者表示同情的认为这一类分析是无用的这一意见。第七章作了一些枝节的修改。在第八章中，对“外部”影响的论述略微加了一些工；在第九章中，对只要使价格同边际成本保持比例就够了这一命题进行了比较详细（和比较正确）的审查。论直接税和间接税的有关的附录已经参照我在《经济学杂志》1951 年 9 月号用同一标题发表的一篇文章中的分析重新写过，变为附录四。第十章缩短了，许多错误也改掉了。即使这样，我也不能自以为对“消费者剩余”这个复杂问题的处理是很满意的。第十一章作了相当大的修订，一部分是参照本书其他各章的变动；但是，除了我提出了一个国有化企业应取得利润的有力的主张外，重点和结论几乎都没有受到影响。第十二章作了少数几点修正，对“生产潜力”的论述修改了，为的是和萨缪尔森教授的《对实际国民收入的评估》一文[④]更加符合一致。由于上述鲍德温先生的文章和约翰逊

① 阿罗：“李特尔评福利经济学”，《美国经济评论》，1951 年 12 月号。

② 鲍德温：“福利标准的比较”，《经济研究评论》，1953—1954 年，第 55 期。

③ 参看肯尼迪：“经济福利函数与李特尔博士的标准”，《经济研究评论》，1952—1953 年，第 52 期。

④ 《牛津经济论丛》，1950 年 1 月号。

教授的《最适度关税和报复》[①]一文的关系，第十三章作了一些修正。第十四、十五章改动不大。新增加了一个附录（附录三），这就是《纽结在一起的几条行为线与边界最适度》。

我希望，特别是靠着上述一些作者的帮助，已使本书有了一些改进。但一般说来，这些改进可以说是属于技术性质的。我从不想改变我对福利经济学或其中任何一部分的性质或意义所持的见解。最后，温斯顿和布莱克两位先生曾分别阅读修订稿的一部或全部，我的妻子校对了全部校样，谨在此表示谢忱。但是他们对书中依然留存下来的错误完全没有责任。

写于纳费尔德学院

1956 年 4 月

① 《经济研究评论》，1953—1954 年，第 55 期。

导　言

“政治家瞧不起政论家，画家瞧不起艺术批评家，生理学家、物理学家或数学家通常也抱有类似的心情；没有比创作的人对阐述的人的蔑视更深刻或总的来说更正当的了。阐释、批判、评价是第二流人物的工作。”①

因此一些经济学家把他们要蔑视的人叫做“方法论者”。或许他们应当被人蔑视。研究科学方法的人有什么用呢？他也许要向学者说明科学家是怎样得出他们的新理论的；然而这未必有助于学者得出他们自己的新理论。他也许要试图概括，并制定一些探讨原则。但要作出能够传授给别人的适当假设的技巧是没有的。科学方法的讨论往往平淡无奇，很少是有益处的。

这不是一本关于方法论的书。经济学家不曾用科学研究方法得出他们的经济福利结论；由于它不涉及科学研究方法，所以方法论是不会有的。另一方面，我要从事的是对经济福利理论的阐释、批判和评价。

首先是阐释。在这里，我不打算包罗万象，而只叙述福利经济学的主要部分。此外，我也不想推论出任何新的命题，因为我为自

① 哈迪：《一位数学家的辩解》，第 1 页。

已规定的根本任务是批判和评价我们已有的理论;为了这个目的,没有必要探索这个理论的各个角落,虽然我确实希望考察所有重要的方面。而且,我相信,福利理论的任何进一步扩展,除了作为一种数学练习以外,未必会有什么价值。我也不想学时髦,把这个理论变成动态的。例如,我没有去探讨使福利成为生活程度变动率的函数的可能性。我也没有在形式理论中引进风险或预期,除非用非常繁琐而不切实际的方法。我的辩解是,虽然在原则上,任何这一类考虑都应当使理论更切合实际,然而事实上,它们只不过意味着我们不会得出具体的结论,因为那样一来,我们就是在走形式地研究一些实际上无法测度的因素,而这些因素甚至也许在原则上都是无法测度的。我只是用非形式的方法引进那些会影响静态福利理论的现实性的动态考察,如果静态福利理论有可能表述任何确切命题的话,看来它必须依然是静态的。作出结论并从动态考察的角度来批评这些结论,而不提出没有任何实际内容的动态理论,似乎要好一些。①

然而对于批判和评价来说,阐释只是辅助性的。与形式推论的没有疑问的确实性相对照,人们称之为这个理论的"基础"的东西总是暧昧不明的。什么是一种理论的基础呢?回答是那些假设,命题就是从它们推求出来的。但是它们怎么会暧昧不明呢?这一点肯定可以反对,人们不能从模糊不清的前提作出确实的推

① 雷德尔在他所著《福利经济学理论的研究》一书中企图把这个理论动态化。但他只能得出一些结论,这些结论要么纯粹是形式的,要么就是消极的。于是他下结论说:"把福利经济学这么加以概括的结果主要是消极的。对动态因素的考察,只不过促使我们在把静态福利标准应用到动态世界时要持慎重态度。"

论来。然而这是不正确的。推论是否确实是形式逻辑问题,前提和结论是否明白,取决于对形式体系的解释。

任何人都能够,如果他愿意的话,单单使用符号来建立一个逻辑体系,而始终不对这些符号作出解释——这就是说,不赋予这个体系以任何实际的意义。当然,这对福利经济学是不适用的。逻辑总是用文字来叙述的。由此得出的命题就是对这个体系的一种解释。功利主义经济学,或快乐主义计算,就是这样一种解释。它是一种清晰的解释,因为我们全都知道像"满足"和"快乐"这类字眼是什么意思;不幸的是,正像我们将要表明的,它并不完全讲得通。但是近来人们使用了"福利"二字。这个字眼是什么意思,一点也不清楚。换个讲法,我们不明白福利经济学讲的是什么。

尽管这个理论是这样不明不白,它肯定影响了许多人的见解。如果它的结论是没有意义的,或者只不过是形式的并被认为是形式的,那么,它显然不会发生这么大的影响。它的结论一定具有某种实际的(非形式的)意义;可是没有人耐烦地设法分析这种意义或指出它究竟是什么样的意义。

上面一段话产生两个问题。头一个问题是,假如没有人知道一种理论讲的是什么的话,它怎么会有影响呢?如果没有人知道物理学讲什么,它就不会影响人们的行动或信仰。如果人们不十分知道"地球"和"太阳"这些字眼是什么意思,那么,得出像"地球环绕太阳运转"这样的结论有什么用呢?我们试图在本书中解决的一个谜恰是这一点:福利理论是重要的,有影响的,特别是在经济学家中间,虽然了解这个字眼是什么意思或这个理论讲什么东西的经济学家很少。

另一个问题是，福利理论已经存在了一个长时期，为什么对这个理论的基础讨论得这么少、并且对“福利”二字的意义完全没有讨论呢？一个适当答案也许是这样：一种理论可以是正确的，很有用的，虽然人们不了解它的某些概念的意义。物理学就是这种情形。人们是不是相信“电子”或“分子”这些字代表一特殊种类的实体，或人们是不是相信它们只不过适合有用的理论目的的一些字眼，实在没有丝毫关系。这种问题的讨论很有趣，然而它是学术性的。如果物理学家不打算做哲学家的话，他们就可以置若罔闻。

但在物理学和其他学科间进行类比，会带来一些损害。例如在心理学中，物质的类比已经证明是无益的。认为精神是由分子——感觉和意志——所构成，它们忽左忽右地进行挣扎，由此产生的力量就实现为行动，这是没有用的想法。功利主义经济学中显然包含有心理学，这种心理学就属于这种原子性质，它是不大讲得通的。认为对物理学基础的讨论没有多大用处，所以所有这一类讨论都是没有价值的，这种设想也许是同物理学进行类比因而造成错误的另一个例子；并且这样一种设想可以说明为什么人们对福利经济学的基础比较缺少浓厚的兴趣。

当人们在一些刊物上对这个理论的基础进行讨论的时候，我们得到这样一种印象，就是这些作者是急躁的——急于要完成得出含糊的结论这一任务。一个严肃的经济学家不会喜欢纠缠在探讨基础的平凡工作上面。正像哈迪借口年纪太大，因而谈论数学而不解答数学问题一样，关于福利经济学基础的任何讨论也都只是老年经济学家的一种可以原谅的工作。

我相信，就数学和物理学来说，这种态度是合情合理的。我还相信，就经济学来说，这种态度是愚蠢的，因为结果是，观念和意见几乎肯定会受到一些影响，假如把福利理论的性质弄得更明确些，这种影响就不至于发生。它同物理学的类比在两个重要方面是站不住脚的，这会使人们怀疑，在某一方面适用的东西，也许在另一方面就不适用。首先，人们所搞不清楚的物理学的概念，没有在结论里出现。结论是关于宏观或微观的物体，而不是关于电子的。相反的，在福利经济学中，结论是关于福利的。其次，物理学家的结论可以证明其真伪；我们的结论却不能够。

我的第三项任务是评价。把这个理论放在一个我认为是清晰的和广泛地可以接受的基础上以后，必须问一个问题，就是它究竟有什么用处。由于检验它的结论实际上是不可能的，所以这是一个很难回答的问题；但是我确实认为，这个理论的现实性已被某些经济学家大大地高估了。在这个现实性问题上，经济学家似乎倾向于走极端。一些人对福利理论表示极大的轻视。另一些人却对它相信到惊人的程度，甚至拿它作为他们的政策依据。可是我知道没有人真正想检验它的现实性，或许因为没有显而易见的检验方法，并且因为，如果人们不十分知道一种理论讲的是什么的话，那就确实难以对它进行检验。对它的现实性甚至没有进行很多讨论的另一点原因，也许在于它同伦理学的关系。由于这种关系，它成了一门激发人们感情的学科。其结果似乎是失去平衡，从而对这个理论的结论，要么热情地进行攻击，要么热情地进行辩护。在我前进的过程中，我要尽力对这个理论的现实性作出某种判断。不幸的是，我找不到一种方法可以向任何人证明，我自己的判断是公正的或没有偏见的。那又需要对它的结论进行验证，而这种验证是行不通的。

因此，对这个理论的评价——断定它的价值——主要是它的现实性的问题。但在“评价”的另一稍微不同的意义上，不讨论人们对这个理论已经提出的要求，就不能评价它的重要性；这些要求给予人们一个线索来考察它也许已经发生或在将来可能发生什么样的影响和多么大的影响。这就把我们引到一场简单的政治讨论。

我不以为这个理论已经或多半会对政治事件或经济政策发生重大的直接影响。但在争辩（像我将要做的那样）它要发生微小的影响或不发生影响时，我不相信我是在做拳击练习，因为这个理论很可能产生巨大的间接影响，这是由于它可以使大学生产生新的见解，更重要的是由于它的一些结论变成为普通语言，并被认为是理所当然的事情，就好像它们是最明显不过的科学真理一样。“许多实践家自以为不受任何学理之影响，却往往当了某个已故经济学家之奴隶。狂人执政，自以为得天启示，实则其狂想乃得自若干年以前的某个学人。……然而早些晚些，不论是好是坏，危险的倒不是既得权益，而是思想。”①

① 凯恩斯：《就业利息和货币通论》，商务印书馆 1964 年版，第 326 页。

第一章　功利主义经济学

假如有人说，他答应照料一个儿童的福利，那么他就有责任去关心一切能影响这个儿童的幸福的事情。在这本书里，我们感兴趣的是**经济**福利。不论哪一方面的福利都不叫做“经济的福利”。“经济”这个字所限定的，不是幸福，而是幸福的原因或幸福的变化。如果我仅仅关心某个人的经济福利的话，那么，我就只关注那些会影响到他的幸福的经济事物。

然而幸福是什么意思呢？暂时作这样的假定：即人们能够用“快乐”这个字来替代“幸福”这个字。这种替代的正确性要到第五章才能充分加以讨论。在这里，我们只可以说，它符合功利主义经济学的用法，即使幸福不仅仅是快乐，但是，至少下面这一点是不错的：一个人的快乐的变化，在决定人们是否会说他的幸福已经发生变动时，通常起着重大的作用。因此，“我关心斯密的经济福利”这句话应移译为“我关心斯密的快乐（变化）的经济原因”。

哪些是经济原因，哪些不是，这也是必须决定的。“经济”这个字的习惯用法不单是方便问题。在本书中，一个人快乐变化的经济原因被认为是他消费或享受的、并能换成金钱的那些物品或劳务，以及他所从事的工作的数量与性质。同样，社会经济福利，依据定义，只能受每个人消费的、并能换成金钱的物品和劳务的数量的变动和他所做的工作的影响。这个“经济”定义排除了其他一切东西，包括这一类“货物”的分配赖以决定的方法在内。但是对“经济”这个字所加的上述限制，虽然方便，却会引起误解，如果人们通常是把它用在更广泛或更狭隘的意义上的话。我们所采用的定义的重要性，将在第五章中加以探讨。

我们使用了“社会福利”和“一个人的幸福”这些词语。现在人人都知道，“快乐”对一个人意味着什么，大多数人对于哪一种变革会影响一个人的快乐，也有一个很好的想法。但当我们谈到“社会福利”时，就遇到巨大的困难。如果有人说，他关心社会经济福利，我们不妨像在个人的情形下那样加以意译，说“他关心社会快乐的经济原因”，然而不幸的是，这并没有使那句话变得更清楚些。当真有某种他所关心的叫做“社会福利”的东西吗，还是他只不过试图给人以一种好印象？此外，如果一个政客站起来说，“我所建议的那种变革会增进社会福利”，他当真预言某种东西将要增多吗，或者他只不过鼓吹这种变革，而根本不提它将会取得什么结果？总之，他的说法是叙述性质的还是开药方性质的，还是两者兼而有之？

边沁对上面提出的那种问题给了一个很重要的答案。“社会的快乐”这个词和“社会上所有各个人的快乐的总和”是一样意思。而且，边沁断言，正当行动的指导原则是“最大量快乐原理”。效用就是通常会提供满足的物体的力量，一个人的快乐就是他的满足的总和。所以第一原理也就是效用极大化原理。人们是否应当使效用极大化的问题，是个愚蠢的问题。它就像是问“人们应当做他们应当做的事情吗”？说在某种情况下一种行动是正当行动，只不过是说在那种情况下它是使效用极大化的行动。边沁还认为，说“人们的福利”就是任何人的指导原则，只不过是任何人都承认了最大快乐原理的另一个说法罢了。

因此，边沁不难了解那个说“我所建议的那种变革将会增进社会福利”的政客。他晓得，这种变革会增进效用和快乐，因而在逻辑上可以推它，它是一种好的变革。他大概会说，预言一种变革的结果是增进快乐，和断定这种变革是好的，完全是一回事。根据这种见解，那个政客的说法既是科学的，又是合乎伦理的。功利主义是一种科学的伦理学。从这些原理可以推定，福利经济学是伦理学的一个分支。如果任何人使那些作为经济原因的结果的满足极大化的话，他其实就是在使某一部分快乐极大化。只要这个过程并不涉及任何其他部分快乐的减少，那就可以推定，这个人在努力使经济福利极大化方面尽了他的职责。

“最大量快乐原理”要求把微分应用到伦理经济学的问题上，而福利理论的发展极大部分是把数学应用到量的伦理概念的结果，由于边沁哲学的关系，这种伦理概念已经形成了。[①] 伦理问题只不过是另一个最大量问题，即应用数学家惯于对付的那一类问题。这两者的结合有成为科学的希望，尤其埃季沃斯对于这种可能性感到非常兴奋。例如他说：

> “社会工程师”有一天会取得他的地位，而与“机械工程师”一道分别登上最大量原理的两座高峰——道德的最高峰

① 使边沁感到鼓舞的“最大多数人的最大快乐”这个毫无意义的公式，并不是他的发明；它要归功于弗朗西斯·赫契森。

> 和自然科学的最高峰。由于物质世界中每颗粒子的运动(受抑制的或不受阻碍的)都不断地从属于一个积蓄起来的最大总能量,所以每一个人——不论是因自私而孤立起来或因同情而联合起来——的活动,都会不断实现最大量的欢乐能力,即全人类的神圣爱情。[①]

庇古教授的《福利经济学》发表于1920年,距边沁最初提出他的著名原理几乎有150年,然而当庇古教授的书对以效用理论为基础的福利经济学进行最详尽最圆满的论述时,一般认为功利主义作为伦理学的理论来说是不充分的或是虚妄的。庇古教授自己好像并不承认伦理的功利主义,但却接受了边沁的全部学说,即社会福利是各个人的福利的总和,一个人的福利是他所感到的满足的总和。[②] 经济福利被说成是总福利的一部分,即"能使之直接或间接与货币尺度发生联系的部分"。[③] 因此,庇古教授认为,他是几乎和人们探讨一条河或一个池塘的水平面如何会发生变动的原因和用什么方法才能影响这个水平面一样地探讨社会福利变动的原因。经济福利就像是一种液体或一种气体,虽然它多半难以测度,但在原则上却是可以衡量的,因而可以体验和说明它的数量变化并找出这种变化的原因。像边沁一样,庇古教授并不相信,从福利概念本身就可推定它应当成为最大量。这是因为他跟穆尔一

---

① 《数理心理学》,第12页。

② 严格地讲,福利被认为只是属于个人精神状态的,但可包括除满足以外的"精神收获"。然而经济福利只是由满足构成的(参看《财富与福利》,第3—4页)。因此,至少在某些地方,庇古似乎认为,能够用"经济"来形容"满足"。

③ 《福利经济学》,第4版,第11页。

样，认为“幸福”和“福利”是无法分析的。但是他准备承认，总福利的增长就是总幸福的增长。他认为，从货物和劳务所得满足（经济福利）的增加会导致总福利的增加，如果它不引起非经济的损害的话。所以满足显然被认为是有益的。很明显，这是一种精神上的直觉。因此，福利经济学是一门科学，因为它研究可以测度的量，即满足；它是关于福利的科学，因为满足被看成是有益的东西。

实际上，由此产生的见解和伦理的功利主义者的见解并无不同。后者是靠对善良（goodness）的假定分析得到这个见解；庇古教授只是靠晓得什么是有益的而得到他的见解的。因此，《福利经济学》旨在成为对满足原因的客观研究；然而该书作者也把它看做一种伦理的研究，虽然从一种研究到另一种研究的过渡未曾加以分析而且也无法加以分析。我们将在后面设法指出，不能把《福利经济学》看做是对福利原因的纯客观的研究，像人们有时所说的那样。我们还要争辩说，它实在是一种伦理的研究；然而这是从所用术语的性质推论出来的，并不需要精神上的特别敏锐的观察。可是现在我们要撇开这个问题，扼要叙述一下庇古教授和他的前辈所提出的福利经济学的效用理论，和后来由于边沁概念遭到某种批评而获得人们广泛接受的效用理论的发展。

庇古型福利经济学的基本特征，在于假定每个人力图使他自己的满足成为最大量。我们决不能很有把握地说，任何变化都会增加满足的总量，如果各个个人很可能因突然要使自己陷于悲惨境地而使我们失望的话。这个假定非常符合马歇尔的消费需求理论。据认为，如果需求不是决定于各个有理性的人的行为，而有理性的人——“经济人”——就是设法使自己成为满足最大化的人，那就无法谈价格的动态了。依据这一假定，一个人花钱，总是希望边际单位的金钱，不论花在哪一方面，都能提供同一数量的满足。从这一点可以推断，他要使他所消费的每两种东西的边际效用与其价格成比例。因此，如果一切东西的价格和边际效用递减原理是已知的，就可以决定每个人花钱的方法。因此价值或价格理论和经济福利理论非常投合，两者都是以消费者行为的效用理论为根据的。每个人按照足以使他的效用成为最大量的方法行动，这是使从某一系列生产要素中取得的总效用成为最大量的必要条件。

如果要达到最大量的满足，那么，关于生产要素一定要怎样使用，这样提供的产品一定要怎样分配，还可推求出另外一些必要条件。严格地说，这些条件是什么，怎样可以证明它们，这要到第八章加以说明。这些条件一般叫做生产和交换的"最适度"条件。我们将要谈到这些条件，但是目前必须信任地采用它们。（"最适度"这个字是放在引号里面的，因为，它们事实上是不是最好的条件，甚至是否在任何意义上它们都是适当的，我都不愿以任何假定作为论据。）

要尽可能获取最大量的快乐，最后还有一个必要条件，这就是，边际单位的金钱必须对一切人都提供同一数量的满足。如果这个条件得不到满足，那么，把货币收入从一个人转给另一个人，就能增加快乐。如果我们采取收入边际效用递减律，这意味着，收入的平均分配将会提供最大量的满足。但是这里有一陷阱。我们的意思是，要假定货币的边际效用随货币收入的增加而递减，还是随实际收入的增加而递减？

假定价格不变，对既定的个人来说，货币的边际效用随货币收入增加而递减，马歇尔似乎是从这种观察得出上述规律的。第二步是假定每个人都有同样的嗜好和同样的满足能力，并面对同样一个价格，人们可以以此为基础进而提出在不变价格下货币收入边际效用递减律，不论把收入给予什么人。换句话说，额外的一镑钱对钱多的人提供的满足总比它对钱少的人提供的满足要小些。因为在任何时候价格都是不变的，从这一点推定，货币收入的平均分配随时都将提供最大量的总满足。

然而这是不大讲得通的。我们是根据人们所购买的东西来判断他们的嗜好，而实际情形并不是每个有同样货币收入的人都购买同样组合的东西。即使满足能力相同是不错的，这个假定也不够充分。货币收入相同的两个人在变革之前和变革之后都不会获得同样的满足，这种变革提高了一个人所要购买的和另一个人不要购买的一切东西的价格。所以，我们有时似乎要说，斯密会从额外一镑钱获得比琼斯更多的满足，虽然斯密比琼斯更有钱些。

我们要在后面更详尽地研究上述问题，但在这里必须指出，马歇尔对收入边际效用递减律的解释和首先提出这个规律的边沁是不同的。边沁（显然还有庇古教授）认为，效用递减在某种意义上适用于实际收入。这就产生如何比较不同人们的实际收入问题。一个人的实际收入是由一批质量不同的货物和劳务构成的。通常无法明白地说，这一批大于那一批。为了比较两批不同组合的货物，我们必须衡量或评价各个不同的项目。如果不同货物的相对价值被认为是同它们的相对价格一样的，那么，每一批货物的总价值将等于购买它所必需的货币额，或是这一货币额的一定成数。

所以，在试图这样对两个不同的人的实际收入进行比较时，我们事实上只是比较他们的货币收入（假定把储蓄作为一种货物包括在内）。因此看来好像是，除非为判断相对实际收入确定一个独立的标准，否则收入边际效用递减律不能认为是指实际收入。

然而我们已经看到，说这个规律系指货币收入，是不大讲得通的。那么，如何能够解释它呢？我以为，答案是必须认为它是指实际收入的；但由于功利主义者不曾定下相对实际收入的检验标准，我们必须把这个所谓规律解释为同义语的反复，即把货币的较高边际效用当做较少的实际收入的充分标准。因此，当庇古写"但很明显，把收入从相对富裕的人转给相对贫穷而具有同样性格的人，一定能增加满足的总量，因为它牺牲比较微弱的欲望，而使比较强烈的欲望能够得到满足"这一句话时，①他一定是这样设想：由于看到把货币收入（从而实际收入）从斯密转给琼斯的结果，是使更强烈的欲望得到满足，所以说，斯密实在比琼斯更富有些（即有比较高的实际收入）。②

所以照功利主义者的看法，如果货币收入的边际效用对一切

① 《福利经济学》，第 4 版，第 89 页。

② "实际收入"这个词是模糊不清的。这个词中"实际"二字的意义，是随它用在什么语句而不同的。假如人们说："社会的实际收入是已产货物和劳务的流量"，那么"实际"二字的意义是在于它提到了那些对本身有用的物品（与货币不同）。另一方面，假如知道一个人的货币收入增加了，有人问他的实际收入是否增加，那么，他实际上是问他的境况是否变好了。这里"实际"二字的意义是和"表面"相对照的。这个人的境况在表面上变得好些，因为他得到更多的金钱，但是他的境况当真变好了吗？当人们作实际收入的比较时（不论是不是个人间的比较），我想，"实际"这个字的后一意义往往是有效的。因此我认为，"A 的实际收入大于 B 的实际收入"这句话和"A 实在比 B 富有"几乎是一样意思。

人都一样，那么满足就达到最大量，依据定义，人人在经济上都是平等的；当货币对一个人的边际效用小于另一个人时，依据定义，他实在比另一个人富有些。看来这个学说不可能有任何其他的解释，它和不同的人确有不同的嗜好和满足能力这一事实是符合一致的。功利主义者对经济平等所下的明显定义是可以反对的，这个定义是，当人们从经济事物获得同样的满足总量时，他们在经济上就是平等的。但是，如果这就是经济平等的定义，也不能从这点推定，平等会提供最大量的快乐，而这却是激进功利主义的中心教义。

现在让我们回到生产和交换的"最适度"条件。假如这些条件不实现，那就可以推定，更多的满足可以提供出来，只要把"最适度"条件付诸实行而不改变货物的分配，使富人（像上面所说的）获得那么多的好处，以致使否则将会增加的满足化为泡影就行了。福利理论的主要任务是要探索这些"最适度条件"，然而人们可以看到，所得出的任何结论总得依据分配来加以检定。可是没有方法可以断定，收入分配对那些具有更大货币边际效用的人变得不利还是有利。最好的做法是用货币收入作为指南，并用某种多少是专断的尺度来衡量不均等的货币收入。

所以功利主义福利理论的一般结论必然是试验性质的。人们决不能明确地说，把"最适度"条件付诸实行就会增加社会福利。这一点或许始终不曾充分强调过。

以上完成了我们对功利主义经济学的基本原理的叙述。现在我们必须考虑人们对这一理论提出来的主要反对意见。首先，据说满足是不能加起来的。所以，社会快乐是各个人的快乐的总和，各个人的快乐是他们的满足的总和，这些说法是没有意义的。由于有这种批评，一般人接受了这样一种理论，它所依据的见解是，只有序数体系，而非基数体系，才适用于满足。换言之，我们可以说，什么时候他获得较多或较少的满足，然而他不可以说，他究竟获得多少满足。这样产生的理论，连同是基数还是序数效用体系能最好地说明各个人的经济行为的问题，将在第二章中进行讨论。

其次，有人认为，不同人们的满足和快乐是不能用客观的科学方法进行比较的，凡是这一类比较都是对事实问题的一种价值判断或伦理判断，而不是普通的经验判断。这一批评意见，连同对实际收入分配和经济平等的意义的进一步探讨，将在第四章中进行。

第三种批评意见是从第二种批评意见产生的，这就是，福利经济学必然是一种规范的研究，因为不可能进行一种变革而不损害某些人，因为（据说）个人间的满足比较是价值判断，而且是判断社会福利所必不可少的，所以福利经济学必然带有伦理性质。这一点批评提出了伦理学和经济学的关系的整个问题，我们将在第五章中予以讨论。在这以后，我们主要将论述所谓新福利经济学，它是因功利主义福利经济学遭受到这样一些批评而发展起来的。

第二章 消费者行为的分析[①]

由于人们放弃满足能够叠加这种观念的结果，马歇尔型分析就大部分被消费者合理行为的无差异曲线分析所代替了。个人力图使他的满足成为最大量的假定仍然保留着。然而“使满足成为最大量”不再意味着“获取最大总量的满足”，而是意味着“达到最高的满足水平”。满足像一座山一样，我们可以说，他爬得高些，或低些，或是在同一高度。像一座山一样，人们能够绘出一些标明同一高度的等高线，但和普通的山不同，这些等高线不是用英尺或满足单位标明的。它们只有序数，第一条、第二条、第三条等高线，等等。由于不发生把这些数字加起来的问题，因为序数是不能相加的，所以它们用1、2、3还是用1、7、10作标记，就没有关系了。它们能同样好地用9、20、30作标记。最要紧的是顺序。较高的等高线代表较多的满足，它的数字一定比低一点的等高线要大些。这就是整个的情况。

现在让我们设想一个只有X和Y两种货物的世界，并选定某一消费者。就经济财货来说，作为一个消费者，他的满足现在

① 这一章的许多论证见我写的一篇文章“消费者行为理论的重新表述”，《牛津经济论丛》，新辑，第1期，1949年1月号。我要感谢剑桥大学J.杜尔宾先生，他指出了这篇文章的一些错误。

只取决于他所能消费的X和Y的数量。第二步是在图中绘出等高线，图的两个坐标代表X和Y的数量。于是在这样一条等高线上的任何两点代表这个消费者感到同样满意的一些货物组合。为了画出一条等高线，要选取一定的货物组合(由图中的A点表示)，然后询问这个消费者，以便找出X和Y的所有其他组合，在他看来，B、C、D等组合中的每一个组合都与组合A是无差异的。这样就可假定，他认为B和C或C和D并无差异，依此类推。换句话说，这就是假定无差异是一种连署的关系。这意味着，如果一个人认为A和B以及B和C是无差异的，那么，他必定认为A和C也是无差异的。这就决定了人们通常叫做无差异曲线的等高线。①

现在把略微多一点的Y给予这个消费者。这使他移到新的一点Z，譬如说，这一点代表$7X$和$8Y$，而A则代表$7X$和$7Y$。Z一定比A好。然而人们不妨问：$7X$和$7Y$不可能比$7X$和$8Y$给予一个人更多满足吗？答案是“不”，因为X和Y都是货物。根据定义，大一些的货物组合要比小一些的货物组合可以提供更多的满足，又根据定义，一些性质不同的货物的组合要大于另一个组

① 这是照通常教科书中的解释来说明一条无差异曲线是如何决定的。关于正统见解的明白叙述，见艾伦著《为经济学家写的数学分析》，第124页，在这本书里他讲道：“现在基本假定是，消费者系按照确定的‘偏好尺度’把他的支出分配在两种货物上面。根据这个假定，他的‘嗜好’是这样的，因而他能按上升的偏好顺序来安排购买货物的一切可能性，给定任何两套可供选择的购买，他就能够要么说，哪些购买是更可取的，要么说这些购买对他来说是无差异的。”在这场合，“更可取”和“无差异”不能认为是指没有说明的符号，所以“更可取”只能意味着“更满意”，而“无差异”只能意味着“同样满意”。为了这个缘故，我使用“满足”这个字眼要比愿意在这场合使用它的大多数作者更随便一些。

合，如果某一种货物多些而其他任何种货物都不少的话。这就是说，如果一个人更加喜欢 7 个苹果，而不是 8 个苹果，那么对他来说，一个苹果就不能叫做一宗货物。“货物”这个抽象概念只能应用到现实世界上的东西，如果多一些的东西要比少一些的东西可以提供更多满足这一点是不错的话。

我们于是从新的一点 Z 开始，采取和先前完全一样的步骤，并通过这一点绘出第二条无差异曲线。这条新的无差异曲线不能穿过那条旧的。为什么？

在图 2.1 中，它是这样画的，即在 B 点穿过那条旧的无差异曲线。现在我们的消费者认为 Z 和 B 以及 B 和 A 都没有差异。然而无差异被定义为一种连署的关系。所以他认为 Z 和 A 是无差异的，然而根据定义，Z 又比 A 好一些（能比 A 提供更多的满足）。我们的体系显然有矛盾，因此无差异曲线一定不能相交。但若我们发现，当对某一个人绘画这些曲线时，它们确实是相交的。我们对于一个坚持不合逻辑性的人要说些什么呢？答案不过是，我们说他不合逻辑，这只是说，我们的逻辑体系对他是不适用的，而不是说，他是没理性的、愚蠢的，或疯癫的。我们以后将会看到，有充分理由说明为什么我们的体系不适用，但这并不意味着，我们是在和一个精神病人打交道。

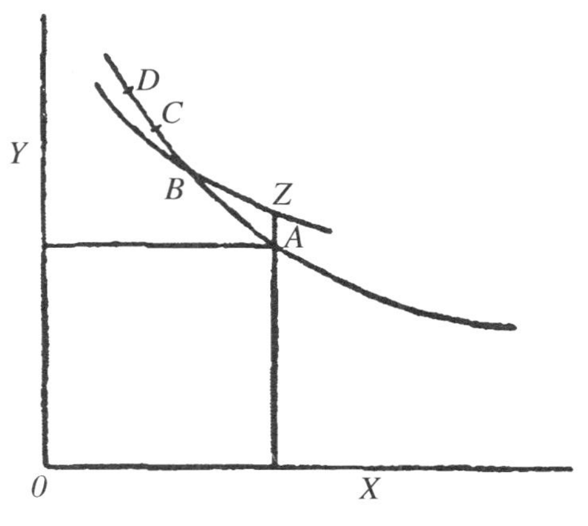

图 2.1

现在我们假定，我们顺利地绘出一组不相交叉的无差异曲线，也就是一张满足图，并且要记得，我们假定这个人总是要这样行动，以使他的满足成为最大量。这张图的目的是要表明，我们的消费者将会购买什么数量的X和Y，如果我们给予他某一数量的Y，然后让他按一定价格用Y去交换X的话。

在图2.2中，这个消费者是从OA数量的Y开始的。以Y表示的X的价格是OA/OB。如果他放弃任一数量的Y，譬如说ΔY，他就能获得$\Delta Y \times OB/OA$数量的X。所以AB线的斜度表示X和Y的相对价格。现在因为他要使他的满足达到最大量，他用Y去换取X（即他沿AB线移动），一直到他达到AB线与尽可能最高的无差异曲线相切的E点。

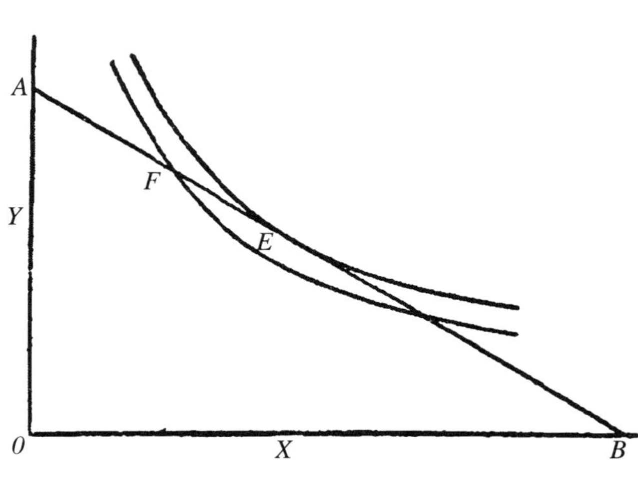

图 2.2

这里发生一个问题，就是AB会不会和这条最高可能的无差异曲线不止相切于一点。如果它是这样的话，那就无法从图中指出，这个消费者将要购买这些点所代表的哪 一个组合了。他会认为，购买哪一个组合都无可无不可。然而这种不确定状态是不方便的，所以让我们暂时假定，所有像AB那样的价格线只和最高无差异曲线相切于一点。现在，如果事实是那样的话，无差异曲线必定对原点全都呈凸形或凹形。[①] 如果这些曲线处处呈凹形，这个消费者会全部购买X或全部购买Y，不论它们的相对价格如何，他决不会每样都购买一些。这种不切实际的情形可以排除掉。所以我们要假设曲线处处对原点呈凸形。这些曲线几乎总是要这样绘画的。

E点是均衡点，即AB与最高无差异曲线相切的一点。我们能对这一点说些什么呢？显然，在E点，AB线和无差异曲线具有同样斜度。AB线的斜度表示X和Y的相对价格。但无差异曲线的斜度表示什么呢？它表示在保持同一满足水平时X替代Y所依据的比率。所以使满足成为最大量的条件是，任何两宗货物的价格比率应等于消费者在使满足不增不减的情形下能用一宗货物替代另一宗货物的比率。这个条件取代了马歇尔的条件，那就是，价格比率应等于两宗货物的边际效用之比。并且，边际效用递减的假定也代之以这样一个假定：如果我们要保持同一满足水平，则Y对X的替代率是递减的。

现在我们要扪心自问，这种新分析是不是一项重要进展呢？要回答这一点，我们必须首先探讨纯粹的和实用的逻辑体系之间的区别。在一个纯粹体系里，人们使用某些抽象概念，并靠一些原理来对它们下定义。这些概念的意义都是从这些原理以及这些原理在这个体系内的用法推究出来的。它们与这个体系以外的任何事物

---

① 不可能单从均衡定义推论出无差异曲线处处对原点呈凸形。如果一个消费者是在价格线的位置和斜度所表示的种种可能性中进行自由选择的话，他是处于均衡状态。然而他从这些可能性中作出明确的抉择这一事实并不足以证明，在价格线上就没有另外一点和选取的一点是无差异的。

都不相干。凡是包含有这些字眼或概念的句子都是这个体系的原理或假设，或依据这些原理进行的推论。这样一个体系，要靠对这些概念的解释，也就是使之涉及或表示这个体系以外的一些事物，才能加以应用。举个例子，纯粹几何学不是关于空间或任何东西的。只有当它的概念，如“点”和“线”，被认为是指像纸上的针眼那样的实在的点和在纸上画的实在的线时，它才关系到空间。当然，一个逻辑体系可以是完全正确的（就是说，从原理求出理论），尽管它不能应用到现实世界。但是，能够这样抽象的不只是整个逻辑体系。单字差不多也可以这样说，即使它们不是前后一贯的、循环的逻辑体系的一部分。例如，在表述无差异曲线分析时，我们使用了“货物”这个字，并且说，**根据定义**，多一些“货物”要比少一些“货物”可以使人们获得更多的满足。这不单纯是任意的。我觉得，人们在经济学中终于这样来使用这个字眼了。然而我们往往不容易断定，经济学中所使用的一个字是不是具有它的通常的意义，或者经由一个逐渐的演进过程，它是否终于获得一个完整的或局部的定义。那总是很不容易断定的，因为定义能够通过逐渐的过程而产生，用不着明白规定下来。一个逻辑体系的结论不过是一些同义语的反复，因为它们是从明白的定义推论出来的。但在通常的谈话中确有许多同义语的反复，尽管不曾有人对这些字下个明白的定义，从而使得重复的叙述变成为一些同义语的反复。

现在“效用”这个重要字眼已经发生这么大的变化。对于边沁，“效用”是指物体对人提供满足的某种力量。就马歇尔和庇古来说，它约略相当于“可取性”。它是人和物间的关系，虽然严格讲来，最大量效用只能意味着最大量的预期满足。然而今天经济学家谈的是基数的或序数的效用体系。在这种叙述中，“效用”这个字不是指物体的哪种力量或哪种实在的关系。它用不着指什么东西。基数效用体系是一个抽象体系，在这个体系里，“效用”可以进行加法和乘法的运算。在序数效用体系里，这些方法就被排除了。

对消费者行为的马歇尔分析和无差异曲线分析间的区别可以这样来说明：前者是基数效用体系，后者是序数效用体系。这个说法不免有点令人误解，因为马歇尔不曾明确划分抽象的和实用的体系。对他来说，效用不是纯粹抽象的概念。但是人们当然容易虚伪地说马歇尔分析是纯粹的或没有解释过的，在这种情形下，“效用”就不再指消费者和消费品间的某种关系，而变成一个抽象的概念。现在我们不妨提一个问题：如果我们企图重新应用纯粹的马歇尔分析，“效用”应如何解释呢？回答是，一定要把“效用”看做是指满足或预期的满足的。于是我们看到，“效用”这个字是怎样改变它的意义的。打个比方，效用一度被认为是满足在外部世界中的一种反映，即物体提供满足的一种力量，然而后来它终于被认为是满足在逻辑中的一种反映了。

所以在我阐述无差异曲线分析时，我从来没有提“效用”这个字。我说满足。但若人们用“效用”这个字代替“满足”这个字，那就引起这个体系是否能依据“满足”来解释的问题。严格讲来，人们也要认为所使用的一切概念都是抽象的或没有解释过的。“这个消费者”不应认为是指哪个消费者。对于能不能合理地认为这个体系和实在的消费者与实在的满足有点关系这一问题，我们切不可以未决问题为论据。

这已经离开本题而扯到逻辑上去了，现在我们可以很简单地叙述一下人们可能认为是无差异曲线分析所取得的进展。纯粹的马歇尔体系用加法来处理“效用”。然而现在人们普遍认为,满足可以叠加的说法是荒谬的。如果这是不错的,那么,“每个人总想使效用的总和成为最大量”这一假设就不能解释为“每个人总想使其满足的总和成为最大量”;更糟糕的是,我们怎能解释边际效用递减律呢?可是,无差异曲线,就它的纯粹形式来说,是个序数效用体系。因为满足至少能按其量度的顺序进行排列,所以人们认为,这样一个体系是能够用满足来解释的。

然而,看来是无差异曲线分析所取得的进展有点像是错觉。它本身可以言之成理地用满足来解释这一点并不正确。人们不否认一种满足大于另一种满足的说法是有道理的。主要困难是在如何解释“每个人总想使效用成为最大量”这条原理。我们要设法证明,这不能合理地用使其满足成为最大量的消费者来解释。如果这是正确的解释,那就可以推定,这个体系只适用于那些确实或极少试图相当成功地使其满足成为最大量的消费者;换句话说,经济学家只能说明那些追求最大量满足的人们的行为。因为,当经济学家为一个消费者画一组无差异曲线时,他所做的是绘画这个人的偏好和无差异图。如果这个人这时不能按照他的偏好来行事,人们怎能解释他的行为呢?人们必须撇开他。即使他没有疯,他至少不是一个“经济人”的例子。所以情形好像是这样:只有经济学家使之理论化的人才是追求最大量满足的人。

在过去,人们往往借口经济学家的理论只适用于自私自利的人而加以攻击;这种攻击被斥为荒唐可笑的。然而它们并不是荒唐可笑的。经济学家认为实证经济学同满足总有一些必然的联系,他们搞错了。通常对付这种攻击的方法是说,一个利他的人依然要使他的满足成为最大量，因为利他主义本身就是一种快乐。但这要否认人们在帮助别人时终归或预料到要遭受一些痛苦，那是不合理的。举个例子，一个人也许会供养一个使他的生活变得不能忍受的妻子，而从他也许是在尽他的义务这个事实却不能得到什么快乐。要说他是在使他的满足成为最大量，似乎是不很合理的，可是我们将会看到，他的行为也许是同他有一组不相矛盾的“无差异”曲线这一点完全符合一致的。

斯蒂格勒教授[①]试图用下面的说法来克服这个困难，即：一个人力图使其成为最大量的是什么东西，是没有关系的，只要他力图使某种东西——譬如说他的体重或他的困苦——成为最大量就行了。但这等于决心要说，当经济学家能够说明一个人的行为的时候，那时这个人就一定在使某种东西成为最大量。它一点也没有指出，这个理论在哪些场合可以应用，在哪些场合不可以应用。相反的，它把这个理论的顺利应用作为检验什么时候一个人在追求最大量的尺度。它不说“如果他追求最大量，我们将得到正确的答案，”而说：“如果我们得到正确的答案，他就是在追求最大量。”但若我们得到正确的答案，那么他是否在追求最大量、最小量，还是在完全任性地行动，就没有关系了。

不过，斯蒂格勒教授的方向基本上是正确的。他看到，就效用理论同经济行为有复杂的关系这一点来说，它的重要原理是，被实验者应按某种共同尺度来评价他可能有的一切，而选取评价最高的一个。这条原理对人们的各种各样动机都一视同仁，这一点是

① 《价格理论》，第 64 页。

和许多人的常识相抵触的。[1] 但是,即使人们并未体验过这种精神过程,他们也许依然会像他们曾经体验过这一过程那样地行动。在这种情形下,就实证经济学而论,说他们会使效用——不论它是什么——成为最大量,是没有害处的(然而我们在前一节已经看到,那也没有好处)。可是这样讲对福利经济学却很不利,因为它必然要把更多的"效用"说成是更大的满足或快乐。在这样做时,经济学家只不过使自己显得很愚蠢罢了,因为,没有什么比下面这一点更加清楚了:在上述意义上的效用和满足或快乐之间的联系决不是完全的。

显而易见,我们应当首先揭示序数效用分析所包含的行为规则,然后为"更多的效用"寻求一个比更大的满足要好一点的解释。为了这个目的,有必要用选择来解释这个体系。[2] 我们要提醒我们自己一下,在前面的阐述中,我们曾经提议把这一组无差异曲线画出来。选定了某一组合的东西,然后要求这个人指出所有其他组合的名称,表明他认为这些组合当中的每一个都和原来的组合没有差异。这样,一条无差异曲线,就像这个名称所暗示的,代表他认为是无差异的一切组合。

---

① 参看乔治斯库-罗根:《选择、预期和可衡量性》,《经济学季刊》,1954 年 11 月号。

② 应当强调指出,这样做的必要性和哲学的或心理的行为主义理论毫不相干。"纯粹行为主义不曾成为心理学本身一个特别有用的方法。我一点也不明白,为什么在这个时候我们要离开我们的道路而用一些使自己归于失败的禁令把我们自己束缚起来"(罗宾斯:《罗伯逊论效用与机会》,《经济学报》,1953 年 5 月号),这一类嘲笑是完全不着边际的。毫无疑问,以行为一致性的某些原理作为依据来表述这个理论,在最近曾经引起人们对这些原理和什么东西使得人们的行为一致或不一致的问题的兴趣。现在了解下面这一点已比以前容易得多了:即在什么环境下,效用理论多半是正确的或是虚妄的,人们甚至已着手对它进行检验了。

现在“无差异”这个字好像是我们提出新解释的一个障碍。它是指精神状态，而不是指任一单独的选择行为。当然，我在这样说时并非坚持无差异是一种不可思议的感觉。使用这个字并用选择来解释，在学术上没有困难。有人曾经说过，我们能对无差异进行观测。[①] 但如果让我们要提出一个确切的解释，就需要多谈一谈。用选择来对“偏好”下定义是容易的：我们可以把“斯密宁要A而不要B”意译为“在其他条件相同的情形下，斯密选择A而不选择B”。但是“无差异”要困难些。有人建议用一种统计上的定义。如果我们使一个人多次地面临同样的一种两可的选择人，而他（几乎）有一半次数选择了一个办法，另一半次数选择了另一个办法，那么我们就说他认为两者是没有差异的。这是个很不能令人满意的定义。它使得无差异和不一致难以区别；也必须指明试验的次数并为选择确定一个任意的相对频率作为偏好和无差异的边界；还和通常用一单独选择行为对偏好所下的定义之间发生矛盾，因为，如果我们必须进行大量试验来决定无差异的话，我们就得同样进行大量试验来决定偏好。

但是我们用不着为这些难题操心，因为，仅仅对这个论题提供不同各组货物间的实际选择从而得出一组所谓无差异曲线，在原则上是十分简单的。现在假设我们从一既定组合的东西A开始，然后要求我们的消费者说出在所有其他可能的组合中，他宁要哪一组合而不要A，还是宁要A而不要任何其他组合。显然，只要我们使他指出一切可能的组合，我们就能得出一条所谓无差异曲

① 华尔希：《消费者行为的描述》，《经济学报》，1954年8月号。

线，作为代表宁要A而不要其他组合和宁要其他组合而不要A的两个区域间的边界。[1]

然而对实际上处在边界上的各点又怎样进行选择呢？如果我们让这个人在这样两点间自由选择的话，他将会选择一个而不选择另一个。所以，我们要是希望说，当一个人选择A而不选择B时，他在A的境况要比在B好些，这和获得更多的效用是一样意思，那么，我们就不能把边界线叫做无差异曲线了。因此我主张把它们改名为“行为线”。[2] 如果我们还假定，他在任何三点之间的选择是连续的，那就可以推定，边界点一定有确定的选择顺序，就像边界线本身按顺序排列一样。于是我们得出最简单的选择理论，这就是，所有可供选择的替代办法能像一根链条的各个环节那样依次排列起来，这个人要选取他可以获得的“最高”一个环节。[3]

现在，选择的连署性是决定一组不相交叉的无差异曲线或我们现在称之为行为线的条件。这要靠表明下面一点来证明，即当两条曲线相交时，非连续性必定总是要发生的。这个证明要留待

---

① 要是十分严格的话，这里概述的强顺序需要一套原理，它和通常对包括无差异在内的序列所提出的一套原理是不相同的。参看附录一。

② 《消费者行为理论的重新表述》，《牛津经济论丛》，1949 年 1 月号。

③ 人们不能总是依据效用函数来为商品空白处的每一点标一不同数字，因为它们要是保持正确的顺序，就不一定有足够的数字。如果我们的边界曲线——行为线——彼此不相接触的话，那就能把它们定义为同效用曲线(或比较似是而非地定义为“无差异”曲线)，尽管曲线上的各点是按照选择排列的。这对效用函数来说是足够的了。然而它的缺点是，现在“宁愿选取……而不要”的关系并不是“更多的效用”的充足条件，人们通常把“更多的效用”同“境况变得好些”等同起来了。因此我们情愿不做这样的假定：即一定能依效用函数来描述一个人的选择；但是另一方面，参看本书第 34 页脚注①。

读者自己来做了。这个条件，连同对每两个可能的替代办法之间的选择不变，就是我们一般说是选择一致性的意思。

我们将会看到，单单一致性不足以决定寻常的曲线组，因为这些曲线组除了不相交叉外，还具有其他特性。可是我们暂时撇开这一点不谈，以便考察我们最大量假设的含义。假设我们有一组不相交叉的曲线，如图 2.2。像先前一样，所有在 AB 线上或在其下的各点都是我们的被实验者可能达到的。为了使他选取 E 点，人们显然必须作出一个用**抽象字眼**表示的最大量假设。他一定会谋求达到尽可能最高的曲线。然而现在怎样解释这个假设呢？在任何一条曲线以上的区域代表一些点，这个人说，他宁愿选取这些点而不要选取曲线上的任何既定的一点。例如，假使要求这个人指出他所宁愿选择（而不愿选择 F）的各组货物的名字，从而绘出两条曲线当中比较低的一条，那么，E 将是据他说他宁愿选择（而不愿选择 F）的这些点中的一点。这对 AB 和其中一条曲线相切之点以外的任何一点来说也是适用的。如果他能够上升到任何既定的曲线以上，可是，譬如说，他没有这样做，那么，他就是没有照他所说的那样去做。因此“使效用成为最大量”这个假设就可以简单地解释为，这个人必须按照他说他要去做的那样行动起来。大体上讲，使效用成为最大量的意思是说老实话——或者说得比较合理一些，就是能正确预测一个人自己的行为。

现在让我们回到上面提到过的事实，即单单一致性不足以决定寻常的曲线组，这些曲线，除不交叉的外，也是平滑的，凸出的，并且彼此决不相接触。

假使一条行为线不是平滑的，即是说，它有一个纽结，如图 2.3，那就显而易见，许多不同的价格-收入线或预算线[①]能够和它在同一点相接触[②]。如果"最适度"条件被推断为一种"最适度"的必要条件，那么，这种情形是必须排除的。另一方面，如果纽结曲线可以容许的话(并且说这是普通情形似乎是合理的)[③]，福利经济学的许多定理略加修正后还是站得住脚的。在本书正文里，我们要谈到这些"最适度"条件的寻常说法，为了这个目的，我们假定每一组货物将在一种而且只在一种价格-收入情况下被选取，这就排除了纽结曲线的可能性。在不作这种假定时所必需的修正，在附录三中加以讨论。

这些曲线如处于图 2.4 的地位也可能呈凹形。

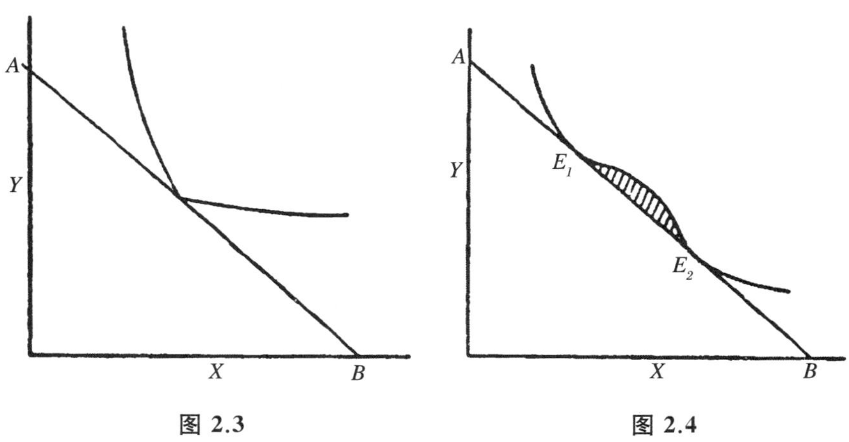

图 2.3　　图 2.4

在这种情形下，根据图解就很难说 E_1 和 E_2 两点中哪一点会

① 如果我们假定，除 x 的价格外所有其他价格都不变，我们就能用直轴代表货币收入而不代表 y。于是 AB 线系描述一个具有既定收入的消费者的地位，他面对 x 的既定价格。像 AB 这一类线叫做"预算线"。

② "支撑"是正确的术语，严格地讲，"接触"是指正切的情形。

③ 参看乔治斯库-罗根：《选择、预期和可衡量性》，《经济学季刊》，1954 年 11 月号。

被选取了。凹形的意义是，在任何价格-收入情况下，决不会选取曲线的凹形部分和价格-收入线所圈定的区域（图中的阴暗区域）内的任一点。一看就明白，不论按照哪一方向绘价格线，它在这一区域外接触的曲线总比在这一区域内接触的曲线要高些。为了福利经济学的目的，人们没有理由不假定曲线的适当部位呈凹形，从而货物的某些组合，像实际情形那样，是禁止使用的——并在任何想象得到的价格-收入情况下都决不会被选取。要是为了其他目的而必须排除这种情形，那么，在这一或那一价格-收入情况下，一切可能的货物组合都会被选取的假定就可以做到这一点。虽然在偏好域内某种凹形是许可的，但是人们所偏好的每样货物都多些这个相当可以接受的假定排除了曲线朝向东北方倾斜的情形。①

最后，选择一致性并不妨害曲线像图 2.5 那样吻合在一起。这个图和选择的连署性没有矛盾，这从 A、B、C 各点一看就会明白；因为它们的位置和人们按照 ABC 的顺序选择它们是符合一致的。② 但在通常的无差异曲线分析中，这种情形被排除了，因为 A 和 B 两者都和 C 没有差异，所以 A 和 B 彼此间，由于假定无差异有连续性的关系，也是无差异的。但是 A 和 B 应无差异这一点是和

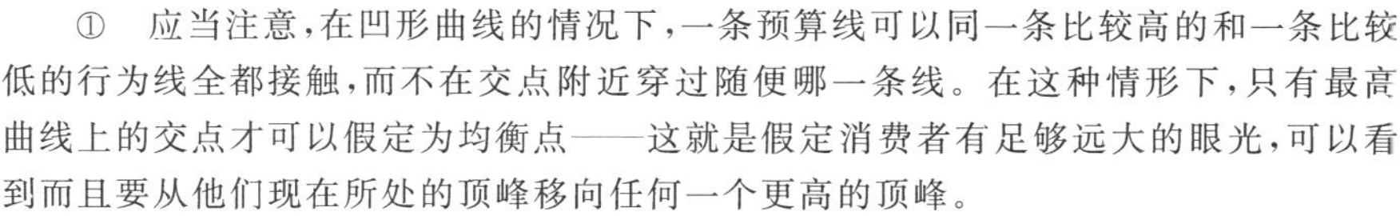

① 应当注意，在凹形曲线的情况下，一条预算线可以同一条比较高的和一条比较低的行为线全都接触，而不在交点附近穿过随便哪一条线。在这种情形下，只有最高曲线上的交点才可以假定为均衡点——这就是假定消费者有足够远大的眼光，可以看到而且要从他们现在所处的顶峰移向任何一个更高的顶峰。

② 在这个图中可以假设，要么 AC 要么 BC 是 C 的行为线，这就是，被实验人也许说过，他宁愿选取所有在 AC 线以上的各点而不要选取 C，或在另一个办法下，他宁愿选取在 BC 线以上的各点而不要选取 C——反过来也是一样。如果 BC 是 C 的行为线，那么 B 和 C 就有一条共同的行为线，AC 是 A 的行为线，而不是 C 的行为线。如果 AC 是 C 的行为线，那么 A 和 C 就有一条共同的行为线，BC 是 B 的行为线，而不是 C 的行为线。

一组大的要比一组小的好这条原理有矛盾的。

吻合线不致妨害人们对“最适度”条件的证明，因为这些条件只取决于一项要求，即预算线上任何一点都不能成为均衡点，如果它穿过那一点的行为线的话。但是它会妨害我们界说福利经济学所必要的一种连续关系——“境况同样好”。因此，我们说一个消费者的“境况是同样好”，如果它是处在同一条行为线上的话，这同图 2.5 有矛盾，因为这样一来他在A和B的境况会是同样好的。所以我们必须假定各行为线不吻合。[①]

我们现在可以把我们研究福利经济学所必需的假定集拢来。撇开前一节的必要条件不谈，这些假定是：(一)应当选取较大的而不选取较小的货物组合，(二)如果一个人一旦选取一个组合而不选取另一个，他就会老是这样做，(三)他的选择应有连署性，(四)任何选取的货物组合，只应在一种价格-收入情况下被选取，这就是，相对价格的任何变动总会引起所购货物的某种变化。

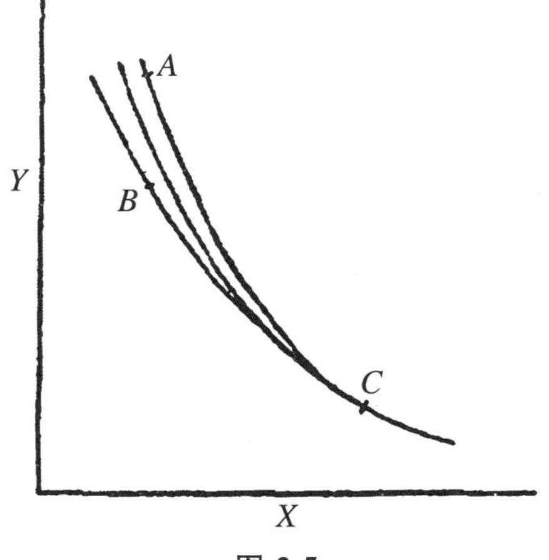

图 2.5

在这些既定的假定下，就能绘出一组一致的行为线，从而一个

① 这里必要的数学假定是，界说曲线组的微分方程要有连续的偏导数。这一数学条件的意思是，“无差异”(像第 30 页脚注③界说的)应有连续性。这可以说是从经济方面对这个必要的假定所作的解释，但这不是一个能用实际选择来赋予某种意义的解释(因为根据假定，凡属极限情形是决不能进行检验的)。

人要是达到他的出发点所属的曲线上的一点，那么，他就获得了在他的选择顺序里高于原来的组合的一个货物组合。这将是衡量他的“境况变得好些”的标准（＝充足条件）。当然，凡是想这样做的人都会认为，符合这个标准就意味着这个人获得更大的满足。但是一个人肯定很可能“处在一条比较高的行为线上”而满足却小些。换句话说，在逻辑上不能从行为线的意思推定：一个可以说是“处在一条比较高的行为线上”的人，也一定可以说是获得更大满足的人——能够推定的只不过是，他处在一个挑选的位置上。这个结论也许听起来不是很新鲜的。的确，许多人大概会认为，无差异曲线分析是关于选择而不是关于满足的。但是，只要我们保留“无差异”这个概念而不依据选择来下定义，则用这种术语作精确的解释是不可能的。

以上是把效用理论意译为选择理论，近年来，这种意译有点儿和通常（而且不幸）叫做“显露的偏好理论”混淆起来了。后一理论表明，在原则上怎样可以根据观察消费者在不同价格-收入情况下的购买来绘制他的行为图。在这种情况下，据说一个人会选取他所购买的组合，而不选取在既定的收入和价格下他能够购买的其他一切组合。用指数形式说，他要选取组合 a 而不选取某一组合 x，如果 $\sum p_a q_a \geqslant \sum p_a q_x$ 的话。[①] 借助有关支配一个人的选择的规则的某些假定，就可用这个办法，根据实际选择来绘制曲线。最

① $\sum p_a q_a$ 代表用于货物组合 a 的总支出（＝收入）。$\sum p_a q_x$ 代表按照购买组合 a 时的一般价格来估价某一其他货物组合 x 所得到的总额。于是 $\sum p_a q_a \geqslant \sum p_a q_x$ 这个条件表明，花费在 a 上面的钱也足够购买上述条件也适用的某一组合 x。换句话说，它表明，当购买 a 时，x 是一种可能性，因而（根据定义）宁愿选取 a 而不选取 x。

大量的假设完全消失了，因为现在价格线所接触的最高点代表以前曾经选取的同一货物组合，情形完全相同，所以它只决定于选择一致性的假定。但是为了把效用理论移译为选择理论，我们不需要把我们的观察局限于在完全竞争条件下采购物品的人。[①] 在原则上，每两个货物组合之间的选择也可以进行比较，在这里，一个组合的唯一成本就是放弃另一个组合。即使把我们的观察局限于市场，我们也能得出行为线，证明这一点纯粹是理论上的技巧，对于理解选择理论是毫无帮助的。事实上，为了证明这一点，我们需要的倒是比观察范围不是如此狭隘时所需要的更为严格的一些假定。从福利经济学评述的观点来看，作出比为得出我们正想估定其价值的通常结论所需要的假定更为硬性的假定是错误的。因此，“显露的偏好理论”只得放在附录二中作进一步的探讨。

有些读者也许觉得，依据选择来阐释消费者的经济理论往往会丢掉一些东西。他们会说，如果你不把行为同那一行为的心理动机联系起来，你肯定没有**说明**行为。几乎人人都会同意，作出这种解释无疑是有价值的。然而不能从这点推定有某种有价值的东西被丢掉了，因为，为什么人们要像他们采取的行径那样行动，旧式效用理论对这个问题的说明是不是有价值的贡献，是大有疑问的。实际上，我们已经指出，所有寻常的经济行为命题都是根据某些选择原理，如连续性，推求出来的。它们也是根据下述理论推求出来的：人们能够而且确实依据某种共同尺度（如所提供的满足）来评价一切可能的货物组合，并且他们往往选取能提供最大满足

① 采用一条直的预算线意味着买主之间的完全竞争，即是说，买主不能靠改变他的购买来影响价格。

的一个组合。[①] 争论的问题实际上是，这是不是说了些什么正确而有意义的但没有包含在选择原理当中的东西（它会表现为旧式效用论中的命题）。我自己看不出它是这样的。我们在上文已经谈到，举这样一些例子似乎是很容易的，这就是：说一个人正在使他的满足成为最大量是胡言乱语，而且我们依然没有理由假设他的行为就其遵守某些规则这一点来说并不是可以解释的。当然，人们总能够说，"经济人"的行动，仍旧好像他在使这种或那种东西成为最大量时那样，但是那对我们的理解显然没有丝毫帮助。

如果当真有人相信人们的心目中有偏好域（"偏好域"就是人们认为是无差异图所代表的某种东西）或人们的头脑中有无差异曲线，并且一个人的行为就是依据这些内心的图式来决定的话，那就让他这样想吧。然而，如果他确实抱有这种想法，他是从经济学争论到心理学，而不是相反的情形。譬如说，我们能够向他证明，由于人们作出的选择不一致，所以偏好域必定是坎坷不平的。我们是从一个人的行径推断他是怎样感觉的。[②] 的确，如果这是不

① 我们不能明显地说，人们往往依据一个共同尺度来衡量每一组货物的各个构成部分，从而对每一货物组合得出一个价值总额，因为这忽视了把一个组合的各宗货物联系起来的补充关系。

② 我认为，这样说也是不错的，即：一个人更多地是从他的行径，而不是靠回忆满足或快乐的感觉，来推断他自己是怎样感觉的。例如，假使一个人被指责为在发脾气，他可以否认，因为他没有生气，他也不曾感觉到头脑紧张或其他什么与发脾气有联系的情绪。经过重新思考以后，他可能认识到，他讲得唐突了，或语调激昂、而且皱起眉头，这时他说不定会承认他生了气。又假设问一个人他昨天是否过得愉快。他也许肯定地回答说，"是的"，虽然他想不起任何满足或快乐的感觉。的确，他也许不曾有这么深刻的感觉，可是他依然是愉快的。假设快乐是由快乐或满足的感觉所构成，是荒唐的。这并不是说，快乐不能正确地叫做一种精神状态。"精神状态"既不是由反省的感觉所产生的真实结构，也不是由它所产生的逻辑结构。

正确的，我们一开头就能排除掉建立福利经济学的可能性。在福利经济学中，我们必须从消费的客观事实来推断精神状态（假设“福利”**确**是指快乐和其他可以叫做精神状态的东西）。

以上扼要叙述的消费者行为理论和福利经济学之间的确切关系，将在第三章中进行讨论。但在我们撇开消费者行为理论以前，我们必须注意基数效用没有消失的事实。有些人依然要把效用加起来。他们争辩说，当不确定性或风险参加进来时，序数效用体系就无法使行为形式化。① 假设我们让某人在A和机会各半的B或C之间而不是在A和B之间进行选择。又假设他情愿要A而不要B，情愿要C而不要A。据说，他将采取哪种选择，肯定要取决于他在**多大**程度上情愿要A而不要B和情愿要C而不要A。譬如说，A比B好得多，而C只是比A好一点，那么，他肯定要选择A。但是，除非我们多少谈谈他的偏好有多么大，否则我们不能开口说，他多半要选择哪一个。很明显，一个面临这样一种抉择的人，在一定意义上，往往要把他情愿要A而不要B和情愿要C而不要A的相对程度同他分别获取B或C的机会进行比较。

这一切无疑是正确的。序数效用体系对上述情形不适用这一点也没有错，因为在这样一个体系里，效用的量的差别是不存在的。在序数效用体系里，问一个人从A获得的效用比从B获得的大多少，或者问一个人情愿要A而不要B的程度是大于还是小于他情愿要C而不要A的程度，是没有意义的。显而易见，在这里“情愿”的意思是“更喜欢些”。而且这是不错的，即人们确实会有

① 参看阿姆斯特朗：《不确定性与效用函数》，《经济学杂志》，1948年3月号。

比较满足的差别。要了解这一点，我们只需了解，在普通语言中，“我喝咖啡得到的满足比我喝茶得到的要大得多”，这样说是有意义的。如果有人问：“大多少？”我们不妨回答，譬如说，这要大于中国茶和印度茶之间的差别。但不能从这点推定，基数效用体系可以认为是衡量满足的。就完全意义上的衡量来说，我们要能比较满足的差别，但我们也需要一个单位和一个起点。这两者都没有。如果有人说他的满足现在是零，或者有人说它现在等于七单位的满足，没有人会清楚地知道他是什么意思。只要我们认为自己能够大约比较出满足的差别，那么谈满足的加减是有意义的。我们一定不能认为，它意味着有进行客观衡量的任何可能性。

也许有人反对这一点：即对一个起点和一个单位下定义多半是有可能的，并且必要的字眼也许在通俗的用语中已经消失。那不是不可能的事。人们并不认为甜味是可以测度的，然而它被测度过；人们终有一天会说，“这大约有十度甜味”和“我从这一餐饭吸取了二十单位甜味”，这不是不可能的。热也曾经是一个非量化的概念，但它已经变成量化的，并在普通语言中用量来表示。但若满足终于发生了这种情形的话，那么在经济学中满足的衡量者会相当肯定地认识到，他们弄错了。他们要衡量满足，因为他们认为满足决定行为。如果满足是用与行为无关的方法来衡量的，他们几乎肯定会承认，满足毕竟不决定行为。或者他们要说，在某种意义上被加起来的“满足”并不是他们所说的满足。他们必须在这些说法中选取一个，因为从反省就会明白，一个人的行动不是完全由满足的感觉决定的。

当然，把满足加起来的另一动机是来自伦理学。大多数人都会同意，使某一个人更快乐些是好事。如果认为快乐是由满足构成的，那么我们要是能够衡量满足，那是多么好。但是假定我们能够衡量满足。那么，要么人们会放弃认为快乐是由满足的感觉构成的这种天真的想法，并不再坚持说人们应当设法使满足成为最大量；要么他们将会说，作为正当行为的目的的满足不是这些科学家所衡量的满足。假设发寒热曾被认为是不道德的，但那时没有温度计。后来温度计发明了，一个人的体温要是高于98.4°F，他就可以说是发寒热。人们会听从有热度就是不道德的说法吗？他们多半要么说，温度计不能衡量一个人的真正感觉，要么不再说发寒热是不道德的。我们可以十分肯定，如果衡量满足变成可能的话，类似的事情就会发生。而且，如果为了伦理的原因而要衡量满足，我们就需要把不同的个人的满足加起来，这就引起我们以后要探讨的一些问题。

但是，让我们暂时窃取个人间比较的假定作为论据，并且说，我认为人们确实往往会进行某种粗略的快乐计算。然而我还认为，如果满足的衡量达到了目标，他们将会认识到，那毕竟不是他们希望达到的目标。这种情形会发生的，因为衡量是精确的客观运算，要是当真对某种叫做“满足”的东西进行衡量的话，那么，衡量结果的精确性本身就会摧毁它有助于断定伦理问题的价值。一个功利主义者不会接受一种过于客观精确的衡量，因为在某种既定的环境下，他要保持做什么事情对自己最好的决定。可是，只要满足的“衡量”或估计不是客观的，并有发生分歧的很大可能，那么，谈到快乐的计算——就是谈到满足的比较和满足和差别——有时也许是有帮助的，而且是正确的。

有人提出一种方法使“效用”成为适合线性变换的数字。例如他说：

> 试考察 C、A、B 三个事件，这个人的偏好顺序有如上述。设 α 为 0 与 1 之间的一个实数，它使 A 恰和联合事件是同样可取的，在这个联合事件中，B 的机会概率为 $1-\alpha$，剩余的机会概率 α 是 C 的。于是我们提议用 α 作用 A 胜于 B 同 C 胜于 B 之比的数值估计。[①]

这里使用了“同样可取”这一词语；然而我们能够把它像“无差异”这个字一样方便地删掉。α 可定义为 C 的极限机会，它介于因 A 被选取而提供的机会和因组合“B 或 C”被选取而提供的机会之间。很明显，那时节这个体系就可完全依据行为下定义，而没有必要假设它适用于满足或衡量了满足。完全相同的说法可以应用到这个体系，就像应用到序数效用体系一样。

因此，我们不能从这点推定基数效用体系必须依据满足来解释，就像序数效用体系需要这样做一样。基数体系和序数体系之间的争论可以继续下去，即使两方面都不相信他们当真在谈论满足。但是，一些人情愿要基数体系的理由是，他们认为它对福利经济学是有用的。根据我们现在对“福利”（=“快乐”）所下的临时定

---

① 诺伊曼和莫根施特恩：《博弈论与经济行为》，第 18 页。人们也许会注意到，除了一点以外，上述计划似和拉姆赛所提出的基本相同，见《数学的基础》，第 178—179 页，这一点是，拉姆赛走得更远并表明，在原则上效用和主观概率是可以同时决定的。

义，只有认为我们有时能从客观事实——它需要量的叙述——来证明精神状态，它才对福利经济学有意义。就这一点说，基数体系和序数体系是没有区别的。“处在一条比较高的行为线上”并不必然带来“更大的满足”，虽然它确实要导向“一个挑选的位置”。但是，一个人“处在一条比较高的行为线上”这一点可以作为充分证据来说明一个事实，这就是，他也许得到更大的满足。同样，“一个数量更大的效用”并不必然带来“更大的满足”，虽然它必然导向“一个挑选的位置”。但是，如果我们有时可以说，一个人得到“一个数量更大的效用”，那么，我们就能用这个事实作为证据来说明他获得更大的满足。

所以我们必须问，就消费者经济行为的形式化来说，基数体系会不会比序数体系好。人们喜欢或不喜欢赌博，这是大家知道的。如果某人不喜欢赌博，他就不会玩轮盘赌。他知道一个数出现的机会是 36 比 1，但若那个数确实出现的话，他押一镑钱却只得到 35镑。假设依据上述体系，我们确定C、A、B的效用数为$10\frac{4}{5}$、10、9，因为这个消费者认为确定的A和彩票（概率为$\frac{5}{9}$的C和概率为$\frac{4}{9}$的B）是无差异的。由此可以推定，如果我们要有一个对确定性和不确定性同样适用的一致的选择体系，那么，要是让这个消费者在B和A间进行选择的话，他必定要A。事实上，他也可能要B。如果这个消费者厌恶赌博，那么要使他选择B或C的彩票，他可能要求它那酌量到风险的总效用要大大超过A的效用。他不知道会得到B还是C，单单这一点就可能是一种负效用。对上述体系所下的定义明确地排除了这种效用和负效用，其结果是，当把不同风险引进来时，我们多半不能使之和实际行为的事实符合一致。[①]

当然，这一切都是人所共知的。我们将会看到，下面这一点最靠不住，即什么人会采取相当一致的行动，从而在理论上有可能绘一组无差异曲线。但若我们打算在不确定情形下把消费者行为系统化，困难就要大大增加。除了人们对风险和不确定性本身也许喜欢或不喜欢这个事实所造成的困难以外，还有一点，这就是，如果要对行为进行预测，不确定性或风险就必须可以衡量。在经济学中，许多重要的不确定性却是不可测度的。[②]

然而无论如何，以上探讨的那种风险和不确定性对于福利经济理论是不相干的(虽然对福利来说当然不是这样)。在一定意义上，消费者往往是在各种彩票间进行选择。例如有两种货物，一种便宜，一种昂贵，在我的眼中，它们之间的差别也许仅仅在于这一比较可能而不确定的情形，即便宜的一种会有问题或不那么经用(如同式样相同的两只表)。但只要这个消费者对彩票有一致的选择顺序就行了。基数效用论企图推断，根据我对好表与坏表间的

① 在这一节最初写好以后，涌现出大量论述拉姆赛和诺伊曼-莫根施特恩观念的文献。然而在我看来，就本书而论，它并不十分中肯。不妨参看丹尼斯·罗伯逊爵士："效用及其他"，《经济学杂志》，1954 年 12 月号。

② 在形式上，效用和主观概率能同时用拉姆赛首先建议的方法来衡量(见《数学的基础》)。戴维逊、西格尔和苏普斯在《关于衡量效用和主观概率的一些试验与有关理论》(史丹福价值论设计，史丹福大学)一书中作过一次试验，把拉姆赛的方法应用到极其简单的风险性选择。但这似乎没有改变这一事实：即使效用连同以前选择行为所暗含的主观概率谁都知道，除非人们能够决定一个客观概率并作出这个不可靠的假定，即信心程度或主观概率会与之符合一致，否则我们还是无法预言在带有新风险的选择情形下的行为。

偏好力量和我对便宜表结果会变成好表所估计的概率等等，我将作出哪一种抉择。然而福利经济学可以在对两种彩票作出抉择的时候接管过来（就消费者选择说，彩票的组成部分一般是同样物品。只有它的属性拿不稳：当我到一家服装店去时，我知道我将买到一套衣服！），风险对生产者的选择就更严重了。但“福利”理论至多只能对最适度生产下个定义并说明它的决定因素；而生产却须事先依据对成本与价格极不确定的估计进行规划，这个事实是使任何“最适度”都未必能达到的许多因素之一。

扼要地说，在本书的形式部分里，我们所以要参照一个人的行为采用序数效用体系的理由是：（一）它是比较简单的，（二）所有福利经济学的重要结论都能从它推求出来，（三）采用基数体系不会推求出不同的结论来。然而不论什么时候我们觉得方便，我们就要毫不迟疑地作出判断，这些判断也许意味着，满足的差别可以粗略地加以比较。我们将看到，这种比较多半只有在不同的个人间才需要进行（如果我们像以前做的那样忽略掉风险，对同一个人的满足差别就没有必要进行比较）。然而我们不想把这个说法形式化为一个基数效用体系，一部分因为它是不必要的，同时也因为这种形式化会使人想起精确性和客观性的要素，而这肯定是这一类比较所没有的。

作为上面讨论的结果，我们提出以下几点结论：

一、基数和序数效用体系两者都不能依据满足作出正确的解释。我们排除了主观的解释，因为行为要是一致的话，这个体系是适用的，不论事实上消费者是否设法使满足或别的什么东西成为最大量。因此，基数效用体系不能依据满足来解释。

二、在理论上有理由假设，当不确定性存在时，基数效用体系会更好地说明消费者的行为，但在实际上这样一个体系是否更适用些，那是大有疑问的。无论如何，就推究福利经济学的普通理论的根源来说，它是多余的。因此，当人们需要消费者行为理论时，那就要采用依据选择解释的序数效用分析。以后将会看到，为什么事实上我们不应指望把这个理论应用到某一特定的个人，不确定性这个因素，当它存在时，总归只是其中许多原因之一。

三、就我而言，要问福利经济学是什么，答案是对精神状态的研究。所以我们必须从行为和其他客观环境来说明精神状态。用作一个人经济福利的增加的标准，意味着，他是处在一个挑选的位置上。这个标准将在下一章中详加讨论。

第三章　选择标准

在前一章中我们了解到，“处在一条比较高的行为线上”就必然“处于一个挑选的位置上”。在这一章中，我们要讨论把这个标准应用到一个实际的消费者身上时所必需的那些条件，还要讨论它在多大程度上是“经济福利增加”的适当标准。[①]

第一个条件是，这个消费者在其购买力限定的范围内能对各种不同货物组合随意进行选择。显而易见，由于这种分析是在选择基础上和依据“宁愿选取……而不要……”的关系进行的，人们一定能够说，一个消费者选择了一个组合而不要选择另一组合，如果他不是因为太贵才无法选择另一组合的话，那就不能这样讲了。第二个条件是，消费者对分析中的一切货物作出的选择必须在任何时期都是一致的，在这个时期内，我们希望说“他是处在一个挑选的位置上”。我们必须能够画等高线，一旦画好，它们一定要保持不变。

---

① 严格地讲，要下定义的总是一个字或一个词。所以定义总是要放在引号内，表示这个字或这个词被提到过而未曾使用过。如果我们要对使用一个字或一个词规定一项标准，情形也是一样。这一点搞清楚后，当这个字或词提到时，那就应当把它放在引号内。然而为了方便起见，我们有时不精确地谈到（譬如说）一个人福利增加的标准（这是我的意思）。

直到现在为止，行为线体系是在不定时的情形下进行探讨的。只要人们坚持抽象的逻辑体系，就谈不到时间。但在应用消费者行为的这个逻辑体系时，必须把货物组合解释为在某一确定时期内所选择的物品组合。现在，如果消费者收入和物价没有变动，选择一致性的条件意味着，在每一时期内必须选择的正是这种物品组合。如果把时期定得很短，不一致情形肯定要发生，因为人们不会很频繁地购买耐用消费品的。还有这样一种困难，即人们往往喜欢有点变化。甚至我们可以说，有极固定嗜好的人也不是每星期都购买同样的一组货物的，尽管相对物价并没有变化。因此，很清楚，这表示需要相当长的时间。但在这里，我们也容易碰到大量不一致情形，因为在比较长的一段时期内，人们的嗜好会改变，尤其当他们长大成人的时候。即使在人们长大成人时，他们的习惯已经养成，要是他们年年做同样的事情，也是很离奇的。

我们现在必定会碰到另一个困难。什么人是消费者？我们的分析认为，消费者就是选择者。但是极大部分人很少为自己进行选择。的确，我们不妨说，只有极少数人能为他们自己的利益控制他们自己的支出。所以这种分析对许多的个人并不适用，即使这些个人是一致的。我们要试图把它应用到家庭吗？即使物价没有变化，一个有子女的家庭的消费模式也肯定不会保持稳定的。

我们也要辨明这个事实，即在一种情况下买得到的一些东西，也许在后来的情况下就买不到了。这不会引起什么严重问题。我们不妨认为这种东西的价格已经变为无限大。采用新产品要更严重一些。的确，根本不能把它们引进这种分析中来。如果购买任何新产品的话，那就一定要重新绘图。假如我们的消费者从前买过马车，他必定会继续买马车，即使汽车是买得到的。这当然也会产生分类问题。在什么场合一件东西是同样的东西？从最好处说，质的变化总是要损害这种分析本来可能具有的精确性；从最坏处说，这种变化的确会使比较变得异常困难。

我们现在不妨简单地列举一些可能造成行为不一致的因素。首先，一个人的消费模式（在这里就是他的嗜好）会由于种种原因而发生变化。这种变化也许是自发的，他也许新增加了负担，如同他结了婚并生了孩子。变化的原因也可以是其他人的嗜好变化——他也许要模仿他人的样子。或者，他的相对财富的变化会引起嗜好的变化，例如要仿效新交的阔朋友。为了便于我们分析起见，嗜好应认为是和所产的物品没有关系的。这是因为，我们是按照人们的嗜好决定“理想”的生产的，所以必须假定嗜好是和那种生产无关的。也许除了生活必需品以外，这种情形同生活是不大符合的。譬如说，电视机的生产无疑会引起对娱乐的欲望。

除嗜好改变外，选择的不一致还有许多其他可能的原因。一个人，即使我们通常不说他的嗜好已发生了变化，也许喜欢搞试验。的确，如果一个人当真要使他的满足成为最大量，他显然往往会摸索新的花钱方法。一个人究竟喜欢什么，自己并不是先天就知道的。此外，新产品也许上市了，原有货物的质量也许改进了，一些耐用消费品无论如何是难得购买的，因而它不属于一个相当长的消费时期。我们已经看到，一个人也可能拿不稳他要用钱买什么东西，他对不确定性的估计也许会改变，在这种情形下，序数效用分析就不能很好地应用到他的行为，他也许像序数分析决定的那样作出不一致的选择。还有其他一些因素要考虑。我们的分析只涉及相对价格，然而有时绝对价格是重要的。所以有些人会购买钻石，只要它是昂贵的，因而价格要是下跌的话，他会作出不一致的选择。这的确不重要，不过提到价格变动就把我们导向一个确实重要的因素。当价格预期要变动时，一个人的选择不只要受到他喜欢和不喜欢的那些东西的影响，而且要受到他认为价格要发生什么变动的影响。就耐用品说，迅速变动的价格会把每个消费者都变成投机分子。价格变得越快，消费品在将来预期价格影响现在选择方面就越没有持久性。所以，除非相对价格变动是意料不到的，否则我们不能指望这种分析能很好地应用到耐用品。我们无疑还能提出其他一些因素，这些因素多半会使选择一致性的假定变成不现实的，但是为了说明除嗜好的自发变化或纯粹的无理性以外，还有许多原因会使一个人采取不一致（在经济学家所说的意义上）的行动，我们已经谈得够多了。

以上各节中提到的种种问题等于说，一个消费者处在一条比较高的行为线或无差异曲线上这一抽象观念不能很好地应用到各个个人身上。然而说某人处在一个挑选的位置上，也许依然意味着某种确切的事情。如果对于某个人或某个家庭，我们能够说，$\sum p_2q_2 \geqslant \sum p_2q_1$和$\sum p_1q_1 < \sum p_1q_2$，那么，从头一个指数公式就可推定，在第一种情况下的货物本来可以购买的场合，第二种情况下的货物（所有q_2）被购买了，从第二个指数公式可以推定，在头一种情况下的货物（各个q_1）被购买的场合，第二种情况下的货物本来是不可能购买的。我们现在可以说，他是一致地宁愿选择第二种情况而不要选择头一种情况。当然，当我们说，他是一致地宁愿选择头一种情况而不要选择第二种情况时，那就还有$\sum p_1q_1 \geqslant$

$\sum p_1q_2$和$\sum p_2q_2 \geqslant \sum p_2q_1$ 的情形。然而事实也许是$\sum p_2q_2 \geqslant \sum p_2q_1$，和$\sum p_1q_1 \geqslant \sum p_1q_2$，在前一种情形下，他宁愿选择第二种情况而不要选择头一种情况（因为在头一种情况下的货物本来是能够购买的），在后一种情况下，他选择了头一种情况（当它已被选取时）而不选择第二种情况。这是行为不一致的事例，我们没有什么话好说。

最后一种情形是：

$$\sum p_2q_2 < \sum p_2q_1 \text{ 和} \sum p_1q_1 \geqslant \sum p_1q_2$$

在这种情形下，当头一个组合已被选取时，第二个组合就没有可能性了，反过来也是一样。因此，我们不能直接表明：他宁愿选择哪一个位置而不要选择另一个，或他有什么不一致的迹象。然而在这样的事例中，也许有可能找出第三种情况，因而我们可以说，他宁愿选择第二种情况而不要选择第三种，他宁愿选择第三种情况而不要选择头一种，于是他宁愿选择第二种而不要选择头一种，虽然我们不能仅仅从观察第一二种情况就说他宁愿选择后者而不要选择前者。让我们指定A、B、C三种情况。上述论点可以用符号写作：$\sum p_bq_b < \sum p_bq_a$，但是$\sum p_bq_b \geqslant \sum p_bq_c$，又$\sum p_cq_c \geqslant \sum p_cq_a$。所以他宁愿选择$B$而不要选择$A$，虽则$\sum p_bq_b < \sum p_bq_a$。附录一论证这个构造的意思是，如果我们假定一致性，如果每一货物组合在一种而且只在一种价格—收入情况下才会被选取的话，那就可以表明，靠采取像我们喜欢采取的那么多的居间位置（如同C），我们就能求得普通的序数效用体系。（从这点当然可以推定，如果人们能够说"X是处在一条比较高的行为线上"，我们也就能够说，"X是处在一个挑选的位置上"。）但由于事实上任何个人都极不可

能是完全一致的，所以序数效用体系似乎最好是看做一个理想界限，它是将指数标准连续应用到个人行为时难以达到的。任何不一致都会推翻行为线的分析（当然还有无差异曲线分析），然而这一点是很可能的，即我们可以利用指数得出结论说，一个人是处在一种情况，他是一致地选择这一情况而不要选择另一种情况，虽然他的行为从许多其他情况来看也许是不一致的。因此，"处在一条比较高的行为线上"，由于它意味着完全一致，总是使它"处在一个挑选的位置上"，但是，除非我们是在谈论完全一致的个人，否则"处在一个挑选的位置上"并不必然"处在一条比较高的行为线上"。

我们现在必须讨论一个问题，即是否像指数公式所界说的那样，"处在一个挑选的位置上"是经济福利增加的适当标准。此后，"处在一个挑选的位置上"这个词应理解为两个指数公式全都得到满足，除非另有说明。我们曾经说过，"约翰的经济福利要大些"这个说法意味着"经济情况变得对约翰的快乐有利了"。暂时不要怀疑这种意译的正确性。我们也曾限制"经济"这个字的使用，使它指那些能换成金钱的物品和劳务。因此，"经济情况"是指明下述事实的一个方法：个人A消费了这么多x、y、z等等，储蓄了这么多钱，并在一定时间内做了这么多如此这般的工作；同样，个人B消费了这么多x、y、z等等，所有各个人都依此类推。或者，简单地说，经济情况应认为是指：（一）各个人所消费的货物和劳务的总流量，（二）所做的工作量，（三）在各个人间分配货物与工作的方式。为了说明方便，我们首先要假定我们的个人所做工作的数量和性质确实保持不变，并且他将其货币收入的一个固定部分储蓄起来。

显而易见，对约翰的快乐关系最大的是他本人的消费，所以我们的选择标准只考虑他本人消费的东西。但是一个人的快乐在某种程度上也取决于其他人所消费的东西。一个人家庭的生活程度和福利水准显然不是与其快乐无关的。然而我们不能避免家庭为单位讨论的困难。朋友和敌人的生活程度也是相当重要的考虑因素。而且，它不单纯是与这个人感兴趣的那些人的生活程度有关。人们早就认识到，变得更贫困的大部分灾难是因为他的生活没有赶上邻居或他自己的阶层；变得更富裕的大部分快乐是由于社会地位的提高，由于他"超过"了他所熟悉的人。这对某种穷奢极欲的花费来说显然是不错的。不需要对这个论题仔细推敲。凡勃伦对夸耀的动机曾经做过透彻的分析。

别人所有的东西也许是重要的，这个事实在形式上对我们的分析要发生两方面的影响。它也许对说明一个人的嗜好改变另外提供一点理由。当一个人所属的社会阶级改变时，这种情形是会发生的。假设一个人已经转到中等阶级一些时候，而从前他赚到的是遍称为工人阶级的收入，所以那时候钱不够用。让我们将他的后一情况同他的前一情况作一比较。他的境况变好了吗？我们可以告诉他说，他依然能够购买他在原来情况（$\sum p_2q_2>\sum p_2q_1$）下曾买过的东西。他也许回答说，他的嗜好改变了。可是我们的指数标准也许是完全的（即$\sum p_2q_2>\sum p_2q_1$和$\sum p_1q_1<\sum p_1q_2$）。事实上，他不曾显示出什么嗜好的变化，如果我们只是根据指数来比较两种情况的话。因此，嗜好变化究竟是由于他混进了"上流"社会还是自发性质，这是指数标准没有注意到的，虽则这种嗜好变化当然会使行为曲线分析变得不适用。

这里发生一个问题，即在以上概述的情况下，我们是不是要说这个人的经济福利增加了呢。经济情况变得对他的快乐有利了吗？如果我们不仅考虑头一种和最后一种情况，而且也考虑中间的情况，即是要考虑这个人走过的道路，那么，答案也许是“没有”。因此我们必须承认，选择标准不曾达到我们的要求。另一方面，我们也认识到，有些人要说这个人的经济福利增加了。他们也许说，如果他不比作为工人时更快活些，那在一定意义上是他自己的过错。在这里我们看到，伦理学开始认真地钻进讨论中来了。所以对这个问题的进一步考察要推迟到下一章我们试图探讨伦理学同福利经济学的关系的时候。

这就把我们带到一个更广泛的问题，即我们是否要把人们的嗜好作为应当生产产品的决定因素呢，而这些嗜好本身受到其他人消费（它确实包括一个人的父母、祖父母和他们的朋友的消费）的强大影响。例如，要是烟草被禁止的话，下一代也许根本不需要它。一个极端分子也许争辩说，除了少数必需品外，人们对货物的需要和欲望完全决定于其他人现有的或曾经有过的东西；他也许还要说，认为每样东西都多给每个人一些，就会使任何人的境况都变得好些，那是幻想。我们把这个问题留给读者，只提出一点警告，就是本书的分析丝毫不能帮助人们回答这一类问题，因为在嗜好有互相依赖的场合，这种分析是没有用的。

然而，考虑其他人经济情况的重要性，对我们的分析还发生另一方面的影响。这个人的嗜好也许没有改变，他也许处在一个挑选的位置上。但若其他人的情况发生了显著而更有利的变化，我们也许不会说经济情况变得对他的快乐有利了。譬如一个人的生活程度也许在若干年的时期内有所提高(即他也许处在一个挑选的位置上),但他可能在竞赛中已落后了。他的社会地位可能下降了。我们要说他的经济福利增加了吗?如果采用我的定义(它包括对其他人的情况的考虑),我们就不会回答"是的"。这就是行为线分析无须变成不适用的情形,但在这种情形下,"处在一条比较高的行为线上"也许不能认为是一个适当标准。

最后,一个人也许会犯错误。他也许买了某种东西以后又不想买它了。如果某人对他作出的抉择觉得懊悔而又无法挽回的话,我们显然不会说他的经济情况变好了,因为他是处在一个挑选的位置上。在下一个"时期"内,他也许能恢复他原来的情况,或者情况更好些。但是一些耐用品总是偶尔购买的。错误并不总是个人在寻求本身快乐时造成的。譬如说,一个人也许由于汽油容易买到而买了一部汽车。假使汽油买不到的话,挑选的位置很可能是使他后悔的位置。然而比这更重要的是,我们认为一些人始终不了解什么东西会使他快活或更快活些,所以,说这一类人处在一个挑选的位置上或一条比较高的行为线上,也许并不意味着,我们认为他们的境况在任何意义上变好了。可是,如果这就是为什么一个挑选的位置也许不是经济福利较大的位置的唯一理由,我想大多数人会准备承认,对于一个正常的消费者,我们的标准一般地说是一个适当的标准。他们事实上会接受这一点:凡是作为选择者的人(即除精神病人和小孩外)都十分明白,为了他们的最大利益应怎样安排他们自己的事务。但是我们必须承认,大多数人还会认为有一些例外。

放松固定工作量的假定后,可能发生这种情形,即我们的消费者只能购买他从前买过的东西，因为他工作得更辛苦。看来人们不免要问，他能不能购买他从前买过的东西，要是他所做的工作的数量和性质和从前一样的话；换个讲法，如果他购买的东西恰和从前买过的一样，他会不会有更多的空闲时间。可是这个答案是非常简单的。它由于下面这个事实而变得复杂起来：虽然在经济学中通常照例是把空闲当做货物，但是一般人却不这样看待，即是说，实际情形决不是人们总是选择多的而不要少的。例如有人自愿做无偿的工作。而且，更经常的想法是认为，人们不善于估计为了使自己快活他们应当做多少工作，而不是认为他们不善于选择能使他们感到快活的消费方式。尤其重要的是，人们并非像他们在正常时期可以随意选择他们要消费的东西那样随意选择他们要做的工作量。如果一个人失业找不到工作，而我们却说他的境况变好了，因为他要是做和从前同样多的工作，他就能够比从前多消费一些，那显然是可笑的。如果他被迫做少量的工作，或者，如果他不得不违反自己的意志而工作更长的时间，情形也是一样。如果一个人能够决定自己做多少工作和作哪种工作，就不能很好地扩大选择标准，把它应用到工作上面去。

由于这种种原因，着重他作为一个消费者的处境的任何改善或恶化，并贬低他作为一个工作者的处境的任何改善或恶化，而不试图把两者结合成为单一选择标准，看来这样做往往要好些。但是，以后我们将会看到，福利经济学的正式结论取决于一切经济因素（包括闲暇在内）都可以纳入行为线分析这个假定。

现在我们必须简单地考察一下储蓄。储蓄并不代表什么确定的东西或物品组合，对于这些确定的东西或物品组合我们能够提出这样的问题："这个消费者能像从前一样获得这些东西或物品组合吗?"并且，当物价发生变动时，我们显然不能单单考虑所储蓄的货币的数额，并问这个消费者能不能拥有他从前拥有的东西，并仍旧储蓄同一数额的货币。我们也不知道，一般地讲一个消费者打算把他的储蓄作何用途。在这种情形下，我们必须对他打算用储蓄购买什么东西作出某种假定。我们能够做的最切合实际的一般假定是，当一个人储蓄时，他通常是为了要购买一组在构成上和他进行储蓄时所购买的货物类似的货物。所以，当比较他在两个不同年份的福利时，我们实际上应按某一比例扩大他在头一年的支出，直到这种支出和他在那一年的收入相等为止，然后问他在另一年能不能购得头一年按比例扩大的货物组合。

人们进行储蓄这一事实意味着"他能购买去年的货物组合吗?"这个问题是含糊的。如果一个人有些资本，他也许能购买去年的货物组合，但只有靠花掉资本才能购买。因此，我们真正要问的问题是：他能不能在今年购买去年的组合，在他看来，这种可能性不小于去年，因而他在所有以后各个年份里至少能购买他去年购买的同样组合。[1] 不过，这个问题当然不会有任何明确无误的答案。所以我们必须承认，我们那个从表面上看来很精确的选择标准毕竟是一点也不精确。然而储蓄问题，引起收入与资本间的区别，不会特别严重地影响我们对福利的理论分析。我们必须假定已经在想办法对收入下定义。但是这个定义不能同我们真正要

① 参看希克斯：《社会收入的估计》，《经济学报》，1940 年 5 月号；又《价值与资本》，第 14 章。

提出的理论问题符合一致，只不过是人们所以相信我们的福利标准是粗糙的、草率的原因之一。

现在我们必须承认，指数公式，作为“宁愿选取……而不要”的标准，确实允许对利益大小作出某种评价。因此，如果一个人在选择他从前有过的东西以后每年还剩余五百镑，我们通常要说，他得到的好处要大于他以前只能购买东西而无剩余。假如上述许多错综复杂的因素产生了，使我们难以判断他是否得到好处，那么，在他购买他在以往情况下曾经买过的东西以后剩下来的金额，也许是决定我们的判断的一个极重要的因素。“处在一个挑选的位置上”和“处在一条比较高的行为线上”这些形式（序数）标准，忽略了这个关系到我们判断的重要因素。但是，当我们设法把这个正式的“福利”理论应用到某一特定事例时，我们能够估量到人们如果是始终一致的话（即如能精确应用我们的行为分析原理）将会带来的利益的多少，这种估量通常对于决定人们的经济境况是否真正变好是很重要的。

我们已在探讨“处在一个挑选的位置上”是不是“一个人的经济福利的增加”的精确而可以接受的标准。但是我们要强调指出，为了推断生产和交换的“最适度”条件必须使用的是行为线而不是指数标准。如果说发生某种变革的话，那么斯密就会“处在一条比较高的行为线上”，就等于说，如果斯密是一个完全一致的经济人，他就会处在一个挑选的位置上。因此，当使用后一标准时，就有两个近似阶段。首先，由于斯密当然不是一个经济人，所以这一点可能是错误的，即：有关变革要是实现的话，他将会处在一个挑选的位置上。其次，我们已经看到，另有一些理由要我们作这样的假设:即使他处在一个挑选的位置上,人们也许不会说他的经济福利增加了。这些另外的理由简单扼要地说就是,人们在福利方面不是彼此无关的,而且他们也不一定知道什么东西会给予他们最大量的满足。

在对我们的福利标准是否适当作出最后判断以前,有必要区别短期与长期。在较短时期(譬如说几年)内,大多数人的嗜好不会有很大变化。新产品也不会大量出现,质的变化多半是不很重要的,因此,行为线分析要比在较长时期内进行更适用些。而且在短期内,一般福利标准多半不会发生巨大的变动,所以一个人要是处在一个挑选的位置上,他的社会地位未必会下降。这就消除了人们认为选择标准不一定是经济福利的很好标准的主要理由之一。

另一方面,短期有时会是极其反常的。例如在严重的通货膨胀情况下,人们在计划他们的支出方面会感到非常困难。将钱尽可能快地换成耐用品的迫切心情就使大家都变成了忧虑重重的投机分子。对大多数人来说,这些忧虑都是重大的不确定性带来的。此外,如果某些货物极端缺乏因而实行配给的话,情形也许变成这样:任何人都很难说是"处在一个挑选的位置上",因为选择以前买过的货物组合可能是非法的。但是,我们通常对于行为线标准在短时期内的适用性和可接受性要比在长时期内抱有大得多的信心。在极端情形下,如果长期是很长的话,则探讨个人福利增加的任何标准都是毫无意义的,因为不会有人在这个时期的开始时和终了时都活着。

行为线标准是不是足够好因而使我们对于根据这样一个基础

作出的推论有一些信心，我们必须设法对这一点作出某种决定，以便结束这一章。我肯定觉得，以上引用来说明大多数人很容易犯前后不一致的毛病的那些论点是可怕的。我还认为，反对接受“处在一个挑选的位置上”这个标准的理由不是不重要的，尤其是当有关时期相当长的话。但是这一章里提出的论点大部分或全部都是陈旧的论点。它们经常被提出来，虽然主要是在探讨需求理论的场合。尽管如此，这种论点显然不足以动摇许多经济学家对福利经济学的信念。我以为这是有充分理由的。

我确信，大多数研究社会福利的人并不认为社会福利是从各个人的福利得出的逻辑结构。他们确是依据社会集团或经济集团或依据普通人或代表人物来考虑的。现在很明显，代表人物要比个人更加趋同于经济人。一个普通人的嗜好是决不会迅速改变的。他不会进行很多的试验。他的生活不会遭受任何突然的打击或危机。譬如说，一般未婚的男纺织工人不会因结婚而突然改变他的消费模式。他的社会地位不会发生了不起的变化。他的朋友和亲属的福利也未必会有巨大的变动。尤其重要的是，他绝不会死亡。（一个现实的人的死亡总是容易使任何关于某种变革会增加他的经济福利的预言落空的。）

也许有人要提出反对意见，认为把行为线分析应用到普通的个人或代表人物上是荒谬的。这是不正确的。把一个经济人就是一个追求最大量满足的个人这种观念抛弃掉有许多好处，其中之一恰正是我们现在能将这种分析应用到普通的个人。普通人不能使满足成为最大量，然而他们能采取完全一致的行动。我们不能向普通人提出偏好或无差异问题，但是我们能够观察他们在不同的价格—收入情况下要购买的货物组合，所以在理论上没有理由说行为线分析不可以应用。最后，也许有人提出这样一个反对意见：我们几乎不能够说一个普通人是处在一个挑选的位置上。然而“处在一个挑选的位置上”是我们用来描述下面这一事实的词语，即一个人的第二期货币收入足可购得头一期曾经买过的货物组合而有余。不论使用什么词语，这个事实对于一个普通的个人肯定就像对于一个实在的个人一样是不错的。而且，为什么人们不把这个事实看做这个普通人的经济福利已经增加的充分理由，这是没有道理的。无论如何，也没有理由认为人们不说一个普通人宁愿购买（或选择）某一货物组合而不要购买另一个，因为我们对“宁愿……而不要”下定义时是这样说的：**宁愿**购买A **而不要**购买B，在购买A的时候，B本来是有可能购买的。因此，在本书的其余部分，“个人”这个词不妨含糊地加以解释，除非正文讲明它是指实在的个人。

在我看来，人们无法否认行为线分析对实在的个人应用起来非常糟糕，可是，只要我们考虑的集团很小而且相当单一，就有理由把它应用到普通人身上，用以证明以此为信据的某种分析是确定的，也可能是足够好的。只有一个超个人主义者才会反对这个见解，他的理由是，人们决不能忽视包含在普通人当中的实在的个人之间的福利差别。现在这个见解还有一个优点，就是它至少可使长时期内的比较具有某种意义。另一方面，我们还得承认，即使普通人也决不是完全一致的，因而人们依然能够合理地对选择标准吹毛求疵。

尤其以上各个论点都不能真正回答这个主要的反对意见，就是，人们的嗜好到头来要受现在以及过去生产和消费的东西的重大影响；从而判定他们是独立的这个假定只不过是虚伪的借口罢了。尽管如此，我怀疑这对大多数人来说是否会成为一个毁灭性的意见，来反对使用一种把人们的嗜好当做既定的东西的分析。人们不大会使用这样一种分析来设法决定他们是否应当把飞机或电视机在其诞生之初就加以扼杀——可是，一旦它们被采用，而嗜好也变得与之相适应以后，那就依然值得问一问，人们的需求看来是否表明我们应当多少制造一些飞机，等等。

然而我们一定不要自以为我们的分析决不是粗糙而草率的。我们已经含蓄地说过，它对各种职业以及时间长短不同与性质不同的工作特别不适用。不过我觉得，为了表明下面这一点，我们已经谈得够多了，这一点是，单单因为福利经济学所依据的“个人”行为分析，而全部否定掉与现实相抵触的因素，那是愚蠢的。

第四章　福利分配

我们已经看到，功利主义者认为，把一个人的经济福利说成是他由于经济原因而获得的满足的总和是合理的，所以他的经济福利的增加就是这一满足总量的增长。根据后一种无差异曲线分析，把一个人的经济福利说成是一定量的某种东西就没有意义了。这个见解得到承认，因为我们不能谈到零量的满足，我们也没有满足的单位。但它还由于另一点原因而得到承认；因为人们不能将他们的满足分类，然后说这一种属于经济原因，那一种属于政治原因，等等。有大量不同的满足，在每一种上面贴上一张标签，这样一幅图景是不能令人信服的。人们不妨打个比喻来更清楚地说明这一点。功利主义者把精神想象为一座井，它的深度已经知道，有一些适当地标明经济、政治或宗教的满足的包裹丢到里面去。包裹数目是计算得出来的。后一种分析把精神想象为一座不知其深浅的井，一部分漫着水，转动标明经济、政治等字样的各种龙头就可以改变水平面。只要水在井里，就无从说水是从哪个龙头流进来的，也无法说井里究竟有多少水。所以人们不能够问某个人得到多少经济福利，这样问是没有意义的；然而人们不妨说，转动经济龙头的结果，水平面上升了或下降了，要是不触动其他龙头的话，这就是，人们可以说经济福利增加了或减少了。

第二张图无疑比第一张图有所改进。我们对无差异曲线分析的责难，只限于它要以心理假定作为依据这一点。我们已完全根据行为来解释它。譬如说，我们仅只观察龙头的转动，然后对水平面进行推断。这就是行为线分析。无差异曲线分析找出了龙头转动与水平面之间的逻辑关系。我们只有一种经验的关系，它是以我们对人们的行为及其快乐的变化的一般观察作依据的。

功利主义的第二个重要命题是，人们能够把不同的个人的福利加在一起，以求得社会福利。现在必须摒弃这种观念。回到我们原来的比喻，要是人们无法说任何一个井里有多少水，那就不能把许多个不同井里的水加起来求其总量。然而人们始终没有注意到，功利主义者为了证明他们的下述命题，并不需要把不同人的快乐加在一起，这些命题是：平均分配收入会使快乐最大化，或人们应当努力追求最大量的快乐。前一理论只要求人们能够比较额外的一镑钱对不同的人造成的快乐的差别。因此，如果任何人将钱移来移去，直到一镑钱对每一个人所造成的差别多少是一样时为止，他就使快乐最大化了。决不需要把快乐相加起来。然而把快乐的差别加起来，也许是必要的。如果一种经济变革有利于A而有害于B和C，那么看来人们必须能将这一变革对B和C所造成的差别加在一起，并将其结果同它对A所造成的差别进行比较。只有在A恰能补偿B和C的场合，这才是不必要的，在这种情形下，人们只要弄清楚A的快乐是比以前大些还是小些就行了。因此，人们要是承认充分补偿的可能性，这样说就是不错的，即：功利主义者能够像用基数指数一样顺利地用快乐的序数指数来进行研究。所以在这个限度内，经济分析从马歇尔的效用概念转向帕累

托的效用概念并不意味着同功利主义哲学的决裂。另一方面，如果充分补偿是不可能的，那就需要把快乐的差别加在一起。

现在我们不妨问道，人们是否确实要比较满足或快乐的差别和他们是否要将这些差别加起来呢。关于头一个问题，那是毫无疑问的。我能够说："一镑钱给斯密带来的差别要大于它给琼斯带来的差别。"这个说法是会有的，当有人提出这个说法来时，要说他是在比较增加一镑钱的购买力分别对斯密和琼斯将带来的满足差别，那是不错的。另一方面，要说人们总是要将这样一些差别加起来，那大概是不正确的。"我正要把这一变革给斯密和琼斯将带来的差别加在一起并将其结果同它给布朗将会带来的差别进行比较"，这个说法听起来像是荒谬的。它之所以听起来像是荒谬的，因为加法是精确的数学运算，这需要有计算的可能性。我们没有估量满足的单位，从而计算它们的方法。要是说人们将斯密和琼斯二人的满足加起来，那是错误的，因为它把过于精确的一个字眼应用到精神过程，当我们设法估计（像我们也许要做的那样）进行一种变革（没有补偿）是否会提供更多快乐时，我们就经历到这种过程。一方面认为功利主义是荒谬的，另一方面又认为它必定有点道理，人们也许会感到的这个矛盾，是力图使它过于精确的结果。只要它依然是含糊的、不精确的，并避免使用数学运算和"加起来"与"总和"这一类概念，它是有些道理的；但是如果在打算使它成为一种确切的、科学的学说时过于使劲地把它推向前去，它就变成荒谬的了。毫无疑问，我们事实上确要进行粗略的比较，如果这种比较是精确的，它就含有把满足相加起来的意思。譬如A的快乐增量和B的快乐增量间的差额大于C的增量，这样说是有意

义的；在这种情形下，我们也可以说，A 的增量大于B 和C 的增量之和。为了避免可能发生的误解，在这里我们还得补充说，这决不是说人们总应当设法提供最大量的快乐。功利主义格言能否得到遵守和它们应否得到遵守，是完全不同的问题。

上面说过，毫无疑义，我们的确要比较不同人们之间的快乐差别；毫无疑义，我们也要比较不同人们的快乐总量（在这里，一定不要认为“总量”这个字意味着快乐是各个部分的总和）。我们往往说A 比B 更快活些，我们这样做时显然不是在胡说。我们也能够约略地将A 的快乐大于B 的数量同B 的快乐大于C 的数量加以比较。尽管如此，为什么基数效用分析大部分被“无差异曲线”分析所取代呢，其中一部分原因是，它没有为不同人的“偏好水平”（或所使用的不论什么词）提供比较的基础。因此，这种分析似乎在形式上认可了经济学家们接受这样一种观念：即满足或快乐的个人间比较总归是不合理的或不客观的或不科学的。的确，经济学家们曾经说过，他们“否认”，或其他经济学家可能“否认”个人间的比较，不论这里“否认”是什么意思，其意义是一点也不清楚的。

没有人能够在他们否认人们进行个人间比较的意义上“否认”这种比较。所以“否认”这种比较的经济学家们必定认为，当一个人说“A 比B 更快活些”，他误以为他是在陈述事实。但是为什么他会搞错呢？为什么那不是陈述事实呢？情形大概是这样：当有人说“A 比B 更快活些”，那不是陈述事实，他不是在叙述他体验到的某种东西，在这种观念的后面是一些含糊的、无形的疑惑，即怀疑除他自己的心情以外还有别人心情的存在。我谈到别人心情的存在，因为不否认它们的存在，就没有权利说别人的心情，就无从比较的。假如有人承认另一个人的行为(包括他的谈话)是他有心情的证据,他就必须承认,他能用这种行为作为下面这些说法的充分根据:他怀着什么样的心情,或他是处在什么样的精神状态;即是说,他是愚蠢还是聪明,是愉快还是抑郁,是恼火还是高兴,等等。但若有人能够说,A 是愉快和高兴的,B 是抑郁和恼火的,那么他就已对他们的精神状态进行了比较。愉快和恼火是相对的字眼,然而这些字眼不单是相对于同一个人的某种其他状态说的。我们能够说一个人时常抑郁不乐,或他是抑郁性格,显然,我们的意思不是指他的性格比他平日更为抑郁不乐。我们的意思是说,他的性格比人们通常更为抑郁不乐。我们对快乐和抑郁有个含糊的标准。换言之,我们根据不同人的行为(就这个字的广义说)来比较他们的精神状态;如果我们说某个人总是抑郁不乐,我们判断的根据是:他的表现和行为是怎样的,当我们也有那种表现和行为时,我们知道我们将会有怎样的感觉;对于他的性格的广泛理解,这种理解是在各种不同情况下观察他的行为和谈吐获得的;此外还根据他的所有朋友的意见,这些朋友对他有同样深刻的了解。这样,要说他当真会永远蒙骗一切人而成为一个最快乐的人,我们认为那完全是胡扯。认为另一个人的心情单纯是由人决不能体验的感觉或影像所构成(即人们的心情是个人感觉和影像的逻辑结构,根据定义,这些感觉和影像任何其他人都无法检查),是错误的。

显而易见,假如有人同意把行为作为其他人心情的证据,他就得承认,人们能凭这种证据来比较其他人的心情。所以“否认”个人间比较的人必定否认其他人心情的存在。唯一可能的替代办法是，他们认为，依靠某种特殊的直觉，他们能够知道其他人心情的存在，然而此外就一无所知了（因为，要是有人对其他人心情还能了解到别的什么的话，他就能对它们进行比较）。然而这不是真正的替代办法，因为，说人们能够知道某些东西是存在的，可又对这些东西毫无所知，这是一种荒谬的意见。

因此我们下结论说，那些不相信人们能够比较其他人心情的人，必定否认其他人心情的存在。可是任何说他不相信其他人心情的人，必然会自相矛盾，因为他不禁要谈到它们——即他不能不使用有关其他人的精神概念。在这个问题上，经济学家有点过时了。我怀疑今天是否有一个哲学家准备说：人们不能比较其他人的精神状态；当有人说“A 比B 更快活些”时，他并不是在说关于现实世界的实物。

也许有人认为，个人间比较的问题讨论得太过详尽了，或者没有人当真能够在我暗含说他们曾经否认这种比较的意义上否认它。但在一定意义上，他们的“否认”驱使福利经济学走上非常离奇的道路。由于这个原因，对这个问题进行一些探讨是必不可少的。

不妨引录罗宾斯教授的两段话，他的命题是，福利经济学必然是伦理研究，因为它涉及个人间比较，又因为个人间比较属于价值（或伦理）判断，他写道：“我依然不能相信，把个人间的效用比较说成好像是建立在科学的基础上——即建立在观察和反省的基础上——是有益的”，“但是当我进行个人间比较时，我依然认为，我的判断更像是价值判断，而不像是对能够证明的事实的判断。”[1]

---

① 罗宾斯：《经济学杂志》，1938 年，第 640、641 页。

我们一定要坚持，把个人间比较说成好像是以观察或反省为依据，是无益的。这有充分理由，因为这种比较确实是建立在这种基础上的。可能的替代办法是什么？显然，因为没有人否认这种比较是有意义的，所以可能的替代办法是说，它们是价值判断，或无论如何它们像是价值判断（它们也许是两者兼而有之这个事实撇开不谈）。然而许多这一类比较肯定一点儿也不像是价值判断。“A 比 B 更快活些”怎么会是价值判断呢？这显然不是说，A 比 B 好些或更高贵些，或比 B 更可尊敬些。那么，这有点像是说“如果你要帮助什么人的话，你应当帮助 B 而不要帮助 A ”吗？现在我们并不否认，在某些字句中（然而肯定不是在所有的字句中），“A 比 B 更快活些”这个说法也许含有类似后一种说法的意思。即使在所有字句中都含有这样的意思（这是虚妄的），那也不等于说，这个说法只不过是价值判断罢了。持这种见解肯定要被认为是荒谬的，要是人们提醒我们，必须把像“A 比 B 更恼火”、“A 比 B 更富有同情心”、“A 比 B 更聪明”这样的个人间比较全都说成是价值判断。而且，因为所有像“愉快”、“聪明”、“恼火”等等这一类字眼都是相对于某种人类行为规范来说的字眼，所以我们必须说，“A 是快乐的”、“A 是恼火的”、“A 是聪明的”都是价值判断，而不是对以观察或反省为依据的能够证明的事实的判断。我们将在下一章中回过头来讨论价值判断这个问题。

读者也许还记得，在第一章中，我们简单地探讨了实际收入的比较问题，和在什么场合才能够说两个人在经济上是平等的问题。我们断定，由于人们的嗜好不同，所以货币收入、物价和现有货物这些客观因素的比较是不够的。即使嗜好不同的两个人有同样的货币收入，并且总是可以在同样价格下购得同样的货物，那也很难说，在一次大大提高了一个人购买而另一个人不购买的一切东西的价格的变革的前后，他们在经济上都是平等的。看来好像是，实际收入的比较必然是，至少部分地是精神状态的比较或精神状态变化的比较。

但若我们“否认”这种比较又会发生什么情形呢？那就会得出这样的结论，即实际收入的比较也必须加以否定。那么，“你应当帮助穷人而不帮助富人”这一类说法会变成什么呢？要么“穷人”和“富人”这些字一定单单是指这两个人所有的金钱数量，要么这个说法完全是胡扯，要么它是同义语的反复（如果认为“A当真比B更富有些”这样一种个人间比较的意思是指“应当帮助B而不要帮助A”，那就是后者）。它显然不是同义语的反复；它也决不是胡扯。所以，我们要是坚持否认个人间比较这种荒唐事情，我们就得说，我们感兴趣的是人们所有的金钱数量，完全不管他们能用这些钱买到什么东西，也完全不管他们从花费金钱得到什么满足或快乐。这也是荒谬的。我们对金钱分配感兴趣，只因我们相信货币收入与资本间以及货币收入与实际收入间有极密切的关联。

但是实际收入（相对幸福）无法比较的见解已经提出来了。兹引录勒纳教授的一段话：[1]

> 这并不是说，物价不会发生变动，或这种变动不会使一些人的境况变好和另一些人的境况变坏，尽管他们的货币收入

① 勒纳：《统制经济学》，第 24 页。

保持不变。然而它确实意味着，**我们必须撇开这些变动**[①]，要是变动系各种货物的需求发生变化，或当货物仍保持最适度的配置时供给发生变化的结果。如果我们能够说，在旧局面下，消费者的实际相对幸福恰好和我们所要求的一样，那么，当价格发生变动时，我们就要对货币收入进行一些调整来抵销价格的变动，从而使消费者的相对地位依旧不变。可是我们没有方法对不同消费者的幸福直接进行比较。我们的唯一客观的一般标志是他们的货币收入，而货币收入却不曾发生变化。我们也许有充分理由认为，一个消费者的境况变得比从前好，另一个消费者则不如从前，然而我们既没有理由假定新局面比旧局面好，也没有理由假定旧局面比新局面好（即更接近我们希望创造的那种局面）。

这一段话是非常矛盾的。要么假定我们始终无法知道什么时候实际收入（实际的相对幸福）是按照我们希望的那样进行分配，要么假定我们能够知道什么时候它是按照我们希望的那样进行分配，尽管我们说不出这种分配发生变化时，它是否多少变得像是我们所希望的那样。后一种假定是荒谬的，因而必须假定作者主张，除非是在他获得更多货币收入的意义上，否则一个人的境况决不能说是当真比另一个人变得更好了。这是最不能令人信服的见解，虽则它是唯一可能的见解，如果我们硬要试图避免做个人间精神状态比较的话。那等于告诉人们说，在他们决定他们认为收入应当怎样进行分配的时候，应当把货币收入（可能还有资本）以外

① 黑体字是李特尔标出的。

的一切东西全都撇开。

有人认为，我们关于相对幸福的**唯一**客观标准是货币收入。“客观”二字有许多意思。它也许意味着“没有偏见”或“可以衡量”，但由于勒纳教授以为我们无法说一个人的满足大于或小于另一个人，看来他的“客观”二字是指经验的意思。[①] 但是，当相对幸福不能靠经验来决定时，怎么能够说货币收入是相对幸福的标志呢？相对幸福要么好像是极抽象的概念，要么是和货币收入等同的东西。如果货币收入是我们的唯一检验标准，还有什么其他可能的替代办法？如果任何其他证据都不承认的话，那么，除货币收入以外，货币收入还能检验什么东西呢？

勒纳教授已试图证明，我们只需对货币收入感兴趣，因为我们能够证明货币收入的平均分配比任何其他东西更能使社会的总满足成为最大量。在否认个人间满足比较的情形下，如何得出这个结论，是值得考察的。

勒纳教授要坚持的主张有点难以理解。他说我们能够知道，不同人们的满足是“同一种东西”，“一个人获得的满足大于或小于另一个人所享有的满足，这个说法不是没有意义的”[②]。另一方面，勒纳教授却坚持不可能发现收入对 A 的边际效用是大于还是小于它对 B 的边际效用。[③] 他又指出，当一个人说，“你的需要大于我的需要”时，他也许讲得有理，即使不可能发现他是对的还是

① 例如，“可是这些东西〔收入的边际效用〕是不能发现的”，《统制经济学》，第 29 页。

② 勒纳：《统制经济学》，第 25 页。

③ 同上书，第 29 页。

不对的。

因此，这个见解好像是这样一个见解，它认为，"A 比B 更快活些"这样说是有意义的，虽然在任何情况下都无从证明这个说法的真伪。所以勒纳教授的主张——要知道不同人们的满足是同一种东西——显然是以某种特殊形式的直觉为依据的。然而说它们是"同一种东西"是什么意思？从勒纳教授的下述论点看来答案似乎是，他只不过说不同人们的满足可以加起来，虽然人们无法知道一个人的满足是大于还是小于另一个人的满足。

因此这个论证的三个根本命题是：

(一)"A 比B 获得更大的满足"这个说法是无法证明的。

(二)"一镑钱能使A 比B 增加更多的快乐"这个说法是无法证明的。

(三)"我把A 的满足和B 的满足加在一起"这个说法是有道理的。

因为勒纳教授断言，人们决没有什么理由假设A 的满足能力大于或小于B 的满足能力，所以下一步他假定，当A 和B 的货币收入相等时，把钱从A 转给B，会使**总**满足增加或减少，那是同样可能的。从这个假定就会推断出，在大量的这种移转中，50%会使总满足增加，50%则会使它减少。但是同等概率的假定肯定是不合理的。如果有某种想象得到的方法来检验这个结论，那么，把它作为一个暂定的假设是正当的。但是作者认为："不可能用同一尺度来衡量不同人们的满足。"[①]因而可以推定，按照他的原理就没有

① 勒纳：《统制经济学》，第24—25页。

一种可以想象得到的方法来检验这个结论。因为从一无所知只能推得一个一无所知，显而易见，如果在勒纳教授的论证中这一步站得住脚的话，勒纳就一定会要求对同等概率作直觉的认识了。最后，为了得出同等货币收入大概会使满足成为最大量的结论，就得乞助于根据一无所知（或极抽象的直觉）而进行的论证，就像收入边际效用递减这一合理假定适用于任何既定的个人一样。[①]

因此，除货币收入外什么都用不着我们操心这一争点垮台了，因为货币的平均分配多半会提供最大量的满足。但是没有这根支柱，这个争点也能讲得通吗？如果我们假定货币收入是平均分配的，那么物价变动，就嗜好不同来说，只能引起相对幸福的变化。要是货币收入相等，则嗜好不会大不相同，这个见解似乎是相当合理的，因而说货币收入会成为实际收入分配的适当指南，也似乎是相当合理的。不过，除非还假定嗜好可以适应并且物价变动不大，否则它依然不大讲得通。而且，相对货币收入将被视为实际收入的指南这一点依然是唯一不错的。要是注意到某种物价变动对某些个人有重大关系的话，人们总是随时可以放弃货币标准的。但是一旦我们考察一个不平等的社会时，只有货币收入才重要这一点就完全不是合理的见解了。没有人会相信，人们能够简单地抹煞必需品与奢侈品的比价的巨大变动。

现在让我们回到功利主义的这一论点，即实际收入的平均分配将使满足成为最大量。我们已经看到，这个论点是以对满足差别进行比较的能力为根据的。从下面就要探讨的某些假定就可推

① 关于这个论证的充分说明，参看《统制经济学》，第 26—32 页。

定，当货币的边际单位对一切人有同样影响时，也就是货币的边际效用对一切人都相等时，满足或快乐就达到最大量。还可推定，当货币的边际效用对一切人都相等时，我们就得到购买力的平均分配；或者像我们在前面所说的那样："当一个人真的变得更富裕的时候，货币的边际效用就会下降"。这个说法是同义语的反复。

现在我们必须问，这个说法当真是同义语的反复吗？换言之，说"A 的经济福利大于B 的"和说"一小量额外货币对A 的快乐的影响小于它对B 的快乐的影响"是同样意思吗？（"A 的经济福利要大些"或"A 实在更富裕些"这个说法当然和"A 更快活些"不是一个意思。）拿A 和B 作为例子，前者是个可怜的大富翁，后者没有钱，然而很快活。更多一点儿钱对A 没有影响，但是它会使B 从快活变为极乐。当然，这样一个事例可以支持上述见解，因为说B 实在更富裕些是非常荒谬的，虽然人们承认他比前者快活些。诚然，不大容易设想这样一个事例，在这个事例中，说A 实在比B 更富裕些并不荒谬，但是更多一点儿钱对A 的快乐的影响将大于它对B 的快乐的影响。家财万贯的守财奴似乎是例外。如果你多给他一点儿钱，他就更加容光焕发，由于这个缘故，人们也许要说，他实在比一个钱少得多的人更可怜些——钱少得这么多，所以说来好像是件荒谬的事情。然而这也许只是表面上的例外。人们并不认为额外一点儿钱当真会对守财奴的快乐有什么影响，尽管这点儿钱能给他以暂时的满足。快乐并不是满足的总和。

普通语言和思想也有力地支持了现在的见解。"可是金钱对我要比对你更重要些"这句话是常常使用的，它表明人们实际上的确是在比较货币的边际效用的。这一点也是明白的，即他们可以同样恰当地说："我比你穷"。在典型字句里，这两句话是可以交替使用的。但是人们决不会说"金钱对一个穷人更重要些"是同义语的反复。有一些例外。譬如人们不会说，一个每年收入五百镑的忧郁病人当真是和大富翁一样富有（即有同样多的实际收入），只因他陷于如此悲惨的境地，以致任何数量的额外金钱都不会对他产生什么影响。然而看来情形的确是，我们必须引进一些反常的人作为例外。因此，经济平等可提供最大量快乐这个功利主义学说，并不是对人们如何应用"经济平等"这个词的正确分析，虽则它是一个很不错的分析。

当然，假如你要求某人比较两个人的真实财富，他首先要考察的将是他们的货币收入。那是十分合理的，因为这两者密切相关，是个经验问题。但是，要是遇到多少有点例外的情况，要是他们的嗜好大不相同，要是他们面对不同的价格，要是知道一个人憎恨他的工作，只是由于高薪才使他留在这个岗位上，等等，那么，人们就要除货币收入或用货币估价的全部资财以外作进一步考察了。（这两者的区别是，大多数人会认为，资本比它所提供的实际货币收入会带来更多的实际收益，例如可以把稳当地在寻找较好工作当作一种维持生活的权宜手段。）有人会试图用某种方法来评价这个人的金钱对他的真正价值。他也许要考察两个人所过的生活，并且决定他自己要选择哪一种。但若他认识到他自己的嗜好是特殊情形，他就会设法使自己更客观一些；于是他可能更多地依据货币的边际效用原理进行估计。总之，我认为人们可以说，到头来人们是这样判断相对实际财富的，即一部分根据他们自己的偏好，一部分靠估计多一些或少一些钱对有关的人的快乐会发生什么影

响。

现在我们假定，有人断定两个人获得同样的实际收入。是否由此可以推定，从一个人那里取钱来给另一个人是不可能增加快乐的？我们知道，不一定得出这样的结论，因为我们已经得到一个结论，即“同等的货币边际效用”并不是“经济平等”的正确定义，因此，功利主义学说并不是十分恰当的。然而，货币的相对边际效用却是相对福利的适当标准，因而我们通常说，实际收入的平均分配近乎使快乐达到最大量，**要是能够安稳地作出某些假定的话**。这些假定是：

（一）再分配过程（它可能是必要的）不致减少快乐。（这样一种再分配也许需要进行政治变革，有些人也许认为，政治变革由于它们本身的缘故将会减少快乐。而且再分配也许要被认为和某种伦理原则相矛盾，从长期看，这种矛盾对快乐是不利的。）

（二）要是人们能够正当地被看做独立单位，他们的快乐只取决于他们自己所有的和所消费的东西；

（三）要是货物和劳务的生产不致遭受不利影响；

（四）要是人们的嗜好不因其收入增加而发生变化，以致他们从较多收入获得较少快乐。

因此，在一定程度上，依据概括的假定，经济平等主义可提供最大量快乐这个命题多少是正确的。然而认识这一点是很重要的：即就它是正确的这一点而论，这是一种语言学上的说法。它几乎是一种同义语的反复。弄清楚人们要怎样判断经济平等，就可发现它的真相。它是关于语言，也就是关于“平等”这个字的特殊用法的事，而不是关于现实世界的事。可是，虽然它几乎是同义语的反复，它却是一个具有重大影响的、非常重要的说法，如果只因人们忘记了平等主义是正确的话必然意味着什么；例如在谈到货币收入平等的字句中，人们也许对平等主义作出错误解释，而事实上什么样的货币分配会提供最大量满足，它却什么也没有告诉我们。正是"平等"这个字的含糊不清性质，与"最大量快乐"这个词的诱惑力量相结合，才使这种同义语的反复变成动人而有说服力的口号。①

显然，上面提到的假定是很重要的，至于这些假定符合现实到什么程度和它们不能实现时对快乐有什么影响，人们也许会发生重大的意见分歧。只要认为个人间比较是价值判断，那就得相信，任何关于这些假定站不住脚时对快乐的影响的讨论只不过是一些有价值的说法。这就产生一种反对直接涉及个人间比较的论点的偏见。要是有人说，他认为如此这般的实际收入分配会使快乐成为最大量，那人们就要认为，他只是宣扬他自己关于社会应当采取什么制度的见解罢了。

然而这样辩解并不纯粹是宣传，即：平等会使快乐减少，因为不平等可以提供刺激和野心，或它会使快乐减少，因为富裕阶级的花费有可能创造更高的文明，从而到头来会大大增进其他人的快乐。另一方面，这样主张也不单纯是宣传，即不平等造成猜忌、仇恨和忌妒，所以富人的花费造成消费的外部不经济。（生产的外部经济与不经济已受到极广泛的注意；而把每个消费者当做一独立

① 要注意到，如果人们根据货币的边际福利来判断相对福利，如果他们把"福利"当做纯粹伦理字眼，那么说福利的平均分配是最好的分配，就会是同义语的反复。

单位的做法却忽略了消费的经济与不经济。人们比较不大注意这种经济与不经济,然而它也许更重要得多。)我们在下一章将会看到,用叙述方法谈论社会快乐变动的原因是可能的,但用纯粹叙述方法谈论它们却是不可能的。其中总夹杂有价值要素。然而,所以夹杂有价值要素是因为个人间比较是价值判断这一说法是不正确的。

我们早已暗含地指出,即使人们对于会提供最大量快乐的实际收入分配取得一致意见,他们对货币收入应当怎样分配以便实现这种程度的实际收入均等依然会发生分歧。两个人在估计A或B的境况是否真的变好时很可能意见不同。然而我们必须注意,实际收入分配根本不是一个确切的概念。要是举出所有一对一对的个人,然后要求某一观察者判断每一对中哪个人当真更富裕些,那么在极大多数情形下,他不准备提出一个确定的答案。在一个人会提出确定答案的大多数情形中,大多数的个人多半会提出相同的答案。这意味着,要是已经决定人们在经济上应该平等,那就会存在货币收入分配全都符合任何一个人的平等观念。但符合一切人的平等观念的分配大概是不会有的。这种分歧的发生主要是由于每个人特别感兴趣的是一个不同的小阶层,它只包括少数特殊的几对人,而他考察这些事要比其他事严密得多。不过这种分歧很容易被夸大。如果人们大部分根据广大的社会集团或普通的个人而不是根据特殊的状况来考虑这个问题,像他们通常做的那样,那么,哪个集团当真更富裕些,哪个集团当真更贫困些,他们大概会取得广泛的一致意见。

对于一个年收入二千镑的单身汉比另一个年收入五百镑的单

身汉的境况好些还是坏些，人们多半不会有争论。然而对于向前者征税来补助后者会不会增进快乐，他们就很可能发生争议。这个争议不会是关于，譬如说，最后一百镑钱对富人的快乐究竟有较多影响还是较少影响。收入边际效用递减原理通常根本不是一个争论点。这条原理为实际收入的均等提出表面上确有证据的静态事例；随后才进行真正的论证。因为，我们显然不能单独地来讨论这样一个事例。但若要考虑许多这样的事例，那就要牵涉到外部影响，由于只是分别地研究每一对的个人，好像他们之间的移转对任何其他人都不发生影响似的，因而这种外部影响被忽略了。事实上，因上述假定（一）、（二）、（三）、（四）而被撇在一边的那些重要问题，却是对这个论题进行真正论证的内容。

最后，**在某种程度上**①，什么样的货币收入分配会使快乐成为最大量的问题是和货币与财产应当怎样进行分配的问题没有关系的。大多数人会同意这一点：即设法使国家更幸福些是好事，然而他们不一定会同意这是一个必然比所有其他问题都更重要的问题。在极端情形下，也许有人觉得，为了一些人的利益而损害另一些人总归是错误的。（他也许还认为，在长时期内，处置失当决不能使快乐增加，从而任何收入再分配都不能增进快乐，尽管在一个平等社会里快乐要大些，如果它能够演进而人们无须有意地为了一些人的利益而损害其他人的话。）人们对分配机构也会抱有道义上的看法。因此有人认为，利息是有害的，一个人应当获得他的边

① 说这在某种程度上是没有关系的，究竟是什么意思，以后将会明白。

际产品的价值。此外,人们也许认为,“没收”资本是错误的[①],而对收入征税却是完全正当的。所以收入和财产应当怎样分配的问题,不单纯取决于什么样的分配会使快乐成为最大量的问题;这会涉及所有其他各种伦理问题,姑且不谈在其他条件相同的情形下人们应当使快乐增加这一主要的伦理前提。事实上,不会有人认为其他条件总是相同的或在伦理上是无关紧要的事情。

在这一章中,我们已指出:

(一)个人间满足比较是对现实世界的经验判断,而不是任何通常字面上的价值判断;

(二)人们感兴趣的是实际财富的分配,它是以心理状态的个人间比较作为前提的;

(三)实际财富的分配是个极不精确的概念,尤其经济平等是一个极不精确的、粗糙的和草率的观念,它是因人而不同的;

(四)功利主义的平等论点要是给予正确解释的话,是健全的,然而它丝毫没有告诉我们什么样的货币分配或财产分配才会产生平等;而且,它只对平等提出一个表面的理由,而在争论这一类问题的人们中间它实在不是一个争点;

(五)探讨个人和国家这两方面快乐的原因与后果是可能的;这种讨论并不单单涉及价值判断,虽然它几乎总要涉及价值要素,像我们将会看到的那样;

(六)什么样的收入分配会使快乐成为最大量的问题,有一部分是不以收入应当怎样分配的问题为转移的。

① 把“没收”这个字放在引号内,因为它是带感情的字眼。

我们早就应当探讨叙述与因果说明同价值判断之间的关系；的确，还不曾对这种关系进行考察已开始妨碍我们的讨论了。

第五章　价值判断与福利经济学

在前一章中，我们否定了这一点：像“A 比B 更快活些”或“一镑钱对A 的快乐要比对B 的快乐更有影响”这样一些说法只不过是价值判断。我们还认为，探讨由各个人组成的集团的快乐原因或快乐变化是可能的，而且这种探讨肯定不只是涉及价值判断。现在需要进一步讨论价值二字的作用和价值判断的性质以及它们在经济学中的重要性。

一个词是不是有关价值判断取决于它的上下文。“你应当回家去，因为你的父亲快要死了”，这显然是价值判断，在这句话里，“应当”二字显然具有道德的力量。另一方面，“你应当回家去，如果你要避免被人家认出来的话”，在这个说法里“应当”就不具有道德的含义了。所以，在某些字句里，“快乐”这个字眼可能具有伦理的含义。“A 比B 更快活些”这句话没有道德的力量，而“那种变革将会增进社会快乐”这个说法就可能有。在这里，道德的力量是由于“快乐”二字同“增进”和“社会”结合在一起了。

现今人们普遍认为，伦理判断并不叙述事实。说某人好和说他高大一点也不一样。它并没有说明任何关于他的事实。它也没有说明他和说他好的那个人之间的任何关系。当我说某人“好”时，我并不是说，我体验到我一想到他时就会体验到的某种感觉。

换句话说，人们认为，伦理的陈述既不说明外部的事实，也不说明内部的事实。

上述见解十分简单。情形也许是这样：只有当他具有某一些特征而不具有另一些特征时，我才说他好。我对于“善良”也许有某种粗糙的、现成的标准，当我说一个人好时，我多少是在说明他。我是说，有一些关于他的事实——我认为这些事实足以保证“好”字使用得正确。但是别人大概将以不同的方法使用这个词，因而不肯说他好。伦理字眼肯定没有固定的和公认的叙述用法，而像“高大”或“棕色”这一类字眼在更大的程度上却是有的。这说明，人们对于怎样使用和在什么场合使用伦理字眼不能取得一致意见，一定有个原因。这个原因就是伦理陈述的确并不单纯地是说明。

虽然我说过伦理陈述并不说明什么东西这个见解太过简单，但在某种情形下，它却是正确的。“你不应该杀人”这句话肯定并不描述什么事物。它指示一个人应如何有所不为。这说明，所有伦理陈述也许和“你不应该杀人”这一类说法有某种共同之处，即使它们同时也是叙述性的。它也许还含有这样一个意思，即指示人们应怎样为人和不应那样为人。然而“指示”这个字太重了。如果我说“斯密和琼斯都是好人”，我并不在指示什么人模仿他们的行为。如果我说“《哈姆莱特》是一部好影片”，我也没有指示人们去看它，假如他们能够的话。但是，我肯定含有建议他们去看一看的意思。这种说法可以说是带有影响或劝说性质的。我以为，这就是为什么人们对于像“好”这一类字眼应当怎样使用会发生争执的原因。不同的人喜欢看到不同种类的行为；他们希望上演各式各样的影片和绘制各式各样的图画。

不单是伦理判断具有这种影响、建议和劝说的作用。拿“那张画令人恶心”这个说法作例子。现在,如果听的人知道讲的人常常把哪一类图画说成是令人厌恶的,那么,这个说法也许告诉他一些有关这张画的情形。但是,即使这个说法不曾告诉他什么情形,它也不一定全然没有用处。它或许会改变听的人的艺术趣味,并阻止他对别人说这张画是美丽的。因此,美术方面的判断,即使是叙述性的,也会像伦理判断一样具有这种劝说或推荐的力量。

我们建议把一切具有这种力量的判断都叫做价值判断。我们不妨补充说,为了把它们同命令语气——命令与请求——区别开来它们必须处于直陈语气。为了本书的目的,我们并不要求树立一个标准来区分伦理的和非伦理的价值判断。在那方面我们需要的是伦理学说。为了我们的目的,能把单纯的叙述同时是价值判断的叙述以及不具有叙述内容的纯粹价值判断区别开来就够了。我认为这一点是不错的:即福利经济学中的价值判断属于伦理一类;不过那只是附带的、非主要的。

现在经济学中最重要的一种价值判断是同时具有叙述性的那一种。这种判断是用能影响人们对这一类事实所抱的态度从而影响他们的性格和行为的方式来叙述事实的。这样做的最好方法是采用一个在某些字句里有着强大魅力的字眼,譬如“民主”,然后用它来叙述原来不用它来叙述的一些事物。由于这个字已经被用来叙述人们终于以赞许的态度对待的一些事态,它本身就取得一种感动力。随后它被用来叙述的一些新事态,也就由于现在这个光辉灿烂的字眼而变得惹人注目了。如果把“民主”二字应用到某种事态,它不但使这种事态具有得到普遍赞许的气氛,而且还强调其中或许是民主的方面，并掩盖其中那些不民主的方面。如果这种事情做得过火的话，这个字就会失去它的感动力而变成没有人相信的字眼，就像现在“民主”二字在很有教养的人们的心目中多半已变得声名狼藉一样。但若叙述的意思改变得不很大，感动人的字眼不过于明显地带有感情，那么，这些有说服力的叙述也许在长时期内依然具有说服和影响的力量。对一个感动人的字这样来下定义，不论暗含地还是明显地，以使人们能够或确实把它应用到他要绘声绘影地加以叙述的一些事物上去，这种过程通常称为给这个字下一个有说服力的定义。[①]

有说服力的定义是很普通的。例如，经济学家喜欢对“科学”这个字这样下定义和使用，使经济学也能称为一门科学。又如社会学家喜欢被称为科学家。为什么？某些人的研究是否叫做科学，那对他们有什么要紧？答案是，有关系重大的，因为“科学”二字是个感动人的字眼。“先生”、“诗人”、“多产的”这些字眼也有这种情形；同样，大多数人都想避免“垄断者”、“食利者”、“资本家”这样一些称呼。人们将会热烈地争论这些字眼的正确的叙述性用法，因为它们也是感动人的。带有感情的措词在经济学中比在大多数其他学科中使用的范围要广泛些。有说服力的定义要怎样使用才好，一个适当例子是卡莱基先生的结论，即资本家在国民收入中所占的份额等于垄断的程度。[②] 由于“资本家”或“垄断”这些动

① 有说服力的定义是斯蒂文森教授在《思想》1938 年 3 月号，用同一标题所写的一篇文章中提出来的。

② **“在全部营业额中，资本家总收入和薪金的相对份额几乎等于一般垄断程度”**（黑体字是原有的），见《经济变动理论文集》，第 22 页。

作字眼描述它们已经具备感动人的力量，结果这两个字都不被用来描述事态或阶级。

因此，考察一下哪些判断多半会对人们发生影响，就可以辨认出价值判断了，这不是因为它们用没有色彩的、不带感情的言语来叙述人们已经同意的事实，而是因为它们用带感情的方式来叙述事实，或者因为它们只不过是感动人的判断，根本没有描述什么东西。我们不妨补充说，价值判断要对人们产生影响这一点是不够的。有人指出他对某些事实所抱道德的或美术的态度的影响，他就能够对人们发生影响。价值判断是这样一种判断，它有助于改变这些信念或态度来影响他们。

我们在第四章中说，个人间比较是叙述性的判断，让我们首先考虑像"A 比 B 更快活些"这样一种个人间的比较。现在很明显，这个命题也许是纯粹叙述性的，因为在许多字句里，它丝毫不能用来影响任何人的性格或行为。然而它也许是有影响的，并且是预定让它发挥这样的作用的，要是我们知道（譬如说）某人打算送礼物给两人当中比较不幸的那一个人的话。在这种情形下，它依然不是一种价值判断，因为送礼物的人只会受到一段纯粹叙述性的话的实际真理或被认为的真理的影响，而不会受这些字眼本身所具有的任何感动力的影响。

"A 的经济福利大于 B 的"，这样说是价值判断吗？这句话肯定不像是劝人应做什么事情。但是我们认为，在某种既定的假定下，它确实意味着，把钱从 A 转给 B 是能够增进幸福的。另一方面，这些假定也许不切实际，而且没有什么人会认为"A 的经济福利大于 B 的"这句话确实意味着，将钱从 A 拿来给予 B 就能够增进快乐。如果有人说"把钱从A **转给**B就能够增进快乐"，那我认为，正如我们将在下面说的那样的，是一种价值判断，然而这个说法并没有涉及这样一个说法，就是钱对于B的边际效用要大些，或B的经济福利小于A的。因此，我们不妨下结论说，在任何普通字句里，满足、快乐、实际收入或福利的个人间比较都不是价值判断。

现在让我们考察这样一个说法："这种经济变革将会增进A的快乐"。这是价值判断吗？当然，对于一个功利主义者来说，如果我们补充说，其他人无论如何不会受到损害，那么，它就会涉及一种价值判断，即这种变革应该进行。不论是不是功利主义者，大多数人至少会同意，增进某个人的快乐是好事，如果其他人无论如何不会受到损害的话。所以，它似乎肯定会对人们发生影响的。然而它会影响他们，只因它叙述了一种变革的效果，效果是人们将会同意这种变革，因为他们已经相信这些效果是好的，是值得实现的。正像我们说过的那样，这不一定使我们的判断变成价值判断，因为人们也许只受所述事实的性质的影响，一点也不受这些事实的叙述方法的影响。

然而我们必须注意，因为大多数人赞成快乐，并且认为鼓吹快乐是好事情。所以"快乐"这个字，更确切些说"增进快乐"这个词，一定取得了非常感动人的力量，正如同"民主"这个字取得了感动人的力量一样，因为人们是赞成民主的。因此，如果我们说某种变革将会增进A的快乐而不损害其他人的话，我们的听众不仅容易受到所述效果的影响，而且在一定程度上还要受到这些效果的叙述方法的影响。当然，认为快乐不应当增进是可能的。但是随便什么人要是坚持说某种变革会增进快乐，而且没有任何害处，可是它却不应当进行，那么，他就不只是在说没有人会同意的话，而且是在说略微有点荒谬的话。我们不妨下结论说，“快乐增加”和“福利增加”往往是感动人的词语。

但是把这些词应用到特定的个人时，感动人或说服人的效果就因字句而大不相同。“如果你偶尔探望一次你的母亲，就会使她快乐”，这个说法显然不只是一个表明因果关系的说法。它也是劝说和建议性质的。它和“你应当偶尔探望一下你的母亲，因为那会使她快活”没有多么大的差别。另一方面，当指明特定的个人时，人们就不大容易滥用“快乐增加”或“更快活些”这种词语或字眼，并带感情地用它来描述一种不属于增进快乐的局面，就像人们可以把“民主”二字应用到一个不民主的国家那样。区别在于，人们十分清楚地知道怎样判断快乐，当“快乐增加”应用到特定的个人时，它是相当确切的叙述。相反的，像“民主”这一类字只有一种模糊的叙述性含义，容易被人滥用于劝说式的说法。

然而当我们进而探讨增进个人快乐的一般标准时，情形就不同了。这样一个标准容易变成劝说性的，因为它要应用到一般的个人，而不能参照实在的个人来检验其结果。在福利理论中，它只被应用于一个用来代表任何个人的变量“X”。在这方面，它和普通叙述性用法发生出入的问题就难以回答了。这个标准对某些个人应用起来是好的，而对其他人应用起来是糟糕的。因为，总的来说它是否符合普通用法这一问题是个模糊的问题，所以大有进行劝说的余地。把感动人的措辞的普通用法公式化越困难，则措辞的有说服力的规范或定义的范围就越广大。

福利经济学同个人（作为个人来说）福利变化没有太大的关

系。它需要一个个人福利增进的标准，只因社会福利被认为是从实在的或代表性的个人的福利得出的逻辑结论。因此，个人福利增进的标准不是针对特定的个人使用的，而是作为推断一般福利或快乐的增减的结论的基础使用的。因为人们通常认为，增进福利是**好**的，减少福利是**不好**的，从这点可以推定，任何据以判断个人福利有否增加的标准都将是很有影响的。应当注意，撇开感动人的语言这个事实不谈，实际情形就是这样。“个人福利增加”的标准或许使人误认为某种变革会增进快乐（其实它不会），因而使人误认为这种变革是好的。因此人们可能一部分因受欺骗一部分因受影响而相信某种变革是好的变革。当人们对社会下结论时，欺骗与影响两者就都容易施展得多，因为人们不能像检验一个人是否更快活那样来检验一个社会是否更幸福些。

我们在第三章中讨论“经济福利增加”的选择标准时注意到，人们对这一点可能发生分歧，即在某种情形下，我们是否应当说一个人的经济福利增加了。我们举了一个人作为例子，他是由工人阶级变为中产阶级的，而在沾染上中产阶级的习惯以后他的钱不够用了；可是他依然能购买他在原来处境时买过的东西。我们应当说，同他的原来情况比较起来，这个人在最近情况下的经济福利增加了吗？也许有人坚持说，它确是增加了，因为否则就意味着要承认一个人能够钱多而福利少（假设物价不变）。但是，就同一个人在嗜好发生任何巨大变动前后的福利进行比较，很像是就两个不同的人的福利进行比较。因此，不承认福利在上述情形下有所增加，就等于否认平均分配财富必定是最适当的分配。凡是主张财富应当平均分配的人都会辨认出这种否定的感动力，所以他或许要坚持说，我们所说的那个人的经济福利是增加了。于是一个相信平均财富的人(不论为了什么原因)可能会设法逼人接受一个福利增加的标准，用来作为推定财富平均分配时福利达到最大量的理论的基础。见解不同的人则会极力主张不同的标准。

直到现在为止，我们还没有探讨一个人的**实际收入**。那么，在像上述那样一种情况下，当选择标准是完善的时候(即这个人的现在货币收入足以购买从前的货物组合而有余，可是他以往的货币收入却不足以购买现在的货物组合)，一些经济学家也许要说，无论如何，这个人的实际收入增长了，即使他的经济福利不一定增长。他们在这样说时没有提出任何进一步的叙述性说法，注意这一点是重要的。我们在前面曾经谈到，除非每一种货物都多一些，否则无法在客观的意义上说一堆货物大于另一堆货物。然而没有人希望说，只有当这个靠不住的条件得到满足时，一个人的实际收入才会大些。因此，这些经济学家要做的，只不过是用"获得更多实际收入"这句话来代替我的一句话"处在一个挑选的位置上"。我不喜欢这种作法，因为我觉得，前面一句话倾向于以下列未决问题为论据而进行狡辩：一个人处在一个挑选的位置上是不是好事。所有的人都倾向于假定，更多的实际收入是好事情。换句话说，这句话是启发性的。事实上，它在两方面是启发性的：(一)它意味着，用它来描述的任何变革都是好的变革；(二)它意味着，有一种叫做实际收入的东西，可以在某种完全客观的意义上说是变大了或变小了。后一种说法简直是虚伪的，前一种说法也许是不可取的。"A 是处在一个挑选的位置上"这个说法，同"A 获得更多实际收入"这个说法比较起来，并不是那么技术性的，那么容易令人误解的和富于色彩的。我们在使用选择标准作为实际收入提高的标准以前，必须首先同意一个人处在一个挑选的位置上是好事情。在这方面，福利变化和实际收入变化两者是没有差别的。

这就产生一种危险，即“一个人福利的增加”和“一个人实际收入的增加”这两句话也许会被人下一个有说服力的定义。然而同时也有一种限制。就这个标准是否相当符合多少不带感情的一般用法进行探讨是可能的，因为人们对于哪些变革至少在短期内会增进一个人的快乐有完全一致的意见。

但当我们进而研究一般快乐时，正像我们已经表明的那样，情况要困难得多。例如，我们已经看到，把钱从一个年收入三千镑的人转给一个年收入五百镑的人，在某些既定的假定下，将会增加快乐，人们对这一点是会取得广泛一致意见的。可是在这些假定的确实性发生问题的场合（它肯定要发生问题），那就会出现很大的意见分歧。由于种种原因，这种意见分歧是决不能靠弄清楚哪些变革确曾或确实不曾增进社会幸福的经验过程调和起来的。

两个最重要的原因是，首先，我们不能对一个庞大社会进行有控制的试验；除了试验方面的变化外，肯定还有大量经济的与非经济的变动。其次，也是最重要的，即使人们能够进行这样一种试验，他们对于整个社会是否更幸福些这一点还会有很大的意见分歧。每个人在说社会更幸福时，他的意思也许是指某种叙述性的东西，但是没有人能够观察整个社会，因此每个人所考虑的事实必然是不同的。所考察的人群越大，意见分歧大概也越厉害。假如所考察的这一群只有二三个人，我们也许对什么样的变革能增进快乐取得广泛的一致意见，特别是，如果观察者不是这一群成员的话。然而所要考察的那一群通常是整个国家。在这种情形下,“社会快乐”显然只能具有最模糊的叙述性的意义,如果它当真有什么意义的话。当然,说整个社会的快乐将会增进,也具有极强烈的感动人的意味,虽然它只有非常模糊的实际意义,而这种实际意义是因人而不同的。虽然人们对社会是否比以前幸福些会产生巨大的意见分歧,对社会幸福发生变动的原因的意见分歧甚至更大些,但是,使社会变得更幸福的任何事物通常都是好事情,人们对这一点是会取得广泛一致意见的。

显然,在这种情形下,“社会快乐增加”的定义或标准肯定是有说服力的标准,这样一种理论上的结论肯定是感动人的、有影响的劝告性结论,这种结论大意是说,如此这般的变革将会增进社会快乐。它会是一种能改变人们对有关变革的态度的价值判断,这并不是因为它明显地和毫不含糊地叙述了某种精确的他们认为的良好结果,而是因为它用这样的字眼来说明一种效果,这些字眼对于每个人会有不同的和相当模糊的叙述意义,然而对一切人却有同样的感动人的意义。我们在前一章得出结论说,对个人和社会快乐的原因的判断,不单纯是价值判断。现在我们看到,如果所涉及的是个人,这一类判断主要是叙述性的,虽然它可能含有少许的价值要素,但如果所涉及的是由许多人构成的社会,则叙述的含义是模糊而微弱的,但价值的含义却是强烈的。

在以上论述中和在以前几章中,我们使用了“福利”和“快乐”这些字眼,几乎就像它们是同义词一样。要记得,在一开头我们就把“这种变革将会增进A的经济福利”意译为“这种变革会使经济环境变得有利于A的快乐”。这两个说法的叙述性含义也许没有很大差别。然而我认为,“福利增加”这个词要比“快乐增加”这个词具有大得多的感动力。像“X 将会增进福利”这一类说法的意思,同“X 将会增进快乐”这个说法的意思比较起来,要不清楚得多。通过得出福利结论来散布一种感动性的影响,也许是十分可能的,而这在使用“快乐”这个字的场合是不可能的,只因后一术语的叙述意义比较清楚些,从而依据快乐作出的结论也许会使人们站起来说“我不相信那回事”,而在福利的结论下,他们是会信服的,他们仅只热衷于感动性的意味,而对于这个词的叙述意义根本没有什么十分清晰的观念。

有些人也许会说,“福利的增加”纯粹是伦理的说法,它同“快乐”的唯一关系在于大多数人会同意这一点:即快乐是好事情,但不是唯一的好事情。如果这是不错的,那么福利经济学从一开始就是一种伦理的研究。在我看来,这几乎肯定是正确的见解,因为“X 将会增进福利”这句话一定不会**涉及**任何有关满足或快乐的句子。到现在为止,我们一直认为关于福利的说法在逻辑上可以归结为关于快乐的说法,力图以此来尽可能地迎合一些经济学家的心意,他们认为福利经济学是,或者应当是,对快乐的决定因素的实证研究。但是,即使这是不错的(其实它不是),依然不能认为福利经济学仅只是科学研究,因为“快乐的增加”一语是感动性的,当它应用到一个社会的时候尤其是这样。因此,“福利”这个字是否会有叙述性的关系,这个问题不是很重要的,因为任何这一类的关系都是涉及快乐或满足的,因此依据满足或快乐重新表述福利经济学,不会使它变为一种纯粹的实证研究。

福利经济学容易从谈论经济福利滑到使用直率的伦理术语上

去，这一点证明福利结论就是价值判断这个争论点是不错的。举具体例子多半会使人产生反感，但是我们要指出那终于成为经常使用的语言的性质。

首先，“经济”二字通常被省略掉了。这大大增加了感动的效果。假如我说“这种变革将会增进经济福利”，那么任何人都能够说：“也许如此，但它不会增进政治福利或一般福利”。要是我省去“经济”二字，这个回答就不适用了。把“经济”二字放进去，总是意味着，经济学家的结论并不是金科玉律，所以不能把它当做确定的建议。

其次，在省略“经济”的场合，往往写进了“社会的”或“社会”，“国民”等字眼，这也增加了说服的效果，因为所有这些字眼都对不同阶级的人具有非常感动人的力量。第三，我们最经常发现的是“利益”这个字而不是“经济福利的增加”。“利益”显然是伦理的字眼。人们还使用了“社会利益”和“社会益处”。

如果“福利”二字根本不带伦理性质，尤其改变名词的经济学家没有明白宣称他相信伦理的功利主义的话，看来要改变名词也未必容易。相反的，有人认为福利经济学是一门精确的客观的科学，但没有提出任何伦理的前提。离奇的是，这个主张竟在使用像“社会益处”和“社会利益”等这一类措词的时候提出来。人们怎么能够使社会幸福这样模糊的东西成为很精确或很客观的，这一点也很难理解。（当我们在下一章论述所谓新福利经济学时，我们还要多谈一谈福利经济学的精确性。）

人们已经注意到新福利经济学的那种迷人的力量，并把它同庇古教授对福利原因的显然比较科学的研究进行对比。兹引证如下：

> 庇古教授没有在他的《福利经济学》中开药方；他考察了什么东西将会增进经济福利，但到此为止了。这一点极为重要。由于"福利经济学"涉及福利的原因，从这一点推定，它是实证研究，而不是应当做什么的规范研究。
>
> 福利原因的研究和开药方相去不远，对于大多数人来说，前者只不过是后者的准备。然而它们毕竟是两种不同的东西。[①]

人们一致认为，现代福利经济学采用了更多的迷人的语言并具有更多的开药方的性质；它也得出了更明确的结论。庇古教授的结论至少取决于所建议的不会引起对实际收入分配不利的变化的那种变化，这种变化会抵消掉这种变革否则也许会取得的良好结果。许多现代福利经济学家简直抹煞了这个重要的限制条件。另一方面，我也不同意这种见解，即：庇古教授只是完全不带感情地在探索福利的原因。有人坚持说，要问任何一种福利理论能够得出什么结论的话，它能得出价值结论，即使它也是表明因果关系。的确，我还要进一步指出，"结果"是千千万万人民群众的快乐的增加，它是这么含糊的概念，所以在这种情形下谈论因果就不免有点使人误解了。[②] 我们指望"原因"和"结果"是对一些事物或事

① 拉杜麦斯勒："福利经济学与经济政策"，《经济学报》，1946 年 8 月号，第 199 页。

② 值得注意的是，在庇古以前，"福利"二字是很少使用的。经济学家多半使用"满足"这个字。庇古把他的书叫做《福利经济学》，好像推广了"福利"二字的应用，从那以后，"满足"或"快乐"的术语就比较不大通用了。庇古标志着过渡时期，因为他的书

件的叙述，这些事物或事件的存在或发生在客观上是确定的。（我们说“客观”的意思是指应存在着一些人们会同意的、多少是精确的检验。）“你要是做这件事，就会增进社会快乐”，这个说法不能够用我们指望检验大多数这种说法（我们称之为表明因果关系的说法）的方式进行检验。当然，说“这等事情将会增进社会快乐”是正当的。人们还可以说，“提供更多的学校教师将会改进儿童的品质”。但是这两个说法都和“按捺加速装置将会提高行车速度”的说法是不一样的。它们全都是表明因果关系的说法，然而性质完全不同。谈论因果的确意味着要进行科学试验，它肯定意味着，原因的结果是否就是预言中的结果，可以进行通常次数的试验。但若“因果”意味着这一点的话，那么，把福利经济学说成是对社会福利的原因的研究就容易使人误解，虽然在特定的个人或一小群的个人的场合，谈论快乐原因是不会使人误解的。

虽然叫做《福利经济学》，可是他在书中却大量使用“满足”这个字眼，但也谈到“利益”等等。正像我们已经指出的，“福利”这个术语（包括像“社会利益”、“社会益处”这样一些词在内）同“快乐”这个术语比较起来，它的伦理意义要大得多，它的叙述意义要小得多。这个着重点改变的时间性是有趣的。十九世纪伦理的功利主义者认为，价值判断就是叙述判断。所以“快乐”经济学有其确定的伦理基础。由于人们不再相信伦理的功利主义（庇古本人不曾接受这个伦理学说——穆尔关于自然主义的谬误这个问题的教导大概压制住了剑桥的上述见解），伦理学与经济学之间的这个必然联系就消失了。然而人们研究经济福利的目的，主要是为了发现做什么事情最好和提出建议。因此福利经济学家自然应当（他们并没有认识到这一点）恢复现在叙述性的快乐判断似乎缺少的伦理力量。无论如何，这是一个说明本世纪经济学术语的感动和建议力量的一定增长。

要注意，明特博士在其所著《福利经济学的理论》一书中把他所说的福利经济学的发展从亚当·斯密一直跟踪到现在。我们宁愿说，福利经济学是从庇古开始的。在他以前，我们有“快乐”经济学，在“快乐”经济学以前，我们有“财富”经济学。斯密毕竟写的是国民财富而不是国民福利。我不认为这个区别是微不足道的。建议的力量和“这会增进社会福利”、“这会增进社会快乐”和“这会增进国民财富”三个词语的含义是不相同的。

因此，福利经济学和伦理学是无法分开的。它们是分不开的，因为福利的术语是价值的术语。也许有人认为，可以通过严格使用一个在普通谈话中没有价值含义的专门术语来净化福利经济学。答案是，可以把它净化，但它那时就不成为福利经济学了。那时，它将包括一系列无法说明的逻辑推论，这一系列推论根本不谈任何事物，更不用说福利了。如果我们要问这一系列推论谈到什么东西，例如谈到福利和快乐，它就立刻又变成表现感情的和伦理性质的了。丢掉价值判断将是把婴儿连同洗澡水一齐倒掉。这门学科的意义在于，要是没有价值判断，它就说不上是什么有趣的东西，理由是，我们对福利和快乐的追求是精神方面的。

福利经济学的结论必然（至少部分地）是价值判断这一事实产生一个问题，就是我们是不是最好抱这样的看法：福利经济学只不过是从一套一致的价值原理引申出来的逻辑结论，这些价值原理是由某个牧师、国会或独裁者为福利经济学家规定的。这种看法表示同英国经济学的功利主义传统断然决裂。实际上，抱这种看法的人[①]否认福利经济学无论如何必定是对快乐的研究。事实上，因为这样一种研究依然叫做福利经济学，所以他们赞成“福利”二字是纯粹伦理字眼的看法，但当然不否认价值判断会大大地甚至完全受快乐考虑的影响。我认为，在这方面

①　这种看法的主要代表人物似乎是伯格森教授（见“福利经济学一些方面的重新表述”，《经济学季刊》，1938 年 2 月号）和萨缪尔森教授（见《经济分析的基础》，第 8 章）。

他们是对的。但是，即使他们对了，这也不等于说，快乐的研究并不含有什么叙述的和经验的东西。既然人们坚持说，凡是有关社会快乐增减的说法都是价值判断，所以他们也坚持说，它包含一些叙述的要素（虽然“一般福利的增加”这个词语可能不涉及叙述性的东西）。

这两种看法的不同可以用个人福利增加的情况来说明。在研究“快乐”时，我们对如果一个人处在挑选的位置上，他是否多半会快活些这个问题，也许会发生争论。在进行纯粹的伦理研究时，经济学家只是从“一个人处在挑选的位置上是好事情”这个假设进行推论。

我认为，哪种研究方法最好，是没有疑问的。福利经济学的目的究竟是什么？它肯定是要探索在各种不同情况下做什么事情最好。甚至认为福利经济学是对快乐的经济原因的研究的人也得承认，那不是它的全部内容。正像拉杜麦斯勒在上面一段引文里所说的那样，这样一种研究只是开药方的准备。也许有人会争辩说，人们可能对福利具有纯粹历史方面的兴趣，企图对两个不同时期的经济福利进行比较。结果他们可能作出结论说，在有关时期内福利增加了或减少了。看来靠不住的是，这个问题，虽然是历史性的，但在研究结果只不过满足了要知道历史事实的要求这个意义上说也是学术性的。它会被用来支持对某种制度或政体好坏作出历史判断。一种判断并不因为它是关于过去时期的就不再是价值判断或不再具有影响或劝说作用了。

然而很明显，经济学家要是等待某人提供他们一套一致的价值前提，他们就会永远等待下去。靠研究那些可以从一套价值判断中推断出来的理论来期待这种超人[①]的到来，不是不可能的，看来似乎很有理由可以认为，这样一套价值判断至少在一特定时期在一特定国家里对某些人来说也许是可以接受的。如果我们希望能够聪明地猜测出哪一种价值前提是人们可能认为是合理的，那么，我们肯定必须研究哪几种东西对人们的快乐有关。而且，如果我们打算采用某一种个人经济福利增长——即他是“处在一条比较高的行为线上”——的标准，那么我们就得说清楚，这在普通话语里是什么意思，否则就没有人愿意说，他是否认为某人处在一条比较高的行为线上是好事情。还不只此，大多数人都想先知道某种变革对某个人的快乐将会发生什么影响，然后肯说那种变革是好还是坏。所以在任何认为个人有重要关系的社会里，福利经济学家都应当探讨个人快乐的原因，这一点依然是根本的。因此，即使除了福利的结论必须从价值前提推求出来这一见解之外别无其他见解，这也不等于说，像我们在最初几章中（我们在那里尽量集中研究了快乐）所提到的那些问题是不重要的。

读者也许记得，在第一章中，我们依据“经济”二字的定义断言，有关社会经济福利的唯一事物，是每个人所消费的每种货物的数量，以及所完成的工作的数量与性质和所提供的储蓄。只要我

① 注意这一点是重要的：即把必要的价值假设放到一个超人的嘴里，只不过是一种说明的伎俩，为的是把哪些是价值判断的假设和哪些不是价值判断的假设划分开来。决不能认为这意味着，经济学家必须真正等待某人把他的价值判断提供给他。这含有有些轻视福利经济学家的作用的意思。当然，经济学家能够考察从他喜欢采用的任何一套价值前提所求得的结果。假如价值前提是明白作出的而不是暗含着的，研究结果将是有益的和有趣的——决不会使人误解。只要有一些人愿意接受所说的前提，研究结果就不会完全没有用处。

们强调“经济”二字，这个定义就不是价值判断。然而我们必须当心，使人们不致误解。我们只有强调我们的定义并指出那些被忽略掉的和人们可能认为是经济的问题，才能保证这一点。例如，也许有人认为，一个人是否获得公平的工资，是一个经济福利问题。但是我们把它排除掉了，因为我们所关心的只是他得到多少钱和他做什么事，而不是他所得待遇和其他的人比较起来是否公平的问题。有些人也许认为，各个人应当获得他们的边际产品的价值；或不应当向消费者索取必需品的费用；甚至物价也不应当和边际成本相等；或者人们免费获得某种东西而由纳税人负担费用是不公平的。任何这一类问题对于福利也许是重要的，然而它们被排除在经济福利以外。我们关心的是他们得到什么，而不是他们为什么得到它；是他们做什么工作，而不是他们是如何得到工作报酬的。

然而记住这一点是重要的：即我们决不能依据经济福利已经增加这个命题就下结论说，某些事情是应当做的。增进经济福利的方法也许会减少一般福利。如果我们把“福利”当做纯粹伦理的说法，那么福利应当增加就是同义语的反复；但若我们说，经济福利将会增加，那只意味着，这种变革将会增进福利，如果其他非经济的影响不是不利的话。

在以下两章中，我们将探讨所谓新福利经济学的基础，并弄明白，我们得出的任何结论能不能认为是从相同量人可以接受的一些价值前提推求出来的。

第六章　新福利经济学(一)：福利标准

新福利经济学的新颖处在于它声称已经确定生产和交换的“最适度”条件，而用不着把各个不同的人的“效用”加起来。在这一点上，它已同经济学中的功利主义传统决裂了。新福利经济学的创造者是帕累托，他不仅使用了序数偏好概念，而且还为一个社会规定了“最适度”位置，这个位置不以满足的相加或各个人满足的比较的必要性为转移。“最适度”位置是这样一个位置，不使某个人降低到一条比较低的无差异曲线上，就不可能使任何人“处在一条比较高的无差异曲线上”(或我们现在所说“处在一条比较高的行为线上”)。同时必须强调指出，这种“最适度”有无限数量，只有“**唯一**最适度”(这些“最适度”中最好的一个)才一定比任何其他位置都好些。大体上讲，和坏的收入分配相适应的“最适度”状态(依据上述定义)很可能比和好的收入分配相适应的“次一最适度”位置更糟些。因此，我们不能说，把“最适度”条件付诸实行就会带来福利的增长，即使假定有一个社会可以应用这种分析的话。

所以，其结果实质上是和功利主义分析的结果一样的，在功利主义分析中，任何有关福利如何增进的说法都必须参照这一点加以限定，即收入分配会受到有利的还是不利的影响。也要注意到，

由于这种分析是依靠对一个境况变好的人所规定的"处在一条比较高的行为线上"这一标准的，所以它只能严格说来它只适用于由完全一致的个人所组成的社会，在这个社会里，没有人死亡或出生。显然，当旨在使一个人的境况好起来的变革正在推行时，他要是改变了嗜好，那么这种变革也许是糟糕的。如果人们不承认个人间的比较(帕累托认为不同人们的效用不能比较)，情形甚至更坏，因为，当变革正在推行时，一个老人要是被一个新人所代替，那就根本没法谈了。

人们总是要对付一个不断变化的社会，从这个事实可以推定，他们不能既"否认"个人间比较，又把他们的关系建立在个人的基础上；那就决不可能说任何变革都是一种改进。的确，帕累托不曾明白地讲，什么时候一种情况可以说是比另一种情况好。他只是规定一些一定要满足的**必要**条件，如果使一个人的"境况变好"而不使任何人的"境况变坏"是不可能的话。

自从帕累托以后，这个理论发展的道路有点不同了。我们不妨将探讨过的各种见解分为三类。这些种类代表派别十分不同的一些作者。第一类是把"福利"当做纯粹伦理概念的理论；福利的结论只能从一些伦理前提推求出来，这些伦理前提必须由某个人"给定"。让我们把他叫做"超人"。这一派对满足或快乐很少注意或者不予注意，虽然，超人当然是要加以考虑的。但是，为什么超人要决定特定个人的福利和社会福利有关系，这就没有必然的道理了。所以增进个人福利的标准可能是不必要的。只有当超人决定社会福利是从个人福利得出的逻辑结构时，这样一个标准才是必要的。即使这样，他也许决定一个标准来避免下述困难：即人们是不一致的,而且“处在一条比较高的行为线上”不能很恰当地应用到一些实体个人。他也许觉得满足与快乐是和福利不相干的。

当然,理想的收入分配也被当做一个伦理概念,除非考虑到超人认为具有伦理重要性的这个因素以及所有其他因素,否则关于福利就没有话好说了。正式说来,没有理由使这样一个体系停留在经济福利上。这一派关心的是从一致的伦理前提所进行的推论,凡是超人准备给定其数值的任何伦理变量都可以投到里边去。

以上扼要叙述了一派思想的概念体系。在这个体系下,通常的“最适度条件”只有在变量范围受到严格限制的情形下才能推求出来。在超人方面,对事实和伦理上的无差异必须作出普遍的假定,还必须把若干价值判断推在他身上。这些假定和价值判断是什么,我们将在第八章讨论“最适度”条件和它们是怎样推求出来时予以说明。在这里,我们要说的只是,这一派强调福利经济学是一种伦理研究这一事实无疑是正确的。

第二派思想可以概述如下。它没有认识到这个问题的伦理性质。它依然认为福利经济学实质上是对满足原因的研究。然而它认识到,不考虑收入分配就不能得出福利结论。所以它预先假定一种理想的收入分配。在某种意义上它否认个人间比较;可是它认为这一点是可以证明的:即某种收入分配会给予社会更大的满足,甚至在这个意义上货币收入平均分配大概是最好的分配方式。在最初几章里,我们力图表明:福利经济学实质上是伦理研究;快乐研究是重要的,但在逻辑上不是根本的(这就是,有关福利的说法不一定涉及任何有关快乐的说法,其实它们**是**价值判断);人们能够而且也确实在比较不同人的满足感;最后,人们不能证明任何关于社会福利的事。所以我们不同意这一派的任何一个逻辑前提。它同功利主义的区别只在于"否认"个人间比较,从而使功利主义变成没有意义的东西。

把生产和交换的"最适度"条件推断为"**唯一**最适度"的必要条件,是以上两派的共同点。"理想"的收入分配也被看成"**唯一**最适度"的必要条件。至于如何决定一个"次—最适度"位置比另一个"次—最适度"位置好还是坏(或提供较大的满足还是较小的满足),它们谈得很少或没有谈到。因此它们给人的印象是,它是"全有或全无"的问题。除"**唯一**最适度"外,所有其他"最适度"位置(依据帕累托的定义)只不过是这些"次—最适度"位置当中的一个。因此,帕累托的"最适度"是比较不重要的。在应用上,或在这些学派中那些打算应用这个体系或认为它可以加以应用的学人手里,福利经济学的这个概念是和"乌托邦"计划符合一致的。

另一方面,我们要在本章其余部分探讨的第三派思想则是和"点滴"计划相对应的。[①] 它保持以上的术语,它认为任何帕累托"最适度"必定比任何不是帕累托"最适度"的位置要好些。换句话说,它只是断定,收入分配与一种局面是否比另一种局面的经济福利大的问题不相干的。在功利主义者看来,它等于这样一个假定,即不论将一镑钱给什么人,富人或穷人,它都提供同样数量的满足。可以想象,大多数人会认为这种假定是荒谬的。在第一派思想看来,它等于这样一个价值判断:"在考虑一个位置是否比另一

① 文中"乌托邦"和"点滴"等字眼,是模仿波伯尔在《开放的社会及其敌人》第9章中的用法。

个位置更好时,收入分配应当略而不论”。实际上,很显然,第三派新福利经济学家不打算作出上述假定或上述价值判断。他们过去或现在都认为个人间比较是不合理的。所以他们不依据实际收入分配来对“经济福利的增加”下定义。同时,他们不理解“福利增加”是伦理学上的用语,因而没有认识到他们的定义中暗含有价值判断。

这就产生了这一派新福利经济学家认为福利经济学究竟研究什么的问题。像上述第二派一样,他们的体系是以个人作为依据的。如果一个人是“处在一条比较高的无差异曲线上”,就说他的“境况变得好些”。然而按照消费者行为理论的正统解释,“A 是处在一条比较高的无差异曲线上”必然涉及“A 获得更大的满足”。所以他们好像认为,福利经济学是研究满足或快乐的。但是他们的结论,如果依据满足来解释的话,要求一镑钱不论给予什么人都提供同样的满足。他们肯定决不会作出这个假定。因此不能当真相信他们认为福利经济学是研究社会的满足或快乐的。可是他们宣称福利经济学是“客观的”、“科学的”,而不是伦理的。换句话说,他们宣扬福利经济学是一门研究某种东西的原因的科学,或一门研究支配某种叫做“福利”的东西的增减的规律的科学。但若这种福利是和满足或快乐不同的话,它是什么呢?

让我们弄明白这条思路是怎样发展起来的。在题为《经济学的福利命题与效用的个人间比较》的这篇文章[①]里,卡尔多先生写道:

① 《经济学杂志》,1939 年 9 月号,第 549 页。

> 所以在某种政策导致物质生产率从而实际总收入增长的一切场合，经济学家主张这种政策的理由完全不受个人满足的可比较性的影响；因为在所有这种场合，使一切人的境况变得比从前好，或者无论如何，使某些人的境况变好而不使任何人的境况变坏，是**可能**的。……为了巩固他的理由，对他来说指出这一点就很够了，即纵使所有遭受这种政策损害的人都充分得到补偿，社会上其他人的境况依然要比从前好些。

在同一篇文章的脚注里他又写道：

> 读者将会看到，这条原理只不过是说，在对任何旨在增加财富总量的政策作出判断时并不牵涉满足的个人间比较，只因任何这一类的政策都**能够**在取得一致同意的条件下实现。

首先，我们必须注意，这篇文章的标题是《经济学的福利命题与效用的个人间比较》。这说明，卡尔多先生认为福利命题可以拿所提出的假想的补偿定义作根据。但在正文和脚注里，他事实上是完全依据假想的补偿来对以下词语下定义的：(一)“一般物质生产率的增长”，(二)“实际总收入的增长”，(三)“财富总量的增长”。

我们需要暂时离开本题来说明一下这些词语的意义，虽然一个社会的“生产”和“实际收入”将在第十二章中详加叙述。在那一章我们主张，和实际收入标准不相同的一般生产率标准是没有的。但是财富总量的标准是什么呢？就我所知，在经济理论中，“财富”并不是一个具有任何确切意义的并和“实际收入”与“福利”两者都不相同的名词。所以我们不妨以“实际总收入”这个说法为限。现在卡尔多先生在上面一段话里规定了下述**必要**的命题(即部分定义):“当实际总收入增加时,使一些人的境况变好而不使任何人的境况变坏,是可能的”。然而,即使指数总公式$\sum P_2Q_2 \geqslant \sum P_2Q_1$和$\sum P_1Q_2 > \sum P_1Q_1$(这里$Q$是就社会上所有各“个人”总计的货物总量)得到满足,那也不能证明[①]受益人能够超额补偿(overcompensate)从头一种局面转变到第二种局面的受害人[②]。因此,卡尔多先生提出一个新的、不平常的“实际总收入增加”的充分标准。

在前一章中,我们已经涉及个人而探讨了“实际收入”。我们不希望用“实际收入的增加”一语来代替“处在一个挑选的位置上”一语,因为前一词语意味着,用它来描述的任何变革都是好的变革。然而,如果人们愿意承认一个人处在一个挑选的位置上是好事情,那么这种替代是可以容许的。我们还指出,实际收入不能在客观的意义上说是变大了或变小了,因为在经济学中“实际收入”是指一些不能进行比较的项目的集合体。

不妨用类似的论证来反对卡尔多先生的定义。他愿意说“这种变革最后会造成实际总收入的增加”,而不说,“由于这种变革的结果,受益人能够超额补偿受害人”。但是,假定我们对一个人的境况变好有一个合意的标准,头一句话就明白地、确切地描述了变革的结果。在卡尔多先生的定义下,第二句话恰恰说明了这同一结果。可是它给人们的印象是另外还谈了一些事情——一些更重

① 参看第十二章。公式里的价格可以指市场价格,也可以指(边际或平均)生产成本。在任何一种情形下,都不能证明受益人能够超额补偿受害人。

② “受益人能够超额补偿受害人”一语较为简短,且和“使一些人的境况变好而不使任何人的境况变坏,是可能的”一语意义相同。此语是乔治·保罗先生提示给我的。

要的事情。其实它并没有作任何进一步的陈述。[①] 但它所以给人这样的印象,因为它是暗示性的字句。它暗示:(一)某一客观的量值要大些,(二)这是一件好事情。正像我们在前面讲过的,每个人都倾向于假定,更多的实际收入,更多的财富等等,是好事情。我不反对这样说:如果一个人是处在一个挑选的位置上,他的实际收入就要大些,因为总体来讲,我赞成使各个人能够达到挑选的位置。但是,在允许用"实际总收入的增加"一语代替"超额补偿受害人的可能性"一语以前,首先必须断定受益人能够超额补偿受害人那种变革都是好的变革。

当然,以上关于"实际总收入的增加"所说的话一定对"一般福利的增加"也是适用的——这是一定的,因为后一语远比前一语要更富有感动和影响性质。卡尔多先生是不是准备也根据超额补偿的可能性来对"福利的增加"下定义,那就不完全清楚了。但是,由于他认为,单单靠指出受益人能够超额补偿受害人就可确立经济学家主张变革的理由,看来他确实认为,所有这一类变革在经济上都是可取的。的确,后来许多作者有相当理由地认为卡尔多先生也对"福利的增加"下了定义。

这种情形似乎是不大可能的,即现在英国会有许多人准备说,一种变革必定会增进社会福利,譬如说,这种变革使得富人变得这么富,因而他们能够(然而不会)超额补偿那些变得更贫困的穷人。显然,人们也许准备说,这一类变革会增进实际总收入,只要始终附加一个条件,即它大概也会使福利减少。要是加上这个条件,那

① 为了简单起见,我说这些句话提出陈述等等,而不说讲这些话的人提出陈述。

么,这句话的后半段就会抵消或者不只是抵消头半段的启发力量。但是人们不能指靠加上这样一个附加条件。总之,如果我们说富有的受益人能够然而不会超额补偿贫穷的受害人,这样说就清楚得多。

鲍莫尔教授已在一篇文章里对假想的超额补偿标准进行了攻击。[①] 卡尔多先生在对这篇文章的答辩[②]中写道:

> 凡是关于收入分配——保持现状和进行改革——的问题,无疑都包含有"政治上的假设"。我原来那篇文章[③]的目的是要指出,这些假设只包含在有关收入分配的问题中,而不包含在有关生产的问题中;我提出了一种检验办法,通过这种办法可以把这两个要素彼此划分开来。重要的一点肯定是,在财富生产增加的场合,就可以找到一种收入分配方法,它能使某些人的境况变得好些,而不使任何人的境况变得比从前糟。

这里假定,具有"政治"性质的假设的重要性在于它们是价值判断。卡尔多先生说,它们只包含在有关收入分配的问题中。因此可以推测他认为,"这种变革将会提供更多的财富"并不是一种价值判断,而是关于某种多少是"客观"的东西,例如满足。但是他肯定不会说,必定有更多的满足,因为获得好处的人能够超额补偿受到损害的人。然而他是这样对财富增加下定义的,因为当他说:

① 鲍莫尔:"社会的无差异",《经济研究评论》(1946—1947 年)。

② 卡尔多:《一篇评论》,同上书。

③ 《经济学杂志》,1939 年 9 月号,第 549 页。

“在财富生产增加的场合，就可以找到一种收入分配，它使某些人的境况变得好些，而不使任何人的境况变得比从前糟”，只不过下了一个**定义**。他坚持说这是一个重要之点，而事实上它却是一个定义。如果它不是一个定义的话，人们应当能够验证这一点是不是真实的：即在财富生产增加的场合，有一种分配可以使某些人的境况变得好些，而不使任何人的境况变得糟些。要使这样一种检验成为可以想象得到的，就得提供某种关于“财富的增加”的独立的定义。

同卡尔多先生的争论不在于他下了一个定义，而在于他下了一个看来实际上没有一个人需要的劝说性定义。他接着说，他提议用一种**试验**来把收入分配和生产效率这两个“要素”划分开来。可是他提议的不是一种检验，而是一个定义，它的确把收入分配划分开来，但只是把它撇开不谈罢了。事实上，卡尔多先生所做的是提出一个“财富增加”的定义，它撇开了分配。这正是争论的实质所在。我们不相信，任何不包括收入分配的关于财富的增加，福利、效率或实际社会收入的定义是可以接受的。

在题为《福利经济学的基础》[①]的一篇文章中，希克斯教授赞扬了卡尔多先生的贡献。后来在《恢复消费者剩余》[②]中，他又写道：

> 对于一次使得A的境况变得好些、却使B的境况变得糟些的生产改组是否标志着效率的改进这个问题，我们将怎么说呢？怀疑论者宣称，不可能客观地这样讲。一个人的满足

① 《经济学杂志》，1939年12月号，第696页。

② 《经济研究评论》(1940—1941年)，108页。

> 不能加到另一个人的满足上面。所以我们只能说,从A的观点来看是一种改进,而从B的观点来看就不是了。事实上,有一个简单方法来克服这种失败主义;有一种完全客观的试验,使我们能够辨别那些能增进生产效率的改组和那些不能增进生产效率的改组。如果A的境况由于这种变革而变得这么好,因而他能够补偿B的损失而且还有剩余,那么,这种改组就是一种**毫不含糊的改进**[①]。……而且,作为确立健全的经济政策准则的基础,这个标准要比任何其他标准有用得多。

应当注意,希克斯教授在这里说,存在着一种对生产效率的**"完全客观的试验"**[②]。他还把这个"完全客观的试验"叫做"标准"。人们只能对某些用其他方法可以辨认得出或具有其他规定性特征的东西进行试验。一种东西的出现也许是对其他东西的验证,如果两者间存在着一种经验关系的话。但当然不是说,在生产效率与超额补偿的可能性之间存在着一种经验上的关系。这种关系只有在生产效率要是用其他方法可以辨认得出的场合才会建立起来。怎样辨认它呢?既然希克斯教授没有提出答复,我们必须认为他不支持一种试验,而支持"生产效率增加"这一词语的定义或标准,正好像我们必须认为,卡尔多先生不是在建议一种试验,而是在提出一个关于"生产效率的增加"、"财富总量的增加"等等的定义一样。因此,我们不妨把"完全客观的试验"理解为"定义"或"标准"。我们在第五章已经看到,"社会的幸福"或"社会的快

① 黑体字是李特尔标出的。
② 黑体字是李特尔标出的。

乐”并不是某种东西或某种感情或感觉的名称，人们能够对之进行试验，就像我们能够而且确实对个人的快乐、酸性的存在或一架飞机的速度进行试验一样。

然而，为了得出通常的福利结论，对“一般经济福利的增加”一语下定义是不必要的。人们需要的只不过是一个充足的标准。因此需要建议的只不过是，一旦人们能够说，“这使受益人能超额补偿受害人”，我们也就能够说，“这会增进一般经济福利”。在一定程度上，一个充足的标准和一种试验之间曾经发生过混乱情形，这说明一些经济学家在内心里依然是功利主义者，并认为一般福利是人们能够衡量的某种同质的感情。下面一段引语可以作为证明：“近代经济学家现已想出一种‘补偿’方法，通过这种方法就可能发现整个社会的情况是否因某一变革而变得好些或变得糟些，即使这种变革涉及收入分配的改变。……”[①]这应理解为，“近代经济学家断言，根据定义，整个社会的情况是变好了呢还是变坏了，要看受益人能不能超额补偿受害人而定”。人们不能轻易地发现社会福利，假想的补偿不是发现任何事物的方法。

所建议的标准，不论它是财富、效率、福利还是实际社会收入的标准，总包括有一个暗含的价值判断，这也许是用不着说的。的确，希克斯教授谈到毫不含糊的改进，并认为这个标准是健全的经济政策的基础。拿这样一个标准作为根据的结论，要么一定是道德化的结论，要么一定会被说成是从明白的伦理前提得出的推论。但是几乎没有什么人会说，所有像受益人能够

① 梅因特博士：《福利经济学的理论》，第104页注①。

超额补偿受害人的这一类的变革都必定是好的。对于大多数人来说,这完全要看,得不到补偿的受害人是什么人。可是,在紧接上面那句引语的一段话里,希克斯教授企图证明所建议的标准是正当的。兹引证于下:

> 如果一个社会的经济活动是根据下述原则组织的,即生产组织的改革,从这个意义讲不能称为改进的就不进行,而它可能发现的一切可以称为改进的就进行,那么,虽然我们不能说那个社会的所有居民的境况一定变得比社会根据某一不同的原则组织时他们将会有的境况更好些,但是这一点却有极大的可能性,即:在经历相当长的时间以后,几乎所有的人的境况都会变得好些。①

在这里,希克斯教授是在观察一长系列的变革,其中每一种变革对实际收入分配都只有微小的影响。他认为这些影响多少是带有偶然性的,因而应该销掉。但若相当长的时间是一个长时间的话,那么大多数居民都会死掉(尽管境况变得好些)。显然,如果我们所考察的是一个不断变动着的现实的人群在一个长时期内的福利,那我们就不能按照字义来对付每个个人了。这就变成这样一个问题:我们的境况是不是比我们的父亲或祖父好些。同时显然要涉及个人间的比较。

我们还必须对个人福利增加的标准提个问题。它就是"处在一条比较高的行为线上"这个标准吗?要是这样的话,我们有理由

---

① 《经济研究评论》(1940—1941年),第111页。霍特林教授在他写的一篇文章"一般福利和赋税问题及铁路与公用事业收费问题的关系"中提出了同样的辩护理由,《经济计量学》,1938年7月号。

认为这个标准在长时期内很可能是毫无意义的。简单地说，甚至一般的个人的嗜好也可能发生重大变化。许多新产品将会提供出来。质量将有大的改变，使“同样货物”这一概念很难或不可能应用，也许少数必需品是例外。

最后，某些也许符合卡尔多—希克斯标准（不妨这样称呼它）的变革将会对实际收入分配产生十分显著的影响，因此认为它们会抵消其他变革的影响，充其量是一种主观愿望的想法。看来没有什么正当的理由说这一点有极大的可能性，即几乎每个人的境况终归要变得好些——纵使他们不曾死，并且依然是行为线分析所能适用的完全一致的人。

现在我们不妨问道，从这种困难看来，希克斯教授对这个标准的辩护理由是不是合理的。我以为我们可以有把握地说，几乎每一个人都会承认根据这个标准制定的政策是好政策，如果它在长时期内[①]，它的确能使几乎每一个小社会集团（由一个经常变动的实在的个人组合所构成）的境况都比它们原来的好些——“境况变好”不是“处在一条较高的行为线上”的意思，而是大多数人根据普遍观察所断定的“境况变好”的意思。然而它是真实的或相当可能是真实的吗？这个问题的答案取决于行为线分析是否适用；取决于选择标准作为长时期内增进经济福利的标准是否能被大家所接受；取决于分配影响及其规模是不是偶然的。必须注意，我们正在试图做的是要发现，有没有甚至是表面上像是确凿的理由来支持依据这样一种标准进行的分析呢。要是不考察可能会产生的动态影响和超经济影

① 但是它不需要太长。受害人也许会耐不住。

响,那就肯定没有理由来普遍应用它。我们现在仅只考虑为数有限的一些困难,这就是,消费者行为理论对变动中的人口(他们的嗜好也在变动)是否适用的问题和实际收入的分配问题。

我们可以提出下列建议使希克斯教授在分配问题上的辩护理由略微变得牢靠些,这些建议是:只有那些对分配发生微小影响的变动可以在这种基础上说是正当的,或严重的受害人应当切实予以补偿。这将使分配影响的勾销有大得多的可能。这就产生一个问题:"为什么不对所有受害人都进行补偿呢?"这是容易回答的。实际上,我们不能发觉什么人受到了损害和需要给他多少补偿。这需要彻底了解每个人的行为图,因为在理论上讲来,确切地补偿某个人就是把他提升到和从前一样的行为线上。然而我们一点也不了解任何人的行为图,无论如何,我们已经看到,大多数人都没有根深蒂固的习惯,而这是我们能够说他们有一个行为图所必需的。真正切实可行的,是约略地对少数严重的受害人进行补偿。"福利"结论决不会告诉我们说,受益人能够实在地超额补偿受害人。这些结论只是告诉我们说,可以想象得到,他们会超额补偿受害人,如果人人都是经济人的话。

切实补偿问题又引起一些困难,这些困难是哲学性质的而不是技术性质的。有人认为,切实补偿的主张"显示出保守倾向"①。如果卡尔多-希克斯标准加上切实补偿仅仅作为充足标准提出来的话,这个意见似乎在形式上是不正确的。因此,要使一种变革成

① 参看西托夫斯基:"略论经济学中的福利命题",《经济研究评论》,1941年11月号。(这个说法的强大的感动影响应当打个折扣。)

为一种改进，只要人人都有好处就够了。这并不否认一种变革可以是一种改进，纵使有人受到了损害。这尤其不否认再分配能够增进福利。然而必须承认下面这一说法是相当荒唐的，这就是：(一)这种变革应当推行，补偿应当支付，因为这样就会使每个人都有好处，和(二)但是补偿应再退还，因为那也会增进福利。人们会这样讲的，如果卡尔多-希克斯标准得到满足，而新的分配被认为比原来的好的话。看来很明显，不注意分配影响，就没有人要说这种变革将会增加或减少福利。如果分配影响有利的话，则切实补偿的主张是荒唐的，即使它并不“显示出保守倾向”。[①] 因此一定要认为收入分配是一个伦理方面的变量，它的数值，有利的或不利的，是给定的，我们必须求得一个包括有这个变量的标准。

但在我们打算把上面的思路展开以前[②]，有必要注意西托夫斯基教授对卡尔多-希克斯标准所提出的批评。[③] 他已指出，卡尔多—希克斯标准可能引起一种矛盾。如果推行一种符合卡尔多—希克斯标准的变革，而补偿没有切实支付的话，那么变革前后的实际收入分配将不相同。因此，卡尔多—希克斯标准可能还允许相反的变动。于是这两种局面都可以说是比另一种好。我们可以借助于一个图形，很容易地理解这个矛盾的。

---

① 然而要是我们更广泛地对正义与公平加以考虑，它就不那么荒唐了。正义也许要求某些个人必须得到补偿，尽管他们的损失把收入分配扭转到正确的方向。人们也许不反对使整个社会集团变得贫困些，可是他们反对特定变革使这个集团的少数成员变得贫困些。

② 以下几页的大部分论点见我写的“福利与关税”，《经济研究评价》，第16卷，第2期，和我写的“福利经济学的基础”，《牛津经济论丛》，新辑，第2期，1949年6月号。

③ 西托夫斯基：“略论经济学中的福利命题”，《经济研究评论》，1941年11月号。

在图 6.1 中,A 和 B 交换 X 和 Y 两种货物。绘出他们两个人的行为线,但 A 是一个垄断者,他要考虑到他对价格的影响,并且知道,在任一价格下,不设法去达到尽可能高的一条行为线,对自己也许更有利。因此,他把价格定在 OP_1,让 B 随意进行交换,认为后者把那一价格当做既定的。Q_1 是头一个均衡位置,在这一点上,B 达到他可能达到的最高行为线。

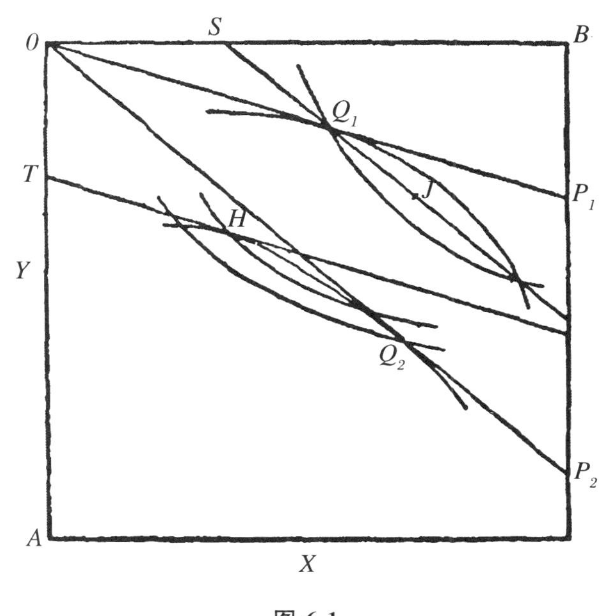

图 6.1

现在问题是,使 A 容许 B 按 OP_2 价格进行交换,会不会增进经济福利。要是这样做的话,卡尔多—希克斯标准将会得到满足,因为,假如用 OS 数量的 X 补偿 A,那么新的均衡位置就会是在上面的椭圆形内,于是 A 和 B 两者都处在比较高的行为线上(SQ_1 是和 OP_2 平行的,它代表 OP_2 所代表的 X 和 Y 之间的交换率)。[①] 然而补偿是假想的,所以实际上第二个均衡位置是在 OP_2 价格下

① 一般讲来,在上面的椭圆形内必定有一个和 OP_2 价格相对应的均衡点,是不正确的。给定 OP_2 价格,均衡点也许不会多于一个。我们假定有一个,只是为了便于说明这个标准的运用。参看本书第 123 页以下。

的Q_2。但若把价格改回到OP_1，并用OT数量的Y来补偿B的话，那就会达到位置H，在这一点，A是处在一条比他在Q_2时更高的行为线上，B则处在同他在Q_2时一样的行为线上。所以卡尔多—希克斯标准将会得到满足，Q_1可以说是比Q_2好。因此每一个位置都会比另一个好。

西托夫斯基教授为了克服这个矛盾，提出了下列建议：一种变革只有在下述情形下才可以说是“增进福利”，这就是，如果（一）卡尔多—希克斯标准得到满足，如果（二）“反对变革的人们不可能贿赂那些赞成的人投票反对这种变革，除非贿赂的损失大于变革推行时他们将会遭受的损失”。[①]（实质上，这不过是下面这句话的另一种说法，这句话是：受益人也不能够补偿受害人由于改回到原来的位置而受到的损失；但是弄清楚这一点是重要的：即这两个位置的福利分配要是显著不同的话，那么两方面的补偿也许都是可能的。）因此，就现在的情形说，反对变革的A能够用OT数量的Y来贿使B不要对变革投赞成票。所以条件（二）没有得到满足。如果（一）和（二）都得到满足，这种变革就可以说是增进福利。如果随便哪一个条件得到满足，而另一个却没有，结果就可以说是不确定的。如果两个条件都得不到满足，这种变革就可以说是减少福利。因此用作证明的事例是不确定的，从而矛盾消除了。

当然，西托夫斯基教授所考虑的仅是没有付给补偿的情形（要是支付补偿的话，矛盾就不会产生）。所以，把Q_2同Q_1进行

① 西托夫斯基："关税理论的再考察"，《经济研究评论》，第9卷，第2期。

比较,我们看到,B 获得利益,A 则遭受损失(为了论证方便起见,假定“处在一条比较高〔或比较低〕的行为线上”可以认为是“获利”〔或“损失”〕的标准)。所以,要是我们对他们各自的得失不作评价的话,我们只能说OP_2价格**可能**比OP_1价格好些,不论这个标准的第二部分〔上述(二)〕是否得到满足。我们能够说,OP_2可能比OP_1好些,因为用OS数量的X补偿A,将会使两个的境况都变得好些(为了论证方便起见,我们假定,这种局面可以说是比较好些,如果A和B的境况都变好的话,或者,如果随便哪一个人的境况变好,而另一个人的境况不变糟的话)。但是,只有当真支付补偿,OP_2价格才会实在好些,两个人最后都处在上面椭圆形内比较高的行为线上(譬如说J点)。依据完全相同的论点,OP_1可能也比OP_2好些。但是,OP_2可能比OP_1好些又可能比OP_1糟些,这样说并不矛盾。因此矛盾的产生只是忽视收入分配的结果,在某一事物只应说是可能好些的场合,却把它说成是实在好些。

另一方面,西托夫斯基教授说,只要A不能贿使B接受OP_1价格,则Q_2位置就实在比Q_1好些。他还说,要是A能够这样贿赂B的话,则Q_2既不会实在比Q_1好,也不会实在比Q_1糟。但是这一点的辩护理由是什么?在Q_2位置,A的境况实际上要比从前糟,B的境况实际上变得好些,不论贿赂是否支付。如果B的实际利益没有超过A的实际损失,我们对福利的实际变化能够说些什么呢?如果标准(二)的第二部分得到满足,那么OP_2就可能比OP_1好些,OP_1就可能比OP_2糟些。如果(二)得不到满足,那么每一个价格都可能比另一个价格好。

说一种局面可能比另一种局面好，不能成为转向那一局面的理由。如果没有更多的话好说，我们就得不出任何有用的结论。我们也许说，在OP_2价格下，当我们要达到上面椭圆形内的均衡位置J时，补偿是应当支付的。然而我们已经看到，补偿也许是不可能的，因为我们无法发现应当偿付A的正确数量OS。而且Q_2位置也许很容易被认为胜过上面椭圆形内的任何位置，例如J（这会是一个帕累托次-最适度位置“胜过”一个帕累托最适度位置的情形）。换句话说，如果把**契约曲线**定义为A的行为线和B的行为线相切的所有各点的轨迹，那么情形也许是契约线以外的某一点Q_2比契约线上的某一点J好。我们依然迷失在大海上不知如何是好。

在我们设法解决上述困难以前，我们必须考察一下西托夫斯基教授的矛盾对卡尔多—希克斯标准以及对希克斯的辩护理由的影响。后者提出了一种政策，那把所有符合卡尔多—希克斯标准的变革全都付诸实施。现在我们看到，这也许会导致一些“改革”，而依据同一标准，它们会被撤销，于是又进行改革，依此类推。这显然不是好政策。然而这种局面未必会出现，如果收入分配变动不大的话。所以我们不妨说，希克斯政策至多对所建议的某些变革来说才是正当的，在这种变革中，实际收入分配的影响多半是微小的。我们还看到，希克斯对所建议的政策提出的辩护理由，至多对这一类变革来说才讲得通，因为分配影响要是巨大的话，说它们会相互抵消掉就讲不通了。显然，卡尔多—希克斯标准对于那些涉及巨大分配影响的变革是很不恰当的。对于这些变革,我们需要某种关于实际收入再分配是好还是坏的判断。[①] 我们也许认为:如果变革符合卡尔多—希克斯标准,如果任何分配变化都不坏的话,那就应当推荐这一类变革,如果它是糟糕的,但是补偿会使它变成好的,那就应当支付补偿。

但是我们还没消除所有的困难,因为,即使变革引起实际收入分配的良好变化并符合卡尔多—希克斯标准,可是依据这一标准依然可以推荐相反的变革。人们也许说,现在相反的变革已被排除掉,因为依据定义,它是导致实际收入分配恶化的一种变革。但这依旧不是解决办法,因为,如果卡尔多—希克斯标准推荐相反的变革,那就表明,简单地实行购买力再分配,而不提出所建议的变革,就可以更好地获致实际收入的较好分配(假定购买力能够进行再分配而不违反任何"最适度"条件)。参看图 6.1 就会明白这一点。今设Q_2代表比Q_1更好的A和B间的实际收入分配。但是,不改变OP_1价格就可达到位置H,这个位置(大致)代表和Q_2一样的分配[②],于是A的境况变得好些,B的境况并不比因价格从

① 当然,这并不是说,经济学家必须要么自己来判断分配上的变化会不会是好的,要么等待别人来作出必要的判断。他总能够使他的结论合格,并说,如此这般的一种变革是好事情,如果它不导致被人们认为是坏事情的实际收入再分配的话。一切读到经济学家的结论的人,都能够自己来决定这个问题。

② 在一种局面下,一些人的情况只是变得略微好些,一些人的境况并不比在另一种局面下糟,那么,这种局面可以十分合理地说是和另一种局面有同样的实际收入分配。我们在第四章中已经看到,实际收入分配并不是一个确切的概念,而试图在这方面卖弄学问是可笑的。举个例子,如果断定两个人的经济条件相同,后来一个人每年多收入五镑,另一个人依然如故,那么说他们的经济条件依然相同,并不一定错。当然,如果这种变化不断重复发生,情形马上就会不同。

OP_1改到OP_2而实行再分配时更糟些。所以西托夫斯基教授的试验看来还是需要的，不过要改变一下它的解释；现在它告诉我们说，分配的适当变化是由考虑中的变革来实现好，还是由简单地重新分配金钱来实现好。因此我们有三重标准：

（一）卡尔多—希克斯标准满足了吗？

（二）西托夫斯基标准满足了吗？

（三）任何再分配都是适当的或都是糟糕的吗？

所有可能的答案组合可以列成表 6.1 如下：

表 6.1

组　　数	1	2	3	4	5	6	7	8
标准								
卡尔多—希克斯标准满足了吗？	是	是	是	是	否	否	否	否
西托夫斯基标准满足了吗？	是	是	否	否	否	否	是	是
任何再分配都是适当的吗？	是	否	是	否	否	是	否	是

在考察将从这些标准的八个可能组合得出的推论以前，需要进一步探讨好的再分配和坏的再分配的意义。如果我们说，从Q_1移向Q_2（见图 6.1）会是适当的再分配，我们的确切意思是什么？我们的意思是说，任何纯粹的分配变化（这就是说，把若干数量金钱或若干批货物从一个人直接移转给另一个人），如果提供和Q_2的分配没有差异的一点，它就是好事情。这里假定，从Q_1的直接移转至少可以达到一点，人们认为在分配上这一点和Q_2是没有差异的，在这一点，每个人的境况都变得好些，或不比在Q_2时糟，或者，每个人的境况都变得糟些，或不曾变得好些。在上面的讨论中，我们假定H是这样的一点，因而说Q_2的分配比Q_1好，也就是

说H比Q_1好。同样,说Q_1的分配比Q_2好,也就是说J(或在上面椭圆形内相似的一点)比Q_2好。为了一致起见,这一点是必要的,即要是H比Q_1好的话,那么J就比Q_2糟。

在这一阶段,引用"效用可能性"图(图 6.2 包含有四个这样的图形)的设计,也许是有帮助的。在每个轴上,一个人的效用是用任意的序数尺度来衡量的。所绘曲线表明一个人所能获得的最大量效用,设另一个人的效用水平是既定的。这一最大效用水平取决于我们假定什么东西要保持不变。如果这批货物和价格保持不变的话,那么,效用可能性曲线就勾画出一个人把货物直接移转给另一个人时每个人要达到的效用水平。一条不同的曲线是和每一相对价格相适应的。图 6.1 就是这种情形。然而更广泛得多的解释是可能的。要是当一个人沿着曲线移动时价格可以变动的话,那么,依据每一点和以上解说的契约线上的一点相适应的假定,这些曲线就可能勾画出一个人可能达到的最大效用水平,设另一个人的效用水平是既定的。所以这些曲线代表一批既定货物的最大量效用可能性。沿着曲线进行的移动是金钱在各个人间直接移转的结果。因此,一条不同的曲线是和每一批不同的货物相适应的。依据更广泛些的解释,当一个人通过金钱直接移转而沿着曲线移动时,价格和生

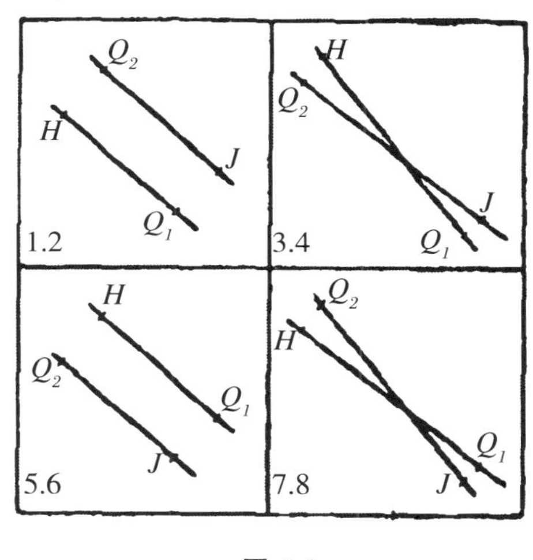

图 6.2

产以及这批货物都可以发生变化。于是一条曲线代表生产要素的既定的给与量的效用可能性:一条不同的曲线是和每一不同的要素给与量相适应的。在这种情形下,对生产要素配置可以作出各种不同的假定。可以假定生产和交换的"最适度"条件得到满足,在这场合,这条曲线代表**最大量**效用可能性。一个替代办法是,人们也许用这条线代表金钱在各个人间移转时实际上将会发生的情况,各个点决定于经济社会中各生产单位将会实际采取的价格与产量政策。

哪一种解释合适,就要看人们要分析的问题了。譬如说,在估计国民收入时,探讨固定的一批货物的效用可能性也许是适宜的。然而这多少是一种特殊情形。就随便哪一方面的实际应用来说,人们通常感兴趣的是因金钱移转来移转去而实际产生的效用水平——在这场合,沿着曲线移动时,我们假定这批生产要素以及价格与产量政策是保持不变的。

不论采用哪一种解释,这个图的形式性质依然是一样的。如果用这些曲线来分析这样一个问题,即不使另一个人的境况变糟就不可能使一个人的境况变好,那么这些曲线的形式,除了它们必须从左向右下方倾斜外,并不具有什么意义(这是因为效用尺度是任意的)。不过,它们的形式性质虽然保持不变,但一种变革的再分配因素所具有的意义,是随效用可能性曲线的确定而改变的。因此,如果说从Q_1移向Q_2会改进再分配的话,那就一定意味着在Q_1的效用可能性曲线上的一点比Q_1好,这一点要么是在Q_2的东南方,要么是在它的西北方。这一点的位置,从而"再分配情形良好"所具有的确切意义,取决于一个人沿着效用可能性曲线移动时假定什么东西要保持不变。看来和普通意思最接近的是在既定价格与产量政策下,曲线代表生产要素的效用可能性的场合。因为这时我们假定,如果有人说从Q_1到Q_2的变动对于分配是适当的,他的意思是说,靠金钱移转**实际上**将会达到的一点要比Q_1好,在那一点,一切人的境况都会变得比在Q_2时糟,或者一切人的境况都变得比在Q_2时好。

每一个图对卡尔多—希克斯和西托夫斯基标准的四个可能组合中的一个是适用的,第一表的有关组数是在左下方的一个角内。在每一种情形下,要是穿过Q_2的曲线通过Q_1的东北方,卡尔多—希克斯标准就得到满足;要是穿过Q_1的曲线通过Q_2的西南方,西托夫斯基标准也就得到满足。此外,如果再分配是适当的(例如第1、3、6、8组),则在任何一条线上左边的点要比右边的点好;如果再分配是糟糕的话,情形恰相反。必须记住,现在H系代表Q_2的西南或东北象限内的任何一点,这一点从分配方面断定是和Q_2没有差异的,相对Q_1来说,J也是一样。由此,沿着曲线穿过起点Q_1的任何移动都将认为是一种“再分配”,而沿着曲线穿过Q_2点的任何移动都将认为是一种“补偿”。

我们现在想要回答的问题是,从一条线到另一条线的变动是不是好事情。(依据对这些曲线作出的解释,这种变动也许只是价格的变动,有如图6.1,或者是涉及一批新货物的变动。)[1]当一个人可以如何自由地沿着每一条线移动、亦即进行纯粹分配的变革这一点未曾决定以前,这个问题是不能明白回答的。人们可以假

① 参看本书第115页。

定任何分配的变革都是不可能的，也就是说，人们不能从Q_1移向H或从Q_2移向J。这需要仔细推敲一下。有人争辩说，在现实世界中，实行完全补偿从而使任何人都不受一种变革的损害，是罕有的事情，即使是可能的。但若从Q_2达到像J（在Q_1的东北或西南象限内）的一点是不可能的，那么说任何补偿都不可能，并不能改变形式论证，因为Q_2在必要时总可以认为是一切实际补偿支付以后将会达到的一点，如果支付补偿是可取的话。同样，要寻求一点，如同从Q_1可以达到的H点，通常可能是很不现实的，因此Q_1可以认为是考虑了一切实际再分配以后所达到的一点。所以有时候，可以采取的最现实的假定是：只有Q_1和Q_2两点是真正可以达到的。让我们把这叫做假定一。但是最一般的情形肯定是所有四点都可达到的场合（假定二）。

首先采用只有Q_2和Q_1是可以达到的这个假定（假定一）。在只有两点是可以达到的场合，是不是应当进行变革的问题当然和福利会不会增加的问题是一样的。一看图 6.2 就会明白，变革应否进行这个问题的各种答案如表 6.2 所示，这个表提出了八个可能的标准组合和可以从中得出的一些推论。

第 1、3、8 组表明Q_2比Q_1好。在第 1、8 组中，Q_2是四点当中最好的一点；在第 3 组中，H比Q_2好，然而依据假定，它是达不到的。在第 4、5、7 组中，Q_1比Q_2好，虽然在第 4 组中J比Q_1好。在第 2、6 组中，结果是不确定的。因此在第 2 组中，Q_1和Q_2两点比H好而比J糟，而在第 6 组中，情形则相反，所以在随便哪一组中都不能确定它们之间的关系。

表 6.2

组数	1	2	3	4	5	6	7	8
标准								
卡尔多—希克斯标准满足了吗?	是	是	是	是	否	否	否	否
西托夫斯基标准满足了吗?	是	是	否	否	否	否	是	是
任何再分配都是适当的吗?	是	否	是	否	否	是	否	是
推论								
应当进行变革吗?								
假定一	是	?	是	否	否	?	否	是
假定二	是	是	否	是	否	否	否	是

上表显然表明,不论卡尔多—希克斯或西托夫斯基标准,单独地或共同地,对于增进福利都是不够充分的。在第 4 组中,卡尔多—希克斯标准得到满足,然而变革将会减少福利。在第 7 组中,西托夫斯基标准也是同样情形。将两个标准合并使用,它们指出在第 2 组中有变革,这种变革将会造成福利的减少。随便哪一个标准单独地或两个标准合起来都不是必要的标准。另一方面,对于增进福利来说,卡尔多—希克斯与再分配标准的组合以及西托夫斯基与再分配标准的组合二者却都是充分的(但非必要的)。

然而依然发生这些标准(在这种情形下它们是福利标准)究竟有什么用处的问题。有人争辩说,在任何补偿或再分配都不可能的场合,也就是在这些标准是福利标准的场合,由于下述理由它们是没有用的。[①] 它们要求由某人来判断 Q_2 的分配比 Q_1 好(或

① 肯尼迪:“经济福利函数和李特尔博士的标准”,《经济研究评论》,1952 年 3 月号,第 52 期。

糟)——这应看作意味着H比Q_1好(或糟)。但也有人争辩说,要是这个某人(不论他是谁)能够作出这种判断的话,他就能够直接说出究竟Q_2比Q_1好还是比Q_1糟,因此这个标准是多余的。[①] 这个批评无疑是压倒一切的,如果我们的"某人"对于经济体系的一切形态的确已经有了有条不紊的偏好,如果人们能够向他确切说明所讨论的变革将会引起的形态的话。当然,事实上,人们并没有这种有条不紊的偏好,也不可能确切说明每个人在变革以后将会得到一些什么货物等等;我们尤其不能说每个人在变革以后将会获得多少效用或福利。假设人们不能说明每个人或一切人在变革以后的境况,人们大概能做的最好的事是说,这种局面多半会和把一百镑净收入从一个人的手里转移到另一个人的手里一样,不过这一点要除外,即他们二者(或一切人)的境况都会比如果这实际上是过去所做的事时变得好些。如果承认这种情形的话,那么类似H的一点就是作为必要的中项而出现,尽管实际问题是依据Q_1和Q_2间的比较提出的;所以我们不能说,这个标准的西托夫斯基部分是多余的。

现在采用所有四点都可达到的假定二。[②] 这种情形比较复杂,因为当涉及的不只是两点时,从一点到另一点的移动会不会增进福利,就不再是恰当的问题。所以上面谈到的批评不致发生,因

① 我们在第十二章考察《对社会收入的估计》时会遇到同样的批评,在那一章里我们还要作进一步的探讨。

② 这些假定(一和二)不是唯一可能的两个假定。在本书第一版中,从这八组得出唯一的一套结论,是根据事前可能进行再分配的假定——但事后不可能进行补偿。这对八组提出的答案如下:是,?,否,否,否,否,否,是,有如第一版表一所示。现在我以为,这多少有点是任意的假定,就像各方面的批评家曾经指出的那样。

为人们需要知道哪一点最好以及怎样达到这一点。图形表明,在第1、2、4、8组中,最好的一点是在穿过Q_2的曲线上,在其余各组中,它是在穿过Q_1的曲线上。就第1、8组说,变革应当在没有补偿的情形下进行;就第2、4组说,变革应当在支付补偿的情形下进行。在第5、7组中,应当保持现状,而在第3、6组中,则只应进行再分配。表6.2还表明,卡尔多—希克斯和西托夫斯基标准本身既不是充分的,也不是必要的。西托夫斯基标准同再分配或同卡尔多—希克斯标准的结合**是**充分的——但卡尔多—希克斯同再分配标准的结合就不一样了。

就这两个假定来说,只有西托夫斯基标准同再分配的结合是“可靠”的(这是就下列意义说的:两个标准要是得到满足福利就会增加,所以不论采用哪一套假定,都应当进行变革)。倘若假定只有补偿是可能的或假定只有再分配是可能的,这种结合依然可靠;但在它涉及所有应当进行变革的情形这个意义上说,它不是“有效”的。

就人们能够理解的范围而论,“福利标准”问题看来就是如此。在探讨它们的价值(如果有什么价值的话)以前,必须注意一个重要的限制条件。如果卡尔多—希克斯标准和西托夫斯基标准发生抵触,那就表明效用可能性曲线在所考虑的两点之间相交;如果它们符合一致,则效用可能性曲线就不在两点之间相交。然而这两种情形都不曾表明曲线是否在别处相交。只要讨论的题目限于这样的问题,即某一变革是否应当进行,如果应当进行,补偿是否应当支付,或者,如果变革不进行,是不是应当代之以某种再分配;那么这一点就没有关系。但若提出更广泛的问题来,那就关系重大了。例如采用假定二，第 4 组。图形表明，变革应当进行，补偿应当支付，以便达到J点。但是，今设曲线向右延伸并再一次相交。人们认为，由某甲让与某乙从而由Q_2移向J是好事；人们也很可能认为，某甲对某乙再多偿付一些从而沿着曲线进一步向右移动是好事。然而这样一来就可能同Q_1曲线有另一个交点，在那场合，变革决不应当进行。

记住这个限制条件是非常必要的。然而人们同样也不要过于伤心，因为实际上人的精神是无法料想到所有一切可能性的。事实上，经济政策多半表现为某些变革应不应当进行的一系列选择。有时变革是为了它的分配效果才提出来，在那场合，通常考虑一下这个问题是适当的，即有没有其他财富再分配的方法可以产生赞成变革的人认为是同样好的那种分配效果——但那种效果可能几乎使每个人的境况都比变革实施后变得更好（如第 3、6 组）。或者，变革的提出也许因为人们认为它是和某种模糊认识到的一般经济政策符合一致的；在那种场合，它的分配效果也几乎一定要成为一个论点，因而在原则上我们的一切事例都成为有关系的。在上述任何一种情形下，实际上通常并不很有用处的事是认为人们真正的目的也许是某种比较激烈的财富再分配，因为在那种场合下，应当对所提变革延期作出任何决定。实际是，经济变革多半是在一次只考虑一件所建议的改进的情形下进行的。结果要是进行某些变革，而这些变革从以后的决定来看都是不应当进行的，那就太糟了。然而这总是难免的。

现在让我们总结一下迄今我们所进行的讨论。首先，不论卡

尔多—希克斯或西托夫斯基标准,单独地或共同地,都不能认为是福利标准。随便哪一种标准,连同认为所涉及的再分配是适当的那种判断,都可以认为是经济福利增加的充分(但非必要的)标准。但在有可能实行充分补偿和再分配的场合,福利增加的标准就不恰切了,因为那时节需要的是这样一个标准,即在考虑到补偿和再分配的可能性之后,所建议的变革是不是可取的。在有可能实行补偿和再分配的场合,但在比这种变革所涉及的更为广泛的再分配不成问题的场合,西托夫斯基标准对于那些可取的变革是充分的(但非必要的),如果它所涉及的再分配也是适当的话,然而卡尔多—希克斯标准却是不充分的,即使它同认为再分配是适当的判断结合起来。因此我们可以说,一种经济变革是可取的(并能增进福利),如果它改进了财富的分配,又如果潜在的受害人不能有利地贿使潜在的受益人去反对它的话——总是假定没有更好的变革因此受到损害。

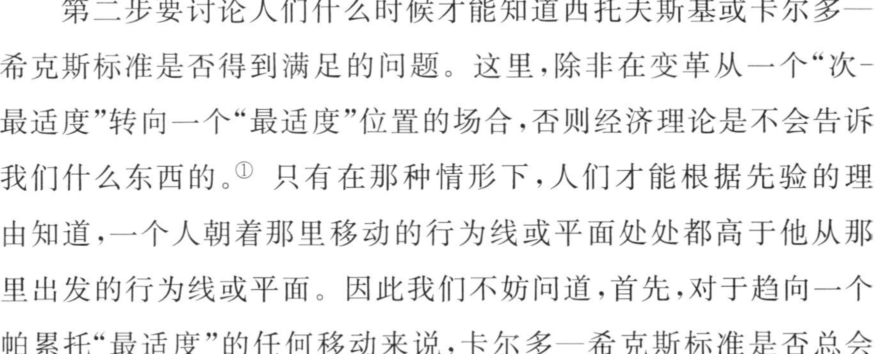

第二步要讨论人们什么时候才能知道西托夫斯基或卡尔多—希克斯标准是否得到满足的问题。这里,除非在变革从一个“次-最适度”转向一个“最适度”位置的场合,否则经济理论是不会告诉我们什么东西的。[①] 只有在那种情形下,人们才能根据先验的理由知道,一个人朝着那里移动的行为线或平面处处都高于他从那里出发的行为线或平面。因此我们不妨问道,首先,对于趋向一个帕累托“最适度”的任何移动来说,卡尔多—希克斯标准是否总会

① 某些理论家抱有另外一种想法。这个问题将在第九章和附录四中讨论。

得到满足。这倒需要仔细地回答。现在考察图 6.3。Q_1是原来位置，在那里，A 像一个垄断者那样规定一个高价格（OP_1），但他不得不让 B 按那一价格随意进行交换（如图 6.1）。Q_1不在契约线上，即是说，它不是一个帕累托"最适度"位置。Q_2系在契约线上；我们不妨假设这一点是由于政府决定 OP_2 价格使随意进行交换对 A 、B 双方都有利而达到的。现在，在保持自由交换和 OP_2价格的条件下，B 能对 A 进行超额补偿吗？答案很可能是"不"，因为，当OP_2价格线移向东北方时（由于B 给予补偿的关系），也许找不到其他点可以满足两个人的交换愿望。换句话说，给定 OP_2 价格，在盒形内除Q_2外不会有其他均衡点。在上图内，两条虚线代表OP_2平行地移向东北方时A 和B 也许要采取的路线。在以上描述的情形下，相对X 来说，Y 的需求将会过多。如果在补偿支付以后B 被迫进行像A 所希望的那么多的交换，则为补偿A 所需要的让与可能使B 的境况变糟——这就是Q_3点。因此，支付补偿要么同均衡发生矛盾，要么，如果追加一个可以提供确定的解决办

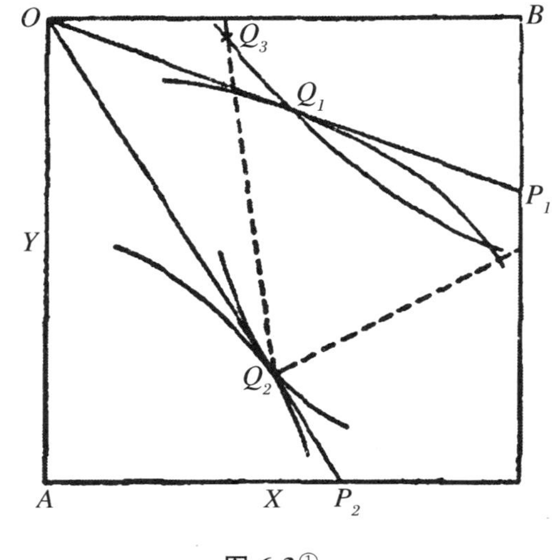

图 6.3[①]

① 虚线代表价格线 OP_2 向右移时A 和B 将会选择的一些点的轨迹。

法的条件,也许补偿就没有可能了。一般讲来,对于趋向一个“最适度”位置的移动来说,卡尔多—希克斯标准的确会得到满足,只要假设补偿是在它本身不致推翻“最适度”条件的情形下支付的。因此,卡尔多—希克斯标准要是得到满足,这种变革一定不单纯是价格变动——而是改为一种任何一方都不能施加垄断影响的可变价格。这方面比较一般的例子是这样一种场合,即向“最适度”位置的移动要引起所产货物的组合的变化。当这种情形发生时,新的货物组合能够这样进行分配,从而使每个人的境况都变得好些或任何人的境况都不变糟,这一点就不一定是正确的。这是因为支付补偿以后,上述货物组合就不再是和改变了的分配相适应的组合了;换言之,除非在补偿支付后容许货物组合改变,否则生产和交换的“最适度”条件将会遭到破坏。我们只能说,如果把变革单单描述为一种使所有最适度条件都起作用并继续使它们起作用的变革,卡尔多—希克斯标准就得到满足。如果把变革描述为任何其他情形(如同价格的变动或所产货物的组合的变化),那么这个标准也许得不到满足。

对西托夫斯基标准是否得到满足的讨论要简单得多。就趋向一个“最适度”位置的变动来说,不论怎样描述这种变动,它总是得到满足的。这是因为不发生从“最适度”位置进行再分配的问题。按照西托夫斯基标准,考虑中的假想再分配是要离开“次-最适度”位置。因此在图6.3中,当价格由OP_1改为OP_2时,潜在的受害人显然不能贿使B反对这一变动,因为,由于Q_2是一个“最适度”点,所以在B的行为线(这条线穿过Q_2)上的任何其他点,一定是在A的一条行为线上,这条线要低于穿过Q_2的行为线。因此,如果那是导致“最适度”位置的价格变动，那么，就那一价格变动来说，西托夫斯基标准可以得到满足。如果它涉及货物组合的变化，那么旧的组合的确不足以使每个人的境况变得像他处在新局面时那样好。

我们曾经说过，经济理论能预先告诉我们西托夫斯基和卡尔多—希克斯标准会得到满足，只要变动是移向生产和交换的**全部**最适度条件都可以得到满足的位置的那种变动。但这当然不是说，人们决不能作出判断说，移向一个非最适度位置的那种变动，事实上不能满足一个或两个标准。

我们在第十二章表明，按照变动后的通行价格计算的国民收入的增长（$\sum P_2Q_2 \geqslant \sum P_2Q_1$），保证西托夫斯基标准将会得到满足，[①]因为变动前的货物产量，不论怎样分配，都不足以使每个人的境况变得像他们在变动以后实际上将会有的那样好。现在人们有时能在事前相当有信心地说，某种生产变动将会在这个意义上提高国民收入。不幸的是，除非人们能多谈一些，否则就没有很好的理由来进行这种变动。为了使西托夫斯基标准**在适当的意义上**得到满足，必要条件是，不进行这种变动，既定的生产要素就不能提供**任何**一批货物以使每个人的境况变得像在变动以后那样好。这并不是说，国民收入的巨大增长不能作为一种证据，说明这种变动按照我们的标准是应当进行的，然而它不能证明我们的标准将得到满足。

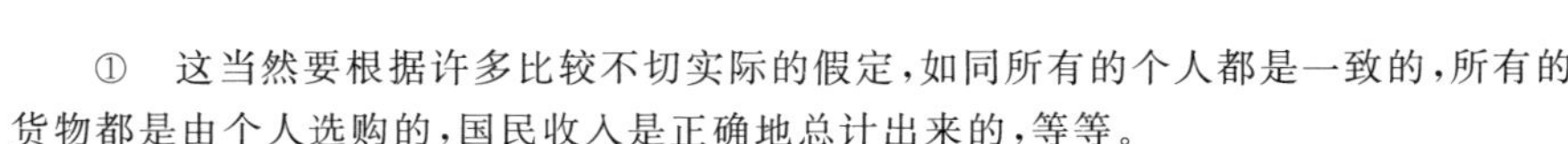

① 这当然要根据许多比较不切实际的假定，如同所有的个人都是一致的，所有的货物都是由个人选购的，国民收入是正确地总计出来的，等等。

我们在这一章还表明,国民收入的增长决不能证明卡尔多—希克斯标准已得到满足。[①] 这当然不是说,人们决不能猜测它会得到满足。然而不能从这点推定:因为一种变革会在补偿前增加国民收入,所以它在补偿后依然会增加国民收入。从下述事实看来情形尤其可能是这样,即把金钱移来移去而不搅乱"最适度"条件实际上是不可能的。相反,这个事实使我们更容易断定西托夫斯基标准得到满足,因为再分配的方法越是没有"效力",就越容易认识到,单单再分配不能提供一个位置,使每个人的境况变得像假定的变革要实施时他们将会有的那样好。

要将上面的讨论扼要地叙述如下:凡是使一个人移向"最适度"位置的变革,都足以保证西托夫斯基标准就那一变革来说得到满足;这个标准的满足就足以保证福利的增进,要是财富分配不致受到不良影响的话,并足以保证货币收入再分配不能使每个人的境况变得像他们在变革以后将会有的那样好。对非最适度位置进行比较(实际上这是唯一能够做到的),我们看到,经济理论不能告诉我们说,从一个位置移向另一个位置,西托夫斯基标准或是卡尔多—希克斯标准是否能得到满足。然而从实际证据来断定这一点也许是可能的,虽则国民收入的增长不能作为充分证据。

就任何一种变革来说,要是西托夫斯基标准会得到满足,而变革的结果又会使财富进行更适当的分配,就没有必要为卡尔多—希克斯标准操心了。其次,即使西托夫斯基标准不曾得到满足,但若不进行变革就不可能实行再分配,而变革又会带来有利的结果,

① 参看本书第 242—244 页。

那就应当进行变革，如果卡尔多—希克斯标准得到满足的话。第三，如果变革的结果会使财富分配变得更不利，那就应当弄清楚，变革加补偿能不能使每个人的境况都变得好些。最后，这一切要从属一个压倒一切的考虑，这就是，进行适当变革是不聪明的，如果还有更适当的变革因此而受到损害的话。

我们已经探讨了成为上述分析的基础的价值判断。我认为，总体来讲，人们能够相当有把握地认为，这些价值判断对于绝大多数人来说是可以接受的。然而这也要以某些确实的假定作为前提条件，在探讨这些假定时，为了比较实际的目的，区别以下两种**政策**是有帮助的：一种是实行所有可以满足西托夫斯基（或卡尔多—希克斯）标准，并对分配只有微不足道的影响的变革；一种是实行这一些也符合这个标准，但对分配的确有重大的然而不是恶劣的影响的变革。这种政策也许是一种合意的并且确实是可能的政策，因为，大概有许多这一类的变革，极少数人会担心它们会引起的收入再分配。在收入再分配变动不大的场合，它将怎样改变，那就很难说了。因为这个缘故，大多数人很可能准备断定它是适当的也同样可能是糟糕的。在这种情形下，照大多数人的意见，符合这个标准的变革大概会是适当的。然而这种政策是依据这样一个确实的假定的，即这些微小的分配变化不是朝着某一特定方向累积进行的。这也许是个危险的假定，因而这种政策也许是一种糟糕的政策，如果我们没有充分理由假设这些变革的分配影响（我们愿意将它计算在政策以内）是偶然碰到的影响的话。事实上，人们决不能真的忽略掉分配。即使分配的变化是微小的，从而断定它是不错的，人们还要有一些理由假设它是偶然的影响。如果分配

影响不是偶然性的,那么,在这种政策推行一些时候以后,我们将会看到一种重大的收入再分配,它可能好,也可能坏。如果证明它是坏的,那就可能或不可能进行补偿。如果再分配是好的,我们也许还会发现,这种政策在经济上是错误的,而简单地把金钱重新分配将更好些。

当然,这一类政策的优点在于各个个人是十分一致的这一假定。我们在第三章中已经看到,他们显然不像是很一致的。而且,由于我们正在判断的是一种政策,所以有关时期是相当长的时期,在这种情形下,甚至一般人的一致性也是大有疑问的。

在所有这一切疑问的条件下,看来很清楚,我们不能对这一类政策抱有多么大的信心,除非它只包含这样一些变革,因而在理论上受益人能够大量超额补偿受害人。如果潜在利益足够大的话,大多数人就会愿意忍受损失,只要这种损失不致长期持续下去。举个例子,几乎任何人都会承认,压制重要发明是个错误。另一方面,在有巨大潜在利益的场合,实际收入分配多半要受到重大的影响。因此许多人认为,产业革命在长时期内减少了经济福利。我的结论是,人们对希克斯教授所建议的那种政策不会抱有多么大的信心。①

现在谈到对收入分配不发生显著影响的变革,我们有同样的基本的价值判断,并且我们当然还需要各个个人是一致的假定。然而我们并不需要收入再分配影响是偶然性的影响这一假定。而

① 汉德逊曾经建议(《公用事业的定价》,《曼彻斯特学派》,1949 年 9 月号,第 230 页),分配影响的随机性是个假定,自从亚当·斯密以来,经济学说一直把它作为前提条件。在我看来,这对于继续作出这种危险的假定来说不是一个充分理由。

且，由于我们现在探讨的是孤立的变革而不是政策，所以有关系的也许是比较短的时期，在这种情形下，一致性假定似乎不是那么不合理的。今设我们接受了基本价值判断，并认为这种变革会把实际收入分配转到一个适当方向，但在我们能够有点信心地说这种变革会比单纯收入再分配政策更好以前，我肯定会要求潜在利益相当大。

另一方面，上面已经谈到，在不违反“最适度”条件下靠金钱移转来重新分配收入的政策实际上是不可能的。这意味着，人们往往会推荐那些会造成适当再分配的变革，即使西托夫斯基标准不曾得到满足。何况在这种情形下，人们会要推荐这种变革，如果西托夫斯基标准得到满足的话。总体来讲，除非理论上的利益量（即在想象中受益人能够超额补偿受害人的数额，如果每个人都是经济人的话）显然是很大的，否则收入再分配是不是一定好或能不能靠补偿而变好的问题，是这个标准中比西托夫斯基部分更为重要的部分。在下述场合这种情形多半会发生：即这种变革对货物产量发生的影响也许是累积的，而不是以一次为限。我肯定不希望说，在经济增长的名义下接受糟糕的再分配或不争取适当的再分配，必定是错误的。

在本章的后一部分，我们笼统地谈到“推荐”并使用了“应当”这个字眼，等等。只要我们引进伦理的前提，这些词就是正当的。然而记住这一点是重要的，即我们排除了所有与各个人消费的货物和劳务的数量无关的伦理问题。因此我们的建议性结论一定不要把它看做是绝对的建议或无条件的价值判断；我们还要求变革的一切非经济影响应当是中性的或有益的；要是影响不好的话，则必须用良好的经济影响来克服这些坏的影响。

最后,我们必须指出非常重要的一点。在讨论一种好的经济政策时,我们往往以是否能为一般人所接受为目标;可是那当然并不意味着,一般人所能接受的东西就是好的。我们之所以以是否能为一般人所接受为目标,只是为了使尽可能多的人对这种分析发生兴趣。如果我们要避免道德化的指责,我们是开脱不了明白提出价值前提这个罪过的。既然把价值判断作为前提条件,那就可由此推定,归根到底,一种政策是不是好政策,一种变革能不能增进福利,纯粹是个人见解问题。这对那些对收入分配有重大影响的变革来说尤其明显。每个人都必须自己回答"这种变革对实际收入分配会发生有利还是不利影响"的问题。这并不是说,福利经济学必定是无用的。它只是说,在分配问题上发生分歧的人很难对经济变革的可取性取得一致意见。这不过是我们必须接受的事实。即使这样,福利经济学依然可以帮助那些对分配问题发生分歧的人在实现一定再分配的最好方法上取得一致意见。

简略地研究一下以上对福利经济学的基础的说明同功利主义福利经济学的关系来结束这一章,也许是有帮助的。头一个重要之点是,它完全弄清楚了这门科学的伦理含义。其次,它不曾为了支持任何特定的伦理信条而以未决问题为论据。所以它提供了一个比功利主义经济学更为一般的体系,通过适当的意译就可以使这个体系同它符合一致。因此功利主义者,如果他愿意的话,总是可以把"处在一条比较高的行为线上"解释为"更大的满足"。同样,他可以把"一个适当的收入再分配"解释为"一种能增进快乐的再分配"。但若有人不认为经济学所研究的是满足问题这一见解像是充分合理的话，他只能断定一个人处在一个偏爱的位置上是好事。并且，由于上述图式具有明白的伦理性质，由此可以推定，个人间比较是不是价值判断这个尽人皆知的问题就不再具有什么重要性了。为了得出我们的伦理结论，我们必须断定某种再分配是好的，而不只是断定它会增进快乐。然而事实上个人间比较不单是价值判断，人们一般要使用事实的比较来帮助他们决定某种再分配是好还是坏的价值问题。

既然我们认为关于财富、快乐或福利的经济学的根本目的在于提出建议和影响人们，那就可以推定，它应当建立在明白的而不只是暗含的价值基础上面。所以我们情愿要上述图式而不要功利主义经济学的图式。但在讲明这一点以后，我们必须补充说，功利主义的事物图式，同单纯以想象的超额补偿作依据的新福利经济学的说法比较起来，要更合乎逻辑些，更令人满意些，也不那么容易使人误解。

第七章 新福利经济学(二):经济福利函数

我们尚需考察前一章谈到的头一派思想所主张的福利经济学体系。这个体系是伯格森教授在其所著《福利经济学的某些方面的重新表述》[①]这篇文章中首先提出来的。照他的表述,生产和交换的"最适度"条件要推断为"最大量福利"的**必要**条件。在前一章中,我们提出可取的经济变革的**充分**标准,却不曾使用"最大量福利"这样的概念。从这点可以推定,要是从后一个基础推求出"最适度"条件,它们就必须推断为经济改进的**充分**条件而不是获取"最大量"的**必要**条件。这是这两个体系着重点显著不同的一点。

伯格森-萨缪尔森体系是靠"社会福利函数"展开的。[②] 换个讲法,人们假设,社会体系一切可能的形态是按照价值大小排列的。这就是说,如果什么时候这个体系要应用的话,我们需要某人——让我们暂时把他叫做"超人"——对于一切想象得到的 X 和 Y 的数值回答这样一个问题,即"X 比 Y 好还是比 Y 糟?"这个"超人"的价值判断必须在一个"经济人"必须一致的这种意义上是一

① 《经济学季刊》(1937—1938 年),第 310—334 页。

② 参看萨缪尔森:《经济分析的基础》,第 219—228 页。

致的，这就是，如果他说A比B好，B比C好，他就得说A比C好。

然而人们要是试图马上无所不谈的话，那就不能得出关于现实世界的结论。因此我们要用“经济福利函数”来代替“社会福利函数”。[①] 这就是说，我们建议只考虑每对可能情况的经济差别。“经济”这个字的意义都是像第一章中那样规定的。各种情况依据经济福利尺度排列的顺序当然不同于它们依据社会福利尺度排列的顺序。所以我们不能说，在“超人”的心目中，经济福利比较大的情况就是一种比较好的情况。但是为了简单起见，我们将使用“好”、“坏”和“应当”这样的字眼。所以，因此而产生的价值判断必须经常看做是受下述条件限制的，即这两种情况的非经济差别必定是伦理上的无差异问题，或者它们必须支持由于仅只考虑经济差别而作出的价值判断。也应当把“据‘超人’的意见”这个词语当做价值判断的限制条件。

要取得任何进展，就必须对“经济福利函数”的形式作出某些假定。换句话说，我们需要一些价值假设。因此，让我们假设“福利”是“各个人”的“幸福”的递增函数，这就是说，在经济福利尺度上我们是向上移动还是向下移动，要取决于“各个人”的境况“变得好些”还是“变得糟些”（如果不作这个假设，就不存在“货物”应当怎样配给“各个人”的问题，因而不能推求出“最适度”的交换条件）。我们还假设，如果一“个人”的境况“变得好些”而任何人的境况都没有“变糟”的话，“经济福利”就大些。为了把“变好”和“变

① 参看伯格森：“福利经济学的某些方面的重新表述”，《经济学季刊》，1938年2月号。

糟”同经济理论联系起来,那就必须规定,如果一“个人”是“处在一条比较高的行为线上”,他的境况就“变好”了,对处境“变糟”也要同样规定。①

由此,如果某“个人”是“处在一条比较高的行为线上”,又如果其他的“个人”丝毫不受影响的话,那么“经济福利”较大。这足够把生产和交换的“最适度”条件推断为获取尽可能大的经济福利函数值的**必要**条件。② 我们能够表明,要是这些条件的任何一个没有得到满足,那就可以设想,应当使某“个人”的境况“变得好些”,而不使任何其他“个人”的境况“变糟”。但是满足所有这些生产和交换的“最适度”条件,依然不足以保证实现想象得到的最大值。它们只对达到帕累托的最适度是足够的。③ 达到**唯一**“最适度”(在所有帕累托的“最适度”中)的最后一个条件是,福利在“各个人”间应当进行理想的分配。这就必须设想,“超人”除了作出我们曾经表明是必需的价值假设以外,这要对理想的“福利”分配下定义。

上面说过,对“福利”经济学进行上述考察的代表人物不曾对改进“福利”的充分条件下定义。④ 但是,它当然包含有一个充分条件,这就是,所有“最适度”条件,包括理想的福利分配条件

① 最后这个假设要在晚些时候略加修改。

② 在附录三,我们对这一点抱有一些怀疑,即这些条件是否应当认为是帕累托最适度所必要的。如果同意这些疑问的话,那就可以推定,它们不是唯一最适度所必要的。但是,同理想的福利分配结合起来,它们依然是最适度的充分条件。

③ 参看本书第 96 页。

④ 一种改进的充分条件完全被忽视这一点是不十分正确的。实际上,伯格森教授(见《经济学季刊》中那篇文章,第 333 页)下结论说,“国民红利”的增加将会增进经济福利,如果它们同福利分配的适当变革是正相关的话。

在内，都可以立刻付诸实行。于是对增进“福利”的充分条件的忽略，倾向于把这个体系变成为社会主义经济学的理论。[①] 福利经济学同社会主义的混同，显然是由于对下同这一点不曾进行任何讨论造成的：即在什么时候把一个“最适度”条件付诸实行也许是好事，纵使某些其他“最适度”条件没有得到满足，从而说明，它是一个要么全都要么全不的问题。在一定程度上，这样强调“最适度”条件，把每一个最适度条件都当做**唯一**“最适度”所必要的，然而对于一种“改进”来说却是不充分的，无疑是所应用的数学分析的意外结果。然而不论是否意外，除非作者注意使人了解到他根本不打算暗示什么，否则就会带有要么全都要么全不的含义。

然而从经济福利函数就能够推求出我们在第六章所得到的结论来，这个经济福利函数是依据上述价值假设下定义的。如果一个人采用同样的前提，他自然就能得出同样的结论。这两种考察的区别如下。要是说一个经济福利函数意味着每一种情况可以说是比其他情况“更好”，“更糟”或它们是“无差异”的[②]；这意味着有一最好的情况或若干“同样最好”的情况；那又意味着福利的一种理想分配。另一方面，在第六章中阐明的情况分析仅只预先假定数目有限的几点（四点）必定可以这样进行排列。[③] 从经济福利函

---

① 值得注意的是，在《现代经济学概观》一书中，伯格森教授论福利经济学的文章是用“社会主义经济学”作标题的。

② 萨缪尔森：《经济分析的基础》，第221页。

③ 也许有人认为，我们有一个部分经济福利函数，即使只有两种情况被假定为可以进行排列的。如果人们决定使用数学术语，而不惜清晰方面的任何牺牲，他当然可以这样讲。

数可以推求出情况分析,但从情况分析却不能推求出经济福利函数,所以经济福利函数可以说是比较一般的,但若经济福利函数不能应用的话,更加一般的优点就极可怀疑了——从数学家的观点来看时除外。在我看来,只有我们能够着重地说到应使经济福利(这个名词是按照它的普通意义使用的)达到最大量时,函数术语才是有利的。因此,由于福利达到最大量意味着理想分配的可能性,让我们自以为是从“超人”(不论“他”是谁)所解说的理想分配开始的。从这点可以推定,除非在补偿以后它使得某个人的境况变得好些,而任何人的境况都没有变糟,否则人们便不能推断某种变革应当进行。

但是我们已经看到,如果需要对所有受害人切实补偿之后,才能说某种经济变革是适当的,那么适当的经济变革大概是不会发生的。在现实世界中,不损害一些人就不能进行重大的变革。而且补偿不过是粗略的和草率的,一部分因为不晓得各个人的行为图(即使假设他们完全一致),一部分因为任何重大的经济变革都可能发生极广泛的影响并涉及数量很大的个人。

要记得,支付补偿还由于它显示出保守倾向而受到批评。不过现在情形大不相同了,因为它得先有理想分配为其必需条件。如果我们从一种理想出发,那么依据定义,保守主义就是最好的政策。但是理想分配这个概念实际上是什么意思?我们已经看到,理想分配是由“超人”下定义的。然而没有人能够说什么样的实际收入或福利分配是理想的。我们并没有描述福利分配的术语。所以定义一定是用动作表示的。我们必须假设“超人”会指着经济制度的某一形态,并说:“**那**就是理想的福利分配”。

现在是对“超人”二字的解释说几句话的时候了。例如,我们能把“超人”解释为舆论吗?很难想象,舆论怎么能够对理想分配下定义。拿英国这样一个多少是民主的国家来说吧。有些人也许认为现在英国的福利分配是理想的,然而许多人都不会这样想。不论它怎样改变,总还有许多人不认为它是理想的。的确,不论福利怎样进行分配,有没有可能使两个人,姑且不谈大多数人,在回答“现在的福利分配理想吗?”这个问题时说“是的”,这一点看来是有疑问的。因此,在一个民主国家里,认为舆论能对理想分配下定义,似乎是荒唐而可笑的。

能把“超人”解释为国会或内阁吗?这个观念给人的暗示是,在有一个民主政府的国家里,经济学家总是要把现行分配看成理想的,因为政府一定会对分配进行改革,如果它曾经想这样做的话。这个暗示是以两点错误见解为依据的。只因政府有改变分配制度的权力,就说政府一定赞同现行分配制度,这肯定是一种谬论。这好像是说,一个人一定经济想处在他现在所处的地方,即使他是偶尔坐汽车经过那个地方。但是现在这个暗示也依据一种非常不民主的观念,这就是,政府总知道什么是最好的,或者,惟有政府才能够说什么是符合公共利益的。它容许那些不是公务员的经济学家批评政府的目标、政策和主张。

由此看来,充其量只有在一个极权国家里才能对“理想的福利分配”下定义,在那里,经济学家或其他人民绝不怀疑他们的统治者的价值判断。但是,即使在这样一个国家里,认为福利总是恰像统治者所希望的那样进行分配的想法可能是不妥当的。在现实世界中,福利分配是缓慢的困难的事情。即使在这样一个国家里,经济学家能够假定分配合乎理想,但要进行不致推翻那种分配制度的变革,还会遇到巨大的困难。试图切实补偿所有受害人这个观念所涉及的困难是不会消除的。福利分配必然要发生变化,在那种场合,因此而产生的再分配究竟是好是坏,仍需进行探讨。我们只能下结论说,即使在一个专制国家里,"经济福利函数"也是不适用的,在一个民主国家里,更加如此,因为在民主国家里,个人有多少,(模糊不清的)福利函数就会有多少。它只能看做是完全笼统而抽象的"福利"体系所必需的形式手段,它同实际政策是没有关系的。

现在第三派思想——卡尔多—希克斯—西托夫斯基派——不是致力于阐发乌托邦的必要条件,而是致力于提供经济改进的充分标准。显然,这种研究所暗示的是进化而不是革命,是修补而不是破旧和立新。但是他们提出的标准是不能接受的,因为他们忽略了收入分配。他们是否认识到福利经济学的伦理、建议性质,也不很清楚。所以我们在分析中引进了价值判断。两个基本的价值判断是:(一)福利是各个人幸福的递增函数,(二)如果一个人是处在一个挑选的位置上,他的境况是变好了。这两个价值判断和"经济福利函数"的代表人物,要把所有传统的"最适度"条件全都推求出来时,所必须使用的价值判断是相同的。

但是类似的地方只此而已。卡尔多—希克斯这一派思想把福利看做是和分配没有关系的。我们不接受这个规定条件,并为一种可取的经济变革引进了一个新的充分的判断标准。"经济福利增加"这个词语的使用要取决于一个判断,即它不会引起糟糕的再分配。这就是说,在我们的体系里决不会得出无条件的结论来,假如要在福利分配问题上保持中立的话。但是我们把任何分配的变化究竟是好是坏作为一个有待解决的问题，就无须对“理想的福利分配”作无用的猜测。于是这个理论的应用就变成比较一般的。[①]任何人都能自行决定计划中的再分配究竟是好还是坏，从而（在理论上）这种变革是否应当进行。理想分配概念最难以容忍的特征之一是，它限定这个理论只有那些偶尔相信福利分配是合乎理想的人才能使用。

另一重要区别是，“最适度”条件不需要推断为“最大量福利”的必要条件。“最大量”不是一个具有什么实际意义的概念，因而不使用它似乎要好一点。比较有意思的是把“最适度”条件推断为一种改进的充分条件，而不试图对最大量位置下定义。“经济福利函数”是一个完全有确实根据的体系基础。人们批评它，不是由于逻辑的原因，而是因为它不能应用的关系。我们宁愿要一种不是那么高度形式化，也不是那么纯粹理性主义的和研究情况的分析。当然，我们也许不得不断定，甚至这种分析也是绝对无法应用的。然而看来它至少在应用上可以提供较大的希望。

让我们回顾一下到现在为止本书所取得的进展。什么时候一种变革在经济上是可取的，我们已经为决定这一点提出了一个正式的充分的判断标准。它是可取的，如果（一）它导致适当的福利再分配，如果（二）潜在受害人不能贿使潜在受益人投票反对这种变革。换个讲法，这个标准可以表述如下：**一种变革在经济上是可**

① 用福利函数的术语说，要对大不相同的函数下定义的人们也许都承认某一变革的可取性（或其反面）。人们不需要为了同意一桩事情而对一切事物都表示一致意见。

取的,如果它导致适当的福利再分配,又如果通过全部移转的办法来再分配货币的政策不能使每个人的境况像这种变革要是进行时他们将会有的境况那样好的话。必须记住它只是一个充分的判断标准。它并不意味着,凡不符合这个标准的变革可能也就是不可取的变革。其次,可以想象,符合这个标准的一些变革也许会损害更好的一些变革,因而应当加上这样一个限制条件:“只要断定更好一些的变革不致因此而受到损害”。这个标准的作用,好像不是为一切能增进福利的变革打开绿灯;因为对于一种能增进经济福利、但事实证明会损害一个仅仅靠再分配就可以达到的更好的位置的变革是不予开绿灯的。于是我们部分地考虑到一种重要的替代政策,这就是再分配——然而这个标准不能保证它所容许的变革不会损害到其他各种会导致更好位置的政策。

在上述限制条件下,这个标准就是福利经济学的适当基础,因为,像我们将在下一章中看到的那样,假定这个条件的满足不会对分配发生不良影响,它就容许把传统的“最适度”条件推断为一种可取的变革的充分条件。因此,某种经济变革是好是坏,要取决于对收入分配的价值判断。任何既定的分配变化是好是坏,是个人见解问题,因而某种经济变革是可取的还是不可取的,也总是个人见解问题。这一点也不意味着,福利经济学必定是无用的。它会使那些对分配问题大体意见一致的人能对某些个别变革的可取性取得一致意见。即使一个经济学家认为人们建议的某种变革会对分配发生不良影响,他依然能够提出某种建议来。例如,他能够说,如果政府决定那样改变分配的话,那么,实行所建议的变革要比采取其他途径好。但这当然并不意味着,他准备说这种变革将会增进福利。

以上分析仅只须先有两个价值判断作为必需条件，我们相信这两个价值判断全都是人们可以普遍接受的。第一个是，社会福利是各个人福利的递增函数。第二个是，如果一个人是处在一个挑选的位置上，他的境况是变好了。我们认为，对于福利经济学来说，价值前提是根本的，因为福利结论**就是**价值判断，并且因为价值结论需要有价值前提。因此，我们对可取的经济变革提出的标准，是把有关福利分配的价值判断引进卡尔多—希克斯—西托夫斯基的“情况”或“局部”分析的结果。

我们相信，凡是接受这两个基本价值判断和我们对“经济”二字所下定义的人，都一定会接受上述标准。这就圆满结束了我们对福利经济学的基础的讨论。据我们的意见，这个基础是可靠的。如果福利经济学被认为是无用的话，那不是因为它的哲学或是逻辑基础有什么靠不住的地方。我们自以为对必要的假设已经清楚地、精确地叙述过了。现在要做的事情只是接受或拒绝它们。下面假定人们接受这些假设。

在以下各章我们对福利经济学的评论，既不是逻辑的，也不是语言学的，也不是哲学的。我们将要研究这个理论的现实性，也就是对我们的概念所规定的特征在实际上体现到什么程度的问题。我们已经在有限范围内研究了这个现实性问题。并且看到，“处在一个挑选的位置上”这个标准依理论上有用的形式准确地应用于现实世界时，要求各个人应当是完全一致的“经济人”。但是任何准确的应用都显然是绝对做不到的。所以我们要扪心自问，个人经济行为的行为线分析是不是**足够**现实的，因而使我们对于从这个基础得出的推论可以抱有相当程度的信心。[①]

对上述问题的试验性答案见第三章。第三章中我们认为,把行为线分析应用到实在的个人应用得很不好。另一方面,我们相信大多数人依然会准备接受这两个基本价值判断,即使假定"个人"二字不必在绝对严格的意义上去理解。我们曾经断言,如果把"个人"含糊地解释为普通人或纯一的小集团,那么,如果作出结论说,单单行为不一致的事实就会使所有提方案的经济学都变成无用的,那将是非常轻率的。

以上对我们的基本事实假定的现实性的讨论多少是试验性质的。我们含糊地说一种分析应用得"好"或"糟",并且谈到"相当程度的信心"。为什么我们必须要作出这么含糊的判断?为什么不能确切地回答这个理论是否应用得足够好的问题?当一个假定或假设是相当好时,普通的科学试验又是为了什么呢?

在科学中,上面那种问题是要根据实用主义回答的。这些假定是相当好的,如果它们可以得出一些能够进行检验而且断定是正确的结论的话——或者,即使不十分正确,也比没有好或比从任何其他假设得出的结论好。很明显,为了回答"行为线分析应用得相当好吗?"这样一个问题,把它应用到现实世界而得到的结论应加以检验。但是结论是福利结论。这样的结论可以检验吗?在原则上,"是的"。选定一个赞同我们的价值判断的个人,我们就能够进行符合可取性标准的变革,并且问他变革后的情况比原来情况

① 行为线分析的是否可以适用不单取决于各个人显示出的一致程度。它还取决于经济财产在多大程度上是可分的。我们以后要在第十章中讨论因完全可分性这个不切实际的假定而产生的问题。

好些还是糟些。但是在原则上如何能从检验结论这一问题的叙述来看,那就十分清楚,这些结论实际上是无法检验的。理由是:(一)要进行控制下的试验是不可能的,即使我们的某些试验说我们获得了改进,我们也不能排除这种可能性,即改进不是慎重推行的变革的结果,而是并发的变革的结果;(二)对任何个人来说,画布的面太大了,无法对它进行全面的观察从而作出合理的判断。

物理学家用不着担心他们使用的演绎体系的概念有没有人们可以承认的说明。在物理学中,譬如说,电子是不是可按照假定的方式行动就判断其是同一的物体,这是一点儿也没有关系的。重要的是,以人们能够证明其真伪的自然物体表示的结论。然而社会科学家却得不出可以方便进行验证的结论,他们必须研究他们的概念的明确特征究竟体现到什么程度。[①]

因此福利经济学的假定是不是够好(它们显然不很好)的问题,是个人判断的问题——决不是证明的问题。既然在以下各章里,我们要对福利经济学应用到实际政策时所暗含的许多事实假定提出疑问,这一事实应当记住。到现在为止,我们只研究了一个

① 我们的理论结论无法验证因而我们必须退而验证我们的假设,这个事实标志着福利经济学(我认为还有一切社会科学)与自然科学之间的重大区别。E.S.C.诺思罗普在他写的《理论的经济动态学的不可能性》这篇文章中说得好:"科学方法显然是有差别的。物理学是靠实际检验它的命题来间接验证它所推求出来的理论的;经济学则是通过经验证实它的假设来直接验证它所推求出来的理论的。在物理学方面,人们之所以相信它的假设的真实性,因为从这些假设推求出来的结论——命题——是经过试验证实的;在经济学方面,人们之所以相信它的命题的真实性,因为这些命题是从直接证实的假设得出的逻辑结论。"(《经济学季刊》,第 56 期,1941—1942 年)我们不妨提出一点评论:这一段话看来对福利经济学完全适用,然而对实证的宏观经济学来说却是不适用的。我们还必须补充说,我们的假设事实上没有得到证实,充其量不过证实它们含有一点儿真理,所以我们可以相信也可以不相信这些命题是真实的。

假定,即选择一致性的假定。虽然我的判断是,我们不能简单地因为这是一个荒谬的假定而把福利经济学一笔勾销,但是我认为,单单它那明显的不现实情形就足以使它愚蠢地陷到细节中去。在应用我们的正式标准以前,我们至少应当要求受害人在理论上好像不能用相当可观的赚头来贿赂胜利者反对变革。

抽象的福利理论在现实世界中,是不是应用得好得足以证明把它应用到当前问题是正当的,乃是一个判断问题,我认为,这个事实意味着,福利经济学家即使希望逃避决定价值问题方面的一切责任,也是做不到的。因为对现实世界的福利判断是价值判断,从这点可以推定,抽象理论是不是应用得相当好,因而我们可以冒这种结论的危险这一问题,乃是一个价值问题。当某位经济学家说,"你要是接受如此这般的前提,就会得出这些结论"时,他必须记住,既定的前提要理解为是用实在的个人等等的名义发生效力的。然而经济学家自己却从事有点不切实际的抽象研究,所以他必须记住,他的实际结论是可怀疑的。应当警告非经济学家提防经济学家为了从既定的前提推求出他的实际结论而偷偷弄进来的假定。实际上,要非经济学家提防经济学家所做的一切假定,就会教给他许多经济理论。因此理论是不是够好,多半要由经济学家自己来决定。他们不能摆脱一切责任。有时人们把作为经济学家的经济学家和作为道学家的经济学家划分开来,这个区别是不现实的。

在下一章中我们要提出生产和交换的"最适度"条件,二者都是作为最大量的必要条件以及作为可取的经济变革的充分条件。然而从上面的分析可以清楚地看到,"最适度"三字的后一意义是

我们认为唯一具有任何可能的实际意义的一个。[①] 我们还将指出，在什么情形下，这些“最适度”条件会在理论上得到满足。我们要力图把这个理论叙述为实用的理论。即使这样，我们将只考察有限几个假定的不现实情形——这就是(一)假定各个个人都是独立自主的，并可以在不同的货物组合间自由进行选择，且他们作出的选择是一致的，和(二)假定各生产单位是独立自主的。事实上，我们是要设法指出，这些“最适度”条件在多大程度上可以似乎合理地说是以个人偏好为依据的。在以后几章中，我们要从更广阔的观点来探讨福利理论的适用性。

① 附录三也表明，如果我们满足于仅只把“最适度”条件推断为一种改进的充分条件，那么，并于个人行为就需要更软弱得多的假定。

第八章 生产和交换的“最适度”条件(一)

一、交换的“最适度”条件

我们假设一固定数量的“货物”要在许多“个人”中间进行分配。

一(1)任何两宗“货物”的边际替代率必须对所有消费这两宗货物的“个人”都是一样的。

就两宗“货物”和两个“个人”来说,这可以借助于行为线的盒形图来证明。因此在图8.1中,A的行为线对原点A呈凸形,B的行为线则对原点B呈凸形。盒形相衔接的两边代表将在A、B间进行分配的两宗货物X和Y的总量,因而每一点代表这些货物在他们中间的一定分配。譬如在E点,A分别获得AF数量的X和AG数量的Y,同样,B获得

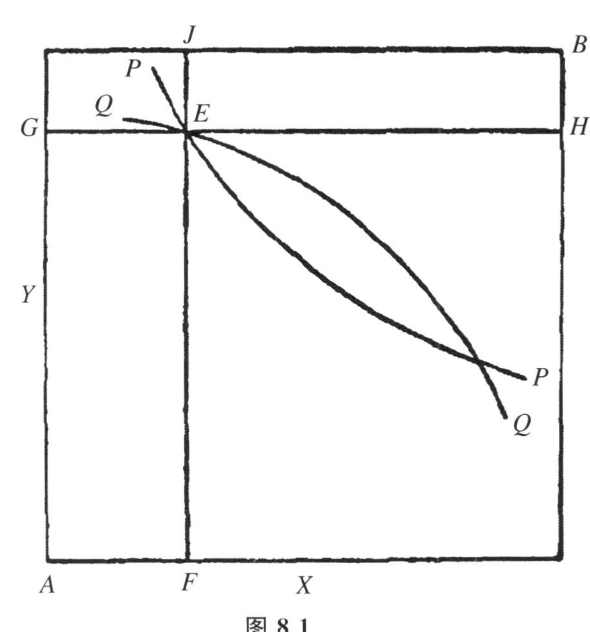

图 8.1

BJ 和 BH 。E 是这样的一点，在这一点，A 和 B 的各自的行为线（PP 和 QQ）的斜度是不同的。在这种情形下，一看就可以明白，一个人要达到一条比较高的曲线，而另一个人仍停留在同一条曲线上，或者也达到一条比较高的曲线，必定是可能的。从这点可以推定，边际替代率相等是“最大量福利”的必要条件。[①] 不妨把这种两个人、两宗货物的情形加以概括，以便应用到几个人与几宗货物。这一点以及其他“最适度”条件所有类似的概括要留到数理经济学家去证明了。[②]

在上述条件不曾得到满足时，把它付诸实施，从理论上讲就是福利增加的充分条件，只要福利分配不因此而变糟就行了。这是当然的结果，因为朝着行为线正切位置的任何移动都是满足西托夫斯基标准的移动。一旦因某种变动而达到这样一个位置，那么，离开正切位置的相反变动就不可能满足卡尔多—希克斯标准。这就是说，朝着行为线切点的任何变动必定会使西托夫斯基标准得到满足。

在什么情况下这个“最适度”条件会得到满足呢？我们在第二章已经看到，一条行为线必定在所挑选的一点同任何固定价格线相切。所以，各个人要是可以随意选择，市场上要是只有一种价格，这个条件就得到满足，因为那时节，所有行为线都必定和同一

① 有时在盒形内满足这个条件——一个人不下降到比较低的一条线，另一个人就一定不能达到比较高的一条线——的唯一位置是在盒形的边界上。在这种情形下，不能说边际替代率相等是“最适度”所必需的。这也同样适用于行为线有可能发生纽结的场合。在这些情形下，“最适度”条件所必需的修正，将在附录三进行分析。

② 不妨参看伯格森：“福利经济学一些方面的重新表述”，《经济学季刊》，1938 年 2 月号；兰格：“福利经济学的基础”，《经济计量学》，1942 年 7—10 月号；萨缪尔森：《经济分析的基础》，第 229—240 页。

价格线相切，从而有同样的斜度。当然，固定价格必须是使全部货物销售一空的价格。当我们像在图 8.1 那样假定全部货物在交换发生前都已分配掉时，这个要求是不必要的。

我们在前面应允修正这一假设，即“一‘个人’的境况是变好了，如果他是‘处在一条比较高的行为线上’的话”。修正的假设如下：“一‘个人’的境况是‘变好’了，如果他是‘处在一条比较高的行为线上’，并且，如果他的幸福不因其他‘个人’的幸福变化而受到不利影响的话”。这个修正的目的是要撤销个人福利完全独立的假定。伯格森教授曾经表明，“最适度”条件并不需要这个独立的假定。兹引证于下：

> 就马歇尔和庇古把福利理解为各个家庭的效用总和来说，他们的表述涉及对目的的一个追加决定，这个决定大意是说，各个家庭在效用方面的相互关系的社会价值为零。因任何一个家庭的预算状况发生变化而引起的社会福利的变化的大小，丝毫不取决于其他家庭所享有的生活程度。
>
> 然而为了分析最适度配置起见，这种特殊的、显然非常可疑的情形是不需要提到的；上面已经表明，一切有趣的命题都可以从上述公式的比较一般的函数推求出来。[①] 对这一点的论证，好像是把福利函数[②]引进分析而在学理方面取得的更有趣的收获之一。[①]

---

① “上述公式”就是经济福利函数，$W=F(U_1, U_2, U_3, \cdots\cdots)$，这里 $U_1, U_2, U_3, \cdots\cdots$ 代表各个家庭所认为的效用，社会福利 W 要理解为这些效用的递增函数。

② 可是快乐主义的计算式子能够很便当地加以修正，以便考虑消费的经济与不经济，就像伯格森教授本人实际上曾经表明的那样(参看他的一篇文章“福利经济学一

必须注意，伯格森教授不仅主张在探求边际社会价值比率对于个人所消费的任何两宗货物都应当一样这种无聊的陈词滥调时，而且主张在探求边际替代率应当相同这个条件时，要摆脱独立的假定。假定不作出独立的假定，人们就不能够说经济福利增加，如果某些“个人”是“处在比较高的行为线上”，而没有人处在比较低的行为线上的话，从这个事实看来，怎么可能摆脱那一假定呢？回答是，譬如说，如果A和B（如图8.1）能够上升到“比较高的行为线上”，那么，即使他们所增加的福利带有消费的外部不经济[②]，从而使一般福利减少，但是增进一般福利依然是可能的，因为人们能够靠削减购买力来使A和B的福利降低到原有水平，然后将潜在利益分配给其消费的外部不经济（如果有的话）不至于完全抵销掉潜在利益的那些人。因此，除非所有个人福利的增加足以抵销外部影响（那显然会阻止一般福利的任何增长）而有余，否则不使用含有独立意义的假设也可以推求出这个交换的“最适度”条件来。事实上，如果一个“经济福利函数”是已知的，我们就不需要把“利益”意译为“处在一条比较高的行为线上”，以便用行为线分析来把“最适度”条件推断为“最大量福利”的必要条件。我们也许注意到，伯格森教授对马歇尔和庇古的批评，更适用于随后发展起来的、需要独立的卡尔多—希克斯分析，因为它没有提出经济福利函

些方面的重新表述”，《经济学季刊》，第313页，脚注⑨）。“学理方面的收获”也许是引进福利函数所取得的结果，然而它和功利主义经济学没有矛盾。

① 伯格森：“社会主义经济学”，见艾利斯编：《现代经济学概观》。又参看伯格森：“福利经济学一些方面的重新表述”，《经济学季刊》（1937—1938年），第313页，脚注⑨。

② 参看本书第三章。

数,并忽略了收入分配。

从上面的叙述可以推定,福利增长只有一种可能,如果我们使 A“处在一条比较高的行为线上”,而没有其他的“个人”处在一条比较低的行为线上。要使可能的“增长”变为实际的“增长”,需要保证把潜在“利益”分配给适当的“个人”。但是,虽然人们能够这样把这个“最适度”交换条件推断为“最大量福利”的必要条件,他们怎么能够知道,把它付诸实行就是福利增加的充分条件呢?因为,外部消费影响的大小是随着福利分配的改变而改变的。所以在决定这个条件的满足是否会引起有利的再分配时,这些影响是要考虑的。一定不能使福利分配受到不利影响的条件,**包括**有这样一个条件,即因把这个“最适度”交换条件付诸实行而带来的潜在“利益”必须分配给适当的“个人”。不妨这样来理解。这种变革将会引起的再分配本身不会减少福利,即使估计到消费的外部影响。所以,如下的一种变革一定能增进福利:这种变革会造成这种再分配,而且是这样一种变革,即从新的福利再分配的观点看来,那些已获得好处的人能够超额补偿那些受到损害的人。

然而我们只论述了一种相互依赖情形,这一种相互依赖使一个人的境况变得糟些,因为在不改变他的消费模式下他的邻居的境况变好了。可是其他人的福利变化也会改变一个人的消费模式,而在形式分析中这个困难是无法破除的。此外还有一种外部消费影响,它是同谁都消费的某一特定货物的消费相联系着的,而不是同某些特定消费者的福利水平相联系着。因此,罗斯·劳埃斯牌汽车的消费,不论它属谁所有,也许使没有这种汽车的人感到很不愉快,并使另一些人感到很愉快。而且,一所漂亮房屋也许会提供重大的外部消费经济。这种相互依赖情形并不破坏交换的“最适度”条件，然而我们将会看到，它也许要破坏生产的一些“最适度”条件。从直觉就会明白情形是这样的。即使罗斯·劳埃斯牌汽车使没有这种汽车的人感到不愉快（或愉快），依然可以推定，这些汽车应归那些最需要它们的人所有。但若它们会使别人不愉快或愉快的话，那就应当看情形限制或鼓励它们的生产。

最后，外部影响也许取决于什么人消费这些货物。收音机在那些住在闹市而大声播唱的所有者手里是会使别人感到不愉快的，但在其他人手里就不一样了。这种外部影响的产生，破坏了交换的“最适度”条件，于是我们不能再推定：一固定数量货物要是按照使供求相等的单一价格出售的话，这些货物就得到“理想”的分配；并且，任何想象得到的间接税或津贴制度都不能对付这种情形；事实上，对个人选择自由的某种限制通常是制止这种反社会行为的唯一可能的方法。

如果我们在行为线分析中把“闲暇”作为一种“货物”包括进去的话，我们就能表述交换的另一个“最适度”条件：

一(2)“闲暇”和任何既定的消费“货物”之间的边际替代率，对于所有进行“工作”和消费那一“货物”的“个人”来说，都必须是相等的。

像前面一样，如果每一对“个人”不具备这个条件的话，那么，其中一个人就有可能达到“一条比较高的行为线”，另一个人却不致下降到“一条比较低的行为线”。

但是我们在第三章中已经看到，要使闲暇适合行为线分析是有巨大困难的，因为一般地讲，实际情形并不是一个人要做的工作量可以由他随意选择。这一点也许是不错的：即一个人要是必须工作八小时或者完全无须工作，他会以懈怠的形式忙里偷闲，从而设法调节闲暇对有关货物的主观边际替代率使之符合它们的相对价格，这种相对价格是由货物的价格和他的边际收入决定的。在一个人是按时计酬的场合，和在他由于生产技术关系不容许随意改变他的工作时间的场合，这个“最适度”条件只能这样来实现。我们不能合理地断言，一个人在他的工作时间方面所表现的一致性就是一种迹象说明他有固定不变的偏好。那倒是在边际上缺少选择自由的迹象。

另一点困难是有许多不同种类的工作，这些工作的不愉快程度是不同的。一个人通常不能像一个消费者划分他的消费那样把他的工作分摊在许多不同的岗位上。他愿意把闲暇换成多少数量的已知货物，当然取决于他正在做的工作的相对舒适程度。我们实在需要和每一种不同工作相适应的不同的闲暇。考虑不同种类的工作，意味着，我们需要另一个“最适度”条件，这就是：

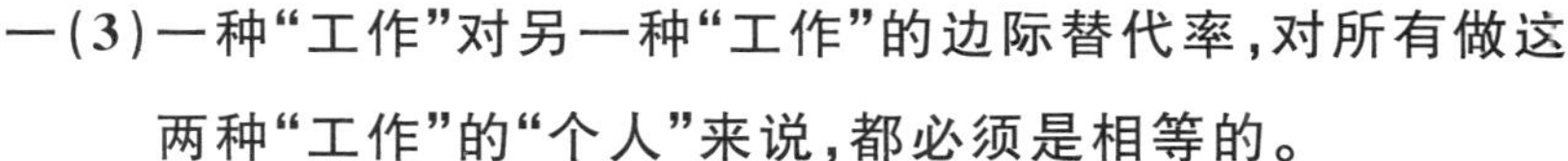

一(3)一种“工作”对另一种“工作”的边际替代率，对所有做这两种“工作”的“个人”来说，都必须是相等的。

这个条件显然不切实际。然而工作时间和相对工资率两者一部分取决于个人偏好，这在一定意义上是不错的。但是这种偏好通常是集体的而不是个人的。换个讲法，工会似乎在工作的选择方面是有关的“个人”，而实在的或典型的个别工人或他们的家属则对普通货物的消费关系较大。可是根据条件一(2)，我们需要对“个人”做这种解释，不论他是在消费还是在工作。所以我们不能靠观察任何实在的个人的自由选择来确切地决定这里所提到的边际替代率。

因此，“如果一个人达到一条比较高的行为线，他就得到好处”这个价值判断有点把我们搞糊涂了。应当从集体合同排除工作时数，从而使它再度成为个人选择的对象吗？生产大概会因工厂组织日益困难而下降，应当容忍这种生产的下降吗？在这里，除非我们作出许多特别的价值判断来应付上面提到的各点，否则这个理论不能给予你们多大帮助。况且，这些困难决不是微不足道的。在消费品市场上极力强调个人选择，而在劳动市场上却很少强调个人选择，这就不大一致了。然而看来这就是经济理论曾经做的事情。[①] 可是大多数的个人在工作和闲暇方面比他们在消费物品方面花费的时间要多得多，这些物品是可以“使之同货币尺度符合一致的”。

但是，为了使我们的分析能够取得进展，我们必须假定这些困难已经解决，因为其余的“最适度”条件要取决于那些讨论过的“最适度”条件的满足。我们可以假设某些特别价值判断是既定的。例如，不妨这样规定，如果一个人每周工作四十小时，他的福利是最大的。不同职业的相对负福利(diswelfare)可以认为是同相对工资一致的，而这种相对工资则是按某一既定方式决定的。现在我们要谈到生产的“最适度”条件。

---

① 参看菲耳普斯-布朗：“劳工的前景”，《经济学报》，1949 年 2 月号，第 7 页。

二、生产的“最适度”条件

我们现在必须放弃固定数量货物的假设。然而所有下述“最适度”条件都取决于“个人”行为的行为线分析，如果假定福利是各个人幸福的函数的话。这个假定要一直贯彻下去，当然，几乎全部经济福利理论都或明或暗地含有这一假定。现在，虽然货物不再是固定的数量，但不妨认为消费划分成一些时期，在前一时期生产的一固定数量货物是在这些时期内分配给各个人的。在目前，我们撇开储蓄和投资不谈，我们还假定技术以及经理和工人的能力与热情都是不变的。于是生产的第一个“最适度”条件如下：

二(1)任何两种“生产要素”的边际产品的比率必须对它们二者协同生产的每一宗“货物”都是一样的。

换句话说，在不改变“货物”产量的情形下，一种“要素”替代另一种“要素”所依据的比率必须在所有各种生产中都是一样的。这个条件的真实性可以用图 8.1 来表明。PP 和 QQ 必须重新解释为等产品曲线。现在 A 和 B 是“货物”而不是“个人”。X 和 Y 是“要素”而不是“货物”。因此，现在 E 点代表一种情况，在这种情况下，AF 数量的要素 X 和 AG 数量的要素 Y 用于生产 A 。同样，BH 数量的 Y 和 BJ 数量的 X 用于生产 B 。在任何一点等产品曲线的斜度，对于某一既定的要素分配来说，代表生产 A (或 B)时 X 替代 Y 所依据的比率，但不改变 A (或 B)的生产数量。假定等产品曲线，像行为线一样，是对它们各自的原点呈凸形，这意味着一种要素替代另一种要素所依据的比率要随替代的进展而下降(即

X（Y）的使用数量减少，因而需要越来越多的Y（X）来补偿既定数量的X（Y）的损失）。如果一条等产品曲线有一段不是凸出的，那么，如果要素价格比率保持不变，那就决不会选取曲线凹入部分的任何一点所代表的要素组合，因为在那种情形下，用同样成本可以获得更大的产量。如果等产品曲线在任何部分都不对原点呈凸形，那么，两种要素中只有一种会被使用，因而关于它们的最好用法的"最适度"条件是不相干的。所以边际替代率相等这个条件是生产的一个"最适度"的而非"最糟糕"（"pessimum"）的条件。像从前一样，一看图 8.1 就会明白，如果我们不是处于等产品曲线的切点，那么，不增加任一要素的使用总量就能提高A 或B 或这两种货物的生产。

现在，要是能够增加一种货物的生产而不减少任何其他货物的生产的话，那就必定有可能（根据行为线定义）使某"个人"或某些"个人"上升到比较高的行为线，而不致对其他任何人发生不利影响，只要我们选择适当的"个人"和适当的"货物"就行了。[①] 所以，这是"最大量福利"的必要条件。

然而我们必须记住，我们已经扩大行为线分析，把"闲暇"包括在内。所以"要素"不能解释为人的生产要素。在形式上，我们需要这样一个价值前提，即经济福利不受"要素"在各种职业间移动的影响。如果像我们确实做的那样把工作和闲暇包括在行为线分析中，这个前提就不能应用到人的要素。

---

① 我们必须选择适当的"个人"和"货物"，因为我们已经看到（见本章），个人和货物二者都会引起消费的外部不经济。

现在,上面的分析要求生产单位是独立的,这就是,它必须没有生产的外部经济或不经济。我们已经看到,图中的等产品线要是不相切的话,A 和B 两种"货物"就都能够多生产一些,而无须从其他用途撤出"要素"。据说,正是为了这个缘故,A 和B 的生产可以增加,而任何其他货物的生产却不致有任何的减少。但若我们不做出独立的假定,这就不一定是当然的结果,因为生产也许会造成外部的不经济,这和消费的外部不经济是类似的。因此A 和B 的生产增加,也许会使C 的生产减少,尽管C 依然保持同样的生产"要素"。如果一家"企业"实际生产的**一切东西**都可以算做它的一部分"产品"(正量或负量),又如果它消耗掉的一切东西都可以算做它的"要素",那么根据定义,一切"企业"都必定是独立的。但在现实世界中,这样完善的会计是不可能的,所以我们在应用我们的分析时,要考虑到外部的经济和不经济。如果规定出统一的会计制度,我们知道哪些企业带来外部的经济和不经济,我们就能够保证这一点:使边际要素替代率相等就会增加生产。因为,对于造成生产的外部不经济的两家企业来说,它们要是不相等的话,那么,我们在使它们变成相等的同时就能撤出生产要素,因而实际上只有不造成生产或消费的外部不经济的那些企业才会增加产量。但是我们如何估计这些外部影响呢?假定有一个"超人",他能够装满这些否则会是空无一物的箱子[①],并确定外部经济和不经济的数值,那时节,也只有那时节,我们才能够说,实现上述"最适度"条件就会增加经济福利,这里还要假定实际收入的分配不致受到不

① 克拉彭:"论空无一物的经济箱",《经济学杂志》,1922 年。

利的影响。没有这一系列的特别估价，我们就只能知道，上述条件要是得不到满足，增进经济福利必定是可能的，然而我们不能肯定的是，把这个条件付诸实行，实际上不至于把事情弄糟。换句话说，这种生产和消费的外部经济和不经济，对于把这个条件推断为“最大量福利”的**必要**条件来说，是不相干的。但是必要条件并不是很重要的。我们真正需要的是改进的**充分**条件；某一特定货物的生产或消费所带来的外部经济和不经济妨害了我们把现在这个条件推断为经济福利增加的充分条件。所以必须假定它们是不存在的。

我们必须注意另一种外部经济和不经济。某种“货物”生产增加而任何其他“货物”都不减少是可能的，可是一般福利依然不可能增加，如果扩充生产的企业还生产出我们在分析中不曾考虑到的“讨厌东西”的话。在形式上，我们可以通过假设“货物”这个概念包括生产出来的一切东西来克服这种困难。然而我们实际上还是不能依靠理想的会计，无论如何，“讨厌的东西”通常不是个人消费的对象，因为，如果它们是的，它们就要算在企业的账上；所以它们不完全适合行为线分析。这些“讨厌东西”的常用例子是烟、吵闹声和臭味。不付代价的利益也会产生，但不那么明显。人们也许要提出赏心悦目的广告来，它至少有抵消那些难看的广告的作用。显然，这些影响会破坏我们分析的精确性。在理想上，我们要求把它们全部进行估价并算在企业的账上。

撇开上述外部影响不谈，我们不妨问道，在什么情况下现在这一“最适度”条件会得到满足。如果一个生产者能够用一种没有生命的要素按照一种他无法影响的固定价格去交换另一种，然后，如

果他要用最少的成本去生产任一既定的产量,他就必须使要素的边际替代率等于它们的相对价格。因此,如果每一个生产者必须对要素支付同样相对价格的话,那么“最适度”条件就满足了。这种边际分析只能应用到可分的生产要素,显然,在需求、技术和要素价格全都可以变动的世界里,它决不能确切地得到满足。然而人们不妨说,为了使生产者尽可能像茫茫将来所许可的(或使之成为可取的)那样接近这种静态理想,那就应当设法使所有生产者都面对同样的相对要素价格。

把没有生命的要素包括在这个条件中,也就是要求,譬如说,一个农场和一座煤矿应当对一个人和一部机器支付同样的相对工资。由于我们排除了这一点,所以对各种不同情况下的工作的相对负福利必须进行估价。我们已经看到,对实在的个人的自由选择进行的行为线分析似乎不能很合理地得出这种估价。不过,我们的“超人”也许要我们在某种意义上考虑到“个人偏好”。我们怎么能够最好地说明这一要求呢?

我们也许认为相对工资是由集体议价决定的。但是“超人”也许要我们设法比那更接近实在的个人偏好。一个可能性是把相对工资规定在一点,在这一点上,任一生产部门都没有牺牲另一部门而壮大的趋势。但是我们应当采取短期还是长期?在短期内,工人的移动必然要耗费大量的费用,而在长期内,通过因青年人加入而增加,通过因年老退休而减少,这些费用是可以避免的;长期就要以避免个人的实际移动。因此,如果我们要尽量接近实际的个人偏好,我们似乎应当采取短期。然而那时节这些偏好将只是边际人的偏好,并要考虑到移动费用,而当我们单纯考察两种职业的相对负效用时，这些费用大概是不会计算的。没有理由假设它们表示边际内(intra-marginal)的人们的相对偏好。事实上，如果人性变化不很大的话，这些偏好多半要由一种工资率来表示，在没有长期工人移动的情形下，这种工资率是会出现的。

可能的替代办法当然是"超人"对不同职业的相对实际成本确定他自己的估价来破除这些困难。无论如何，我们必须假设这个问题是用最好方法解决的。对每一种工业来说，这就决定了人和其他要素之间的相对价格，每一个生产者应当像从前一样使这些相对价格同他的等产品曲线符合一致。

应当注意到，在各个"最适度"条件中，现在这个"最适度"条件是"最适度"三字唯一不需要涉及福利的一个。如果从所有生产要素(包括工人)来看这个条件没有得到满足，那么在理论上**生产**是能够增加的。整个经济的生产是由许多异质的货物与劳务组合构成的。只有其中至少有一种东西比较多一点而任何其他东西都不减少时，这样一个异质的组合才可以严格地说是大于另一个组合。因此，我们不妨说，如果从所有生产要素来看这个"最适度"条件没有得到满足(我们撇开讨厌的东西的生产不谈)，那就能够增加生产，而无须增加资源或工作时数。然而，如果即使对于非人的要素来说上述条件没有得到满足，我们也应当避免说，生产就是没有效率的。"生产没有效率"的说法强烈地意味着，如果使生产变得有效，那是一件好事。实际情形不一定是这样。使这个条件发生作用，不一定就是一种改进，因为较高的生产水平(即使任何工人所做工作的数量与性质没有变化)可以导致福利的减少。总的来说，像"最适度"交换条件一样，现在这个条件是"最大量福利"的一个必要条件，不过它只是改进的一个充分条件，假使：(一)“最适度”交换条件一(1)，一(2)，一(3)没有遭到破坏，(二)实际收入分配的条件没有受到不利影响，(三)没有生产的外部不经济，(四)没有消费的外部不经济(这是和某一特定产品的消费联系着的那种外部不经济)。现在我们要谈到第二个“最适度”生产条件。

二(2)一宗“货物”变换为另一宗“货物”所依据的边际比率，必须等于“各个人”所共有的一宗“货物”对另一宗“货物”的边际替代率。

这个条件也可以用图8.1来说明，如果我们把它重新加以解释的话。现在QQ线一定要认为是X和Y两宗“货物”的所有那些组合的轨迹，这些组合用一批既定的“要素”刚好可以生产出来，如果这些“要素”总是依据上述“最适度”条件二(1)结合在一起，来生产X和Y这两宗货物的话。这条线通称为变换曲线。它对原点A呈凹形，意味着，一宗“货物”改为另一宗“货物”的变换率是递减的。现在PP线代表任何一个人的一条行为线，他是消费X和Y这两宗“货物”的那些“个人”当中的一个。(如果“最适度”交换条件得到满足的话，行为线在E点的斜度必定对于所有的“个人”都是一样的，因为E被认为是一个均衡点。)现在一看就明白，要是变换曲线的斜度不等于行为线的斜度，那就可以这样来改变X和Y的相对生产，以使A和所有其他“个人”能够达到比较高的行为线。[1]

① 如果各个人的均衡位置是在边界上的位置，或者，如果行为线在均衡点出现纽结情形，那就需要加以修正。这将在附录三中说明。

除非所有交换条件和生产条件二(1)也得到满足(或者,除非引进某些其他价值判断来代替“个人偏好”作为一种价值标准),否则上述“最适度”条件不能正当地作为福利增加的充分条件。这些其他“最适度”条件就它们本身来说是“最适度”的必要条件,不过要求分配不致因此而变糟,如果把它们付诸实行就足以增进经济福利的话。然而现在这个“最适度”条件却要求所有前面的“最适度”条件都要得到满足,如果把它付诸实行必定是一件好事的话。[①] 所以它比任何其他条件都更靠不住些。因外部经济和不经济而引起的困难也是存在的,不过表现为更尖锐的形式罢了。即使发生外部不经济,前一个生产“最适度”条件也是一种“最适度”的必要条件。只有当我们考虑把这个条件付诸实行是不是一件好事的时候,这些外部影响才会出现。然而在目前情形下,生产和消费的外部影响或讨厌的东西的产生,意味着,这个条件甚至根本不是一种“最适度”的必要条件。因此,它充其量是这一类条件的一种近似情形。

劳动估价问题也变得更严重了。让我们假定这个条件的满足要求企业A牺牲企业B而进行扩充,这种扩充迫使工人必须移动,如果最适度条件二(1)依然不受破坏的话。今设价值判断确定工资应按工人的偏好来决定,而我们对这个多少有点模糊的判断作出的最好解释是,相对工资应当是这样的,即它将导致各个不同企

① 但它不止要求这一点。它不能当真认为是和二(3)要讨论的其次一个条件可以分开的充分条件。它们二者随便哪一个单独地都不能看做充分条件,即使所有其余条件都得到了满足。我们将在本书第九章证明实际情形是这样的。

业在劳动供给上的长期均衡。结果是不诱使工人在短期内移动。因此在短期内这个条件不可能得到满足。但若在短期内容许工资率上涨的话,那就意味着,我们改变了以前的决定。如果工资是这样的,它诱使边际工人在短期内移动,那么,它就不符合一般工人的偏好。(我们不妨补充说,要是在短期内容许工资上涨的话,“价格处处和边际成本保持同一比例”并不能满足现在这个“最适度”条件——参看下面。)或许保持这个“最适度”而使工资与个人偏好符合一致的最好办法是支付边际工人一整笔钱,以便诱使他们移转,这笔钱不算在实行扩充的企业的账上,从而使工资和长期均衡下的相对工资保持一致(要是能够发现这一点的话)。然而事实的真相是,在劳动供给问题上,要考虑到个人偏好的这一教导 是根本无法予以确切说明的。

现在,假定所有以前的“最适度”条件都得到满足,我们就不妨问道,在什么情况下会实现目前的“最适度”。普通回答是,假如边际成本处处和价格成比例,它就得到满足。只有在边际成本之比和变换率相等的场合,这才是当然的结果。要素由于变换而可能得到的地租应当除外。今设在实行扩充的企业中工资由于变换关系而上涨了。如果早先相对工资是同个人偏好一致的话,这种相对工资就不再能反映处在边际内的人的个人偏好,这些人现在必定获得地租。既然我们断定,和变换率有关系的是相对个人偏好,所以这种地租应当除外。如果在实行扩充的企业中工资上涨,而边际成本仅只包括工资,那么,边际成本将和边际工资成本相等而不是和边际人的成本相等。在这种情况下,边际成本和价格的等比例性就不是从上述“最适度”条件得出的正确推论。勒纳“规则”

可以取而代之[①]，这就是，每种要素的价格应当处处与其边际产品的价值成同一比例（或是相等）。即使这一点也只是对工人来说才是正确的（在短期内），如果断定相对工资率——它刚好诱使边际的人们移动——就是我们所说的“那个反映个人偏好的比率”的话。我们知道，这并不是一个完全能自圆其说的解释。

现在我们要谈到最后一个“最适度”生产条件，它可以表述如下：

二(3)“工作”变换为任何既定“货物”所依据的比率，必定等于“闲暇”替代那一“货物”的消费的边际“个人”替代率。

假定有这么一些“个人”，他们在某种既定“闲暇”（相当于一种既定“工作”）和某种既定货物的消费之间具有共同的替代率，那么，这个“最适度”也可以用图 8.1 来说明，如果我们再把它重新加以解释的话。现在 PP 线描绘出 A 的对某种既定“闲暇” X 和某种既定“货物” Y 的行为。QQ 代表 Y 的种种不同的追加量（从 A 的角度来衡量），这些追加量可以用 A 的各种不同数量的“工作”结合既定数量的所有其他要素生产出来的。因此在 E 点上，A 享有 AF 小时的空暇，消费 AG 数量的 Y 。AG 是因 A 工作 EH 小时而生产出来的 Y 的追加量。工作一货物变换线 QQ 对原点 A 呈凹形，意味着，A 的工作要受边际生产率递减律的支配。一看就可以明白，要是这两个比率不相等的话，A 或某个别人就能够达到一条比较高的行为线，而另外什么人都不致遭到损害，如果改变他所做的工作量的话。譬如说，如果他少做些，只消费足以保持他在

① 勒纳：《统制经济学》，第 64 页。

同一条行为线PP上，那么就可以得到供另一些“个人”消费的Y的增量。

上述条件的确实性取决于所有交换的“最适度”条件(包括同劳动供给相联系的、有点靠不住的两个条件在内)的满足。在什么情况下它将得到满足呢？必须假定，这个人要使他愿意用闲暇替代既定货物所依据的比率等于他能够进行这种替代的比率，也就是等于他在每单位时间内从工作赚得的、用既定货物表示的边际净收入。所以从这个“最适度”条件可以推定，他的工作变换为既定货物(他的边际物质生产率)所依据的比率应等于他的边际净收入(用那宗货物表示的)。用货币表示时，他的净收入应当和他的边际产品的价值相等。从条件二(2)可以推定，要素价格应当处处和边际产品价值成同一比例。现在我们看到，**如果对个人收入不征收边际税的话**，那就可以推定，对劳动来说，这个比例应当是等式。

然而可以证明，如果生意人把成本减到最低限度，那么，边际成本就等于每种要素的价格除以它的边际物质生产率。[①] 条件二(1)是靠最低成本政策得到满足的，假如生产要素的供给有完全弹性的话。由此可见，在使边际成本同价格成等比例的条件下，这个等比例应当是一。换句话说，就是应当使边际成本等于价格。这个条件取决于一点，即没有边际税，从而人们也可以下结论说，凡是在做工作并能改变他所做的工作量的人都不应当缴所得税或任何间接税(当然，前一个“最适度”条件也把间接税排除了)。

我们已经看到，这个“最适度”条件——这些结论是从它推求

① 参看萨缪尔森:《经济分析的基础》，第66页。

出来的——的确实性，取决于交换的“最适度”条件得到满足。但是它们还要求满足生产“最适度”条件二(2)(我们从它推论出，如果要素供给有完全弹性的话，价格应当处处和边际成本保持同一比例)。“最适度”条件二(2)本身要求实现最适度生产条件二(1)。我们不妨下结论说，在已知这一分析所依据的价值判断的条件下，如果要证明使价格等于边际成本是好事，我们要求：

一、**所有**其他生产和交换的“最适度”条件都得到满足；

二、要素供给有完全弹性；

三、没有所得税，也没有间接税和津贴；

四、它可以付诸实行，不致对实际收入的分配发生不利影响；

五、没有生产或消费的外部不经济。

这些要求的确是很可观的。

三、储蓄和投资的“最适度”条件

到这一点为止，我们一直撇开储蓄和投资不谈。现在我们要来研究那些我们可以结合着储蓄和投资加以阐明的“最适度”条件。这些“最适度”条件全都是从我们早已提出的价值前提引申出来的。我们首先要论述类似“最适度”交换条件的两个“最适度”储蓄条件。事实上，它们是交换条件，不过要进行交换的是一些特殊“货物”罢了。第一个储蓄“最适度”条件如下：

三(1)货币与任何既定债券或股票间的边际替代率，对于所有“消费”这两种东西的个人都应当是一样的。

在这里，我们把货币和债券也包括在“货物”以内，除了这一点外，这显然和头一个交换条件是一样的。如果股票、债券等等的价格对所有的个人都一样的话，它就在理论上得到了满足。

然而一个人在债券方面比在消费品方面更未必会有一致的消费模式，因为他的行为在相当程度上容易受债券预期价格的支配。所以作为经济福利增加的充分条件来说，这个条件的实现要比相应的交换条件更加不可靠。

第二个储蓄“最适度”条件可以叙述如下：

三(2)货币与任何既定货物间的边际替代率，对于所有“消费”这两种东西的个人都应当是一样的。

一个人要持有货币还是要花掉它，这在相当程度上也要受预期价格变动的支配。所以对上述三(1)所说的话对于这个条件也完全适用。

四、任何既定的现在货物变换为某一既定将来日期的同样货物所依据的比率，应等于各个人愿意用一种货物替代另一种货物所依据的共同边际率。

为了求得这个“最适度”投资条件，我们必须对心理作出一些假定。到现在一直采用的纯粹行为线分析使我们失望了。我们必须假定，当各个人储蓄时，他们实际上是在把现在货币换成将来货币。[①] 因此根据定义可以推定，他们为了将来购买力而牺牲现在购买力(即为了债券等等而牺牲货币)所依据的共同边际率等于他

① 但还必须(不切实际地)假定，希图反储蓄的人可以随意通过借贷把将来货币换成现在货币。

们现在的**时间偏好**[①]如果我们假定对储蓄不征税(即没有所得税),那么,根据行为线定义,它也必定等于利率。其次,我们必须假定所有的个人对他们指望购买的每一宗货物的将来价格变动都抱有同样的预期。这样,我们要是知道任一既定货物的预期价格变化,我们就知道每一个人对每一将来时期那宗货物的时间偏好(即那一特定的预期商品—利率)。例如,我们知道每一个人愿意用现在的一只表换取明年的两只,后年的八只,或不论多少只。

给出类似上述二(2)与二(3)所做的假定,就可推知,一宗投资货物的边际产品的折成现值的预期价值,应等于那一宗货物的现在价格,但要进一步假定生产者对价格抱有和消费者相同的预期。同样可以推知,对一宗货物的未来生产的投资应当推进到一点,在这一点上,折成现值的预期边际成本等于折成现值的预期价格。可是,显然,这甚至比产量应调节到现在边际成本和现在价格相等这个条件更不可靠。后者所假定的,它都假定了,而且还多得多。如果各个人把将来价格估计错的话(他们要是不能准确地预见到分配与工艺的变化,就会估计错),那么这个条件就会被推翻。当然,我们也可以说,对将来的无知是不可避免的,而且不论人们采取什么投资原则,它总是一个困难。但另一方面,也可以说,对于

① 在这里我用“时间偏好”来表示一个人愿意把现在货币换成某一既定将来日期的货币所依据的比率。所谓“时间偏好”并不是通常意义上的“时间偏好”,而是一个人愿意把现在货币换成某一既定将来日期的货币所依据的比率,如果他预期货币在这两个日期的边际效用对他是一样的话。毫无疑义,在这个意义上的时间偏好对于决定利率可以起一定的作用——然而要很便当地发现任何人在这个意义上的时间偏好是什么,看来是不可能的。它或许不是一个很有用的概念,所以我借用这个说法来描述某种不同的东西。

将来要变成什么样子，每个个人并不是最好的裁判。

困难还不止此。现在这个“最适度”是把货币和债券包括在行为线分析中推求出来的，这使得那一分析甚至比不这样做时更加没有把握。我们还必须假定各个人储蓄是为了将来花费。但在一定程度上，这一点是不错的，即储蓄会以想象中的完全的形式提供一种无形收益。说人们储蓄主要是为了自己来花费它，这也不是实际情形。他们储蓄(或习惯于储蓄)多半是为了他们的继承人，后者的偏好也许和他们自己的大不相同。我们还必须假定所有的个人都预期同样的价格变化，而这是很不现实的。在有风险时，我们必须假定投资人和投机商对于各种不同股票的风险是最好的裁判。这个假定也会被认为是可疑的。而且，当我们考虑到现在全部私人储蓄几乎都是公司进行的时候，对“个人偏好”本身的解释变得相当困难了。也许这会被禁止，是吗？最后，这是除因“最适度”生产条件而产生的巨大困难以外的一些困难。

给定“最适度”储蓄和投资条件，可以推知，当充分就业实现时，我们就不应当干预货币供给，以致影响利率。当然，一切没有生命的要素[①]的充分就业都是由我们已经提出的价值前提规定的。然而一些作者认为，利率由个人偏好决定这一点，也许是和保持充分就业相矛盾的。曾经有人说过，利率应当怎样，这个决定“必然是政治性的”[②](照我们的说法，那意味着必须采用另一个价值判断)。但是最近已经证明，在理论上充分就业同个人偏好决定

① 人的要素的就业是由条件一(2)决定的。

② 参看勒纳:《统制经济学》,第 262 页。

利率是不相矛盾的。[1] 一旦给定充分就业，它就可以靠保证计划储蓄和贷款供给相等来保持。靠保证利率上涨或下跌到足够程度因而引起足以抵销计划储蓄的任何变动的投资变动，就可以做到这一点（在一种理想制度下）。

例如，花费减少可以认为是时间偏好转向将来的一个迹象。如果由于窖藏增加因而对利率不发生影响的话，这并不意味着，我们不再能够说每一个人会使他的时间偏好等于利率。事实上，正是这种调节造成现在花费的减少。然而它确实意味着，我们不再能够说，根据绘制行为图的规定方法，时间偏好**必然**会和利率相等。在这里，我们必须对行为提出一种心理说明，如果我们希望说花费减少是对将来货物偏好加强造成的，并希望说贷款供给应当和计划储蓄保持相等的话。这是因为，在这里我们要论述行为线的移动；而且正像我们在第二章中所说的那样，只有当我们不得不考虑行为模式的变化时，心理说明才会在经济学中出现。

今设我们不是处在充分就业状态。如果政府向银行借款并把钱花在免费供应消费品上面，这会干预个人的时间偏好吗？这会是“强迫”消费吗？换一个办法，如果政府把钱花在公共工程上面，这会是“强迫”储蓄吗？回答显然是“不”。不能说这种行动就会干预关于经济社会的生产应当如何划分为投资品与消费品的个人偏好，因为，充其量只有这一点才是不错的，即个人偏好的相互作用能为某一既定生产水平决定这样一种“理想”的划分。因此，“强迫”储蓄或“强迫”消费只有在通货膨胀时才会发生。如果人们继

① 阿特金森：“社会主义国家的储蓄与投资”，《经济研究评论》(1947—1948 年)。

续试图使花费大于前一时期一国消费品生产的价值，那么防止剧烈通货膨胀的唯一途径是各个个人的“强迫”储蓄或无意的储蓄。今设政府决定在充分就业已经实现的场合增加投资。这必须靠无意的储蓄、或者更好的办法是靠非边际的赋税(其所以更好是因为无意的储蓄意味着偶然的实际收入再分配，那很可能遭受人们的反对)，来筹措资金。现在我们应当说，有关正确投资量的个人偏好受到干预了吗？在理论上，回答是“对的”。在理论上，生产的“最适度”条件和投资共同决定现在以及每一将来日期要生产的每一宗货物的“最适度”数量。因此，通过降低利率或其他方法来刺激将来货物的生产(给定充分就业)，从理论上讲就是干预“最适度”条件，这和通过赋税(甚至非边际的赋税)来贴补现在货物的生产就是干预“最适度”条件完全相同。然而我们必须记住，“最适度”利率这一概念取决于上述最适度储蓄和投资条件的确实性；这些最适度条件只有从我们靠作出许多最不现实的假设来规定的价值前提才能推求出来，我们已经明白要相信这一点的道理了。

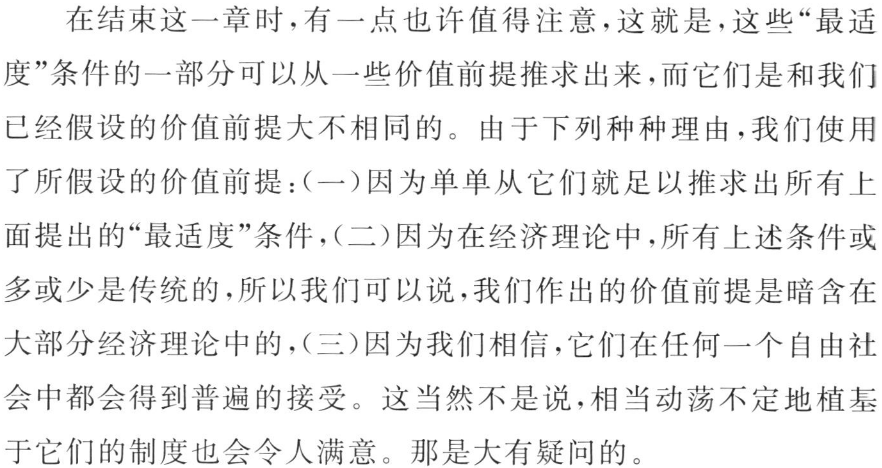

在结束这一章时，有一点也许值得注意，这就是，这些“最适度”条件的一部分可以从一些价值前提推求出来，而它们是和我们已经假设的价值前提大不相同的。由于下列种种理由，我们使用了所假设的价值前提：(一)因为单单从它们就足以推求出所有上面提出的“最适度”条件，(二)因为在经济理论中，所有上述条件或多或少是传统的，所以我们可以说，我们作出的价值前提是暗含在大部分经济理论中的，(三)因为我们相信，它们在任何一个自由社会中都会得到普遍的接受。这当然不是说，相当动荡不定地植基于它们的制度也会令人满意。那是大有疑问的。

现在让我们简单考察另一套价值前提如下：

> 各不同产品的相对价值决定于政府制定的某种表(schedule)。当这样决定的国民产品的价值是最大时，福利达到最大量。

现在我们能够提出什么样的“最适度”条件？显然，除非我们看出收入分配和交换条件可以通过使人们改变他们的工作强度而影响到国民产品的价值，否则全部交换条件以及“理想”的收入分配条件就都会消失。如果这种变化不能用暴力来克服的话，从按照固定的价值系数使产品价值成为最大量的观点来找出最好的配置和分配的方法就成为一个实际调查问题。如果组织本身不作为一种目的来加以估价，即不算作产品的一部分，那么，价格机制也许变成最不需要组织的。“最适度”生产条件二(1)将会保留并应用到一切要素。这会要求对工人的监督。工人们将被要求一直工作到他们的边际生产率下降到零为止。这究竟是短期的还是长期的边际生产率，要取决于产品随着时间推移的相对预定值(scheduled values)。实际工资要取决于对各种不同工资品作出的相对评价，可以设想，这种相对评价大概将是这样的，即它使工人不致挨饿，如不然的话，就要看政府的决定了。“最适度”生产条件二(2)将会保留，不同的是，现在边际转变率必定等于相对预定值；但它依然会遇到生产的外部经济和不经济的困难。储蓄条件同样是要消失的。投资条件四将会保留，然而不同的是，政府关于将来产品对现在产品的相对预定值，将决定每一种商品—利率，并取代预期价格变动和利率间的脆弱结合，这种结合决定了我们讨论过的头一个体系的预期商品—利率。

然而保留下来的“最适度”条件，二(1)，修正的二(2)和修正的四，是建立在比前一体系的相应条件更稳固得多的基础上；因为我们不再依靠行为线分析，觉得它对实在的个人是否适用很成问题；因为我们对下面这一点不再感到惊奇，即在某种情形下怎能解释“个人”这个字眼；因为我们已经假设实际收入分配是不相干的。

因此，在一个集体主义国家里，福利经济学可能是很简单的。人们可以抱着相当的信心来应用它的结论。但是，当然有许多人要说，认为以上所做的简单概述同福利经济学有什么关系，是十分可笑的。我会同意这一点。不过，在那样说时，我想我们只不过是在说，我们不觉得它的价值前提是可以接受的。把这样的一篇概论叫做福利经济学概念，也许不是一个错误的名称。但它肯定是有说服力的命名。

第九章　生产和交换的“最适度”条件(二)

在上一章中,我们指出,“最适度”条件在不同程度上似乎可以合理地说是以“个人偏好”为基础的。我们还指出,对于每一个“最适度”条件来说,哪一些条件要先满足,如果把这些条件付诸实施是好事的话。在现实世界中,每一个“最适度”条件将会得到满足的环境也曾加以说明。重新创造这种环境是不是好事,对这个问题的回答一部分取决于理论演绎之是否能言之成理,但也取次于更广泛的考虑,这些考虑现在必须加以探讨。

让我们从交换的“最适度”条件一(1)开始,从这个条件推论出所有的个人都要面对同样一套价格并可随意进行选择。显然,这排除了配给,而配给正是现代世界中破坏这个条件的最重要的方法。配给是在某些必需品和半必需品价格否则就会上涨得这么厉害,以致实际收入要发生剧烈再分配的场合下实行的。因此,说:所以需要实行配给只是由于实际收入分配不是“理想”的分配,是十分迷惑人的。然而只有在人们认为“理想”的收入分配就是金钱的平均分配时——大概在这个世界上没有一个处在负责地位的人抱有这种看法——这种说法才是合适的。但若某种其他的金钱分配是“理想”的分配的话,那么,必需品(大体上讲,必需品就是社会上最贫穷的一部分人日常消费的一切货物)价格的上涨,总会使货币收入较少的人们的实际收入减少。现在配给属于表6.2的第六组,所以按照这个理论,不实行配给而通过赋税重新分配收入是正确的。然而这会推翻另一个“最适度”条件。所以要通过非边际的赋税来重新分配收入。撇开这种赋税比配给更能使人们的公平观念趋于混乱这一点下谈,这也不是一种切合实际的建议。通过资本税实行再分配,是个缓慢而繁重的过程。同时,工人阶级生活费用的上涨,也许会引起工资暴涨,而工资暴涨本身就会使实际收入的分配发生那种很可能被认为是不可取的变动。在这里,福利理论使我们感到失望的主要原因是,它是静态的,没有注意到现实世界中往往会发生的时间间隔。

撇开通货膨胀问题不谈,人们普遍同意,当物资严重缺乏时,配给是正当的政策。这似乎表明,一般认为实际收入分配的影响要比理论上“最适度”是否得到满足具有更大得多的重要性,在这种情形下,后者是以人们对自由选择的内在价值的普遍信念作为支柱的。可是,这一特殊“最适度”条件是所有“最适度”条件中具有最可靠的依据的一个,因为(一)它并不取决于任何其他“最适度”的满足;(二)在这里,由于我们能把生产变动抽象掉,因而能够分析一个极短的时期,而在极短时期内应用“经济人”一词的困难最小。没有理由认为,在一个完全社会化然而是个人主义的经济中,配给往往不是最好的政策。最后,在不发生这种物资缺乏的场合和对一般认为实行自由选择是好事的一些东西或个人来说(这就是,一方面要排除儿童和精神错乱的人,另一方面要排除毒药一类东西),关于这个条件是否应当得到满足就没有不一致的意见了。

我们已经看到，其余两个交换“最适度”条件[一(2)和一(3)]的根据要不可靠得多。在任何正常制度下，工作与闲暇，一种职业与另一种职业二者间的权衡，似乎不能很合理地作为实在的个人进行自由选择的边际分析的主题。我们也不能简单地说，这种制度应当改变，以加强个人偏好在这方面的统治，因为个别工人绝不是独立的，所以一个工人所做工作的数量与性质的改变容易引起重大的生产不经济。换个讲法，斯密所做工作的数量与性质的变化不一定是对琼斯无关紧要的事情。关于这两个条件，从上一章中所谈的可以明白，“个人”二字只能合理地加以解释以适用于相当长时期以来所了解的一般的个人。这当然不是说，在有这种必要时就应当改变实在的个人的职业。这个问题显然不能单从经济学的角度来考虑；我们只能说，给定我们的价值判断，如果我们强迫一特定的个人到他不愿意去的地方去工作，或者在他所做的工作量方面，我们给他一个要么全做要么全不做的选择，那必定会减少他的经济福利。给予实在的工人以自由选择这种要求和增加生产的利益之间的权衡，是这样一个问题，静态福利理论对这个问题的决定似乎对我们帮助不大。现在讨论的“最适度”条件在形式上是和“最适度”生产条件无关的，然而看来很清楚，实际上要增加这些条件的实现程度的任何打算，不一定会使情况有所改善。

当人们建议公用事业按边际成本规定价格时(为这种建议进行的辩论特别有赖于这些条件的实现)，不曾有人提出经济福利的论点来反对“不得雇佣非工会会员”之类的运动，这似乎是值得注意的。这并不是说，在这方面似乎可以合理地应用经济福利的论点。人们在初看之不可能认为经济福利理论会谈到这一类问题的判断,不过这种判断很容易受到一些和经济福利无关的重要伦理考虑的影响,这些考虑使经济福利理论提供我们作为指针的、不大可靠的推论变成无关紧要的东西。其所以是这样,似乎不单纯是这个制度或这个时代的偶然事件。它是从下列事实产生的:(一)“个人偏好”一词无法予以非常明白、确切的说明;和(二)因为工作会引起外部的经济和不经济。

因此没有理由认为,如果一个接受个人主义“福利函数”的专制政府要增加工人的选择自由,那么按照它自己的看法,它是正确的:也没有任何理由认为,这样一个政府会真正设法去做这件事。在这一点上,在空想社会主义者与其他人之间并没有一条截然的分界线。

现在我们要谈到头一个生产条件二(1),它意味着,各种不同企业应当按照同样价格随意购买生产的物质要素,并按照因个人对不同职业的相对偏好不同而不同的差别价格随意购买人的要素。就物质要素来说,把这个条件付诸实行,是福利增加的充分条件,如果任何收入再分配都有利的话。在原料和电力供给方面,除非是由于政府管制,否则对各企业的歧视大概不是很常见的。在这个条件不曾实现的场合,把它付诸实行,也不大可能产生显著的再分配影响。因此,对于应用我们的标准来说,它好像是我们可以找到的最好的理由之一。在正常时期,这个条件大概是所有条件中最不会发生争论的一个。人们普遍认为,对各企业实行要素供给的歧视是坏事[①],如果任何一个垄断一种要素并实行歧视的供

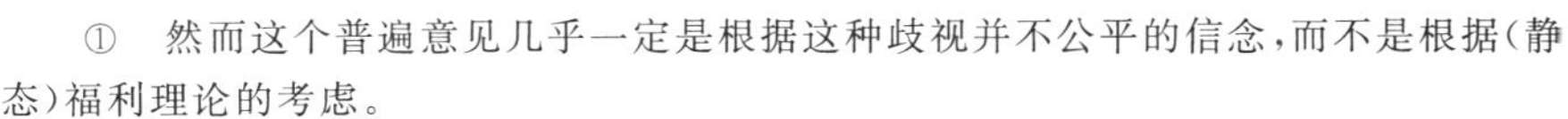

① 然而这个普遍意见几乎一定是根据这种歧视并不公平的信念,而不是根据(静态)福利理论的考虑。

给者由于实现这个条件而受到损害的话，他大概是得不到同情的。

我们也已注意到，要是没有外部经济和不经济，那么这个“最适度”条件严格地讲只是一种改进的充分条件。关于对付这种外部影响的最好办法，人们的意见是一致的。如果可能的话，它们应由企业负责，或者，如果外部影响是一种容易避免的“讨厌东西”，管制法令也许更适合些。不论在哪一种情形下，下面这种讨论是没有什么用处的，这就是：我们对于其结果是受益人能够超额补偿受害人这一点究竟抱有多么大的信心。因为答案将完全取决于特定的事例和外部影响的大小，还因为这不是一个有争论的问题。就人的生产要素来说，这个条件意味着企业应当按照劳动的一般市价随意雇佣它们所需要的工人。而且在正常时期，这个条件是没有争论的。

但在非常时期，譬如在一国对外贸易发生逆差的场合，也许必须两害相权取其轻。如果旨在纠正逆差的金融控制与物资控制要变得有效的话，它们也许意味着这个或那个“最适度”条件必定要遭受破坏。因此，我们也许要面临一种抉择，譬如要么选择通货紧缩，要么选择物资控制，将其作为把生产要素从内销工业转向外销工业的手段。前一个方法容易造成失业，后一个方法也许会破坏好几个“最适度”条件，包括现在的一个。单纯控制原料或劳动，会打乱要素的“最适度”比例。所以不实行劳动控制而保持“最适度”比例多半是不可能的。我们已经看到因试图调和短期内工人的迅速移动使之与保持个人偏好所决定的相对工资率相符合而产生的困难。

结果是，福利理论在断定什么是解决“非常”困难的最好办法方面对我们帮助不大。“非常情形”或许不是那么很不常见的。另一方面,在没有特殊紧急原因要推翻要素使用的“最适度”条件时,它是否应当得到满足,并不是一个争论问题。

其次一个“最适度”条件——二(2)——的要求是,设要素供给有完全弹性,须经常调节产量直到价格处处都和边际成本保持同一比例为止。我们最好是结合最后一个生产条件——二(3)——来分析这个条件,生产条件二(3)的要求是,设不征收边际赋税,人的要素(及所有其他也是消费品的要素)应当按照它们的边际产品的价值付酬。这两个条件的共同要求是,如果可能的话,应经常调节产量直到价格和边际成本相等为止。

让我们首先弄清楚,在这里边际成本是什么意思。有人认为,边际成本的含义是不明确的。有短期和长期边际成本。事实上,考虑到产量要进行的边际调整,我们也许对每一长短不同的时间选择一个不同的边际成本。价格要和哪一个边际成本相等呢?“边际成本”含义的模糊,使得一些作者认为,这个理论是说价格应和长期边际成本相等。然而也许有人要说,到头来一切版本都是边际的,因此按边际成本定价和按平均成本定价是一回事。

上述意见当然是错误的。首先,这个理论并不要求价格永远等于边际成本。它主张,如果可能的话,应经常调节产量直到价格和边际成本相等为止。这样调节产量的两个论点当中有一个是,如果可能的话,应经常使任何两宗货物之间的转变率等于各个人共有的这两宗货物之间的边际替代率。现在拿一座桥梁作为例证,过桥的边际成本是零,即是说,过桥不能转变为别的什么东西,因为它不耗费生产要素。所以过桥的产量应当扩充,直到价格变成零为止。但设在某一正量价格下，这座桥达到最高负荷。那时节，如果价格下降到零，过桥就要排队了。于是需求大于供给，头一个交换条件就不会得到满足。“最适度”的定价政策总是使供求相等的一种政策。

因此，如果可能的话，产量应当调节到边际成本和价格相等为止。现在让我们假设短期和长期边际成本是背离的。产量是否应当调节到短期边际成本或长期边际成本和价格相等为止？在理论上答案是，在短期内，产量应当调节到短期边际成本等于价格，在长期内，它应当调节到长期边际成本等于价格。一旦达到长期位置，即是说，一旦想象的“最适度”工厂建成。那么，不论价格发生什么情形，在理论上，这个工厂的短期产量应当进行调节，从而使短期边际成本等于价格。当然，短期和长期边际成本二者都和价格相等也许是不可能的。这没有关系。在任何既定的一刹那间，如果可能的话，应使短期边际成本等于价格，这在理论上是不错的。下述情形也许会发生，即这种产量政策将会妨害企业赚取足够多的钱，因而不靠资助就能进行必要的长期调节。在这里，逻辑上的困难是没有的，因为不妨对这个企业实行贴补。

在我们探讨这一产量标准在理论上的确实性以前，还有一个可能产生混乱的根源，我们必须研究一下。当我们谈到边际成本时，我们所说的产量单位是什么？例如，我们是拿一列客车或火车上的一个客座作单位吗？对这一点的回答完全要看我们涉及的“个人”的性质。要弄明白这一点，我们只需记住，在理论上说，应使一种产品变换为另一种产品所依据的比率等于这两种产品之间的“个人”替代率。因此在火车的例子中，如果应把“个人”解释为单个的普通旅客，那么，我们所关心的是运送额外一位旅客的边际成本。这可以认为约略等于零。换句话说，一特定个人的火车旅行不能变换为任何别的东西。由此可见，价格应当降低，一直到火车坐满或价格变成零为止。

另一方面，不妨对一“个人”作出不同的解释。如果一个学校决定租用一列火车作旅行用，我们必须把学校当做一个集体，只有在学校支付火车开行的全部费用时，火车才应当开。当然，把碰巧集合在某一列火车上的一批人当做一个集体，正常说来是讲不通的。又譬如说，把所有逛某个公园的人当做一个集体，也是讲不通的。这个理论要求，对使用那些太大而不能由一个人消费的大多数东西，如公园、火车等等，不应当收费或几乎不收费。

现在让我们考察一下以边际成本为根据的产量政策可以生效的条件。在上一章中我们已经看到，所有交换“最适度”条件以及生产条件二(1)与二(2)首先需要得到满足。完全撇开假定各个人完全一致所涉及的困难不谈，我们在这一章中已经弄明白所以要相信下面这一点的理由：没有哪一个交换条件[也许在“正常”时期的一(1)除外]像是要非常细致地得到满足的。这追求的是一个用“最适度”条件作为它的圣经建立起来的乌托邦的社会，亦即一个不懂得经济理论的社会。除“正常”时期外，这对生产条件二(1)说来也是正确的。在上一章中我们看到，生产条件二(2)是特别靠不住的。我们必须预先假定，实在的个人能随意选择他们所做工作的数量与性质，这种工作的数量与性质在边际上是可以改变的。但是这个条件也要求对边际的精力不征税，因为，要是征收这种税的话，那么，个人愿意用工作来换取闲暇所依据的比率将不等于这种交换促成更大的生产所依据的比率。这个赋税问题必须更仔细地加以考察。

显然,“最适度”条件把直接税和间接税二者都排除了。如果征收直接税的话,那么一个工人要是他作为一个经济人来行动,他将使他的边际净收入等于他愿意用闲暇来替代工作时所依据的比率。在这种情形下,他的净收入应和他的边际产品的价值相等。如果价格等于边际成本,他的净收入就要比这小些。但是间接税往往以同样的方法影响一个人的用实物表示的净收入。我们假定每个人要使他的以闲暇换取工作的替代率同这个比率相一致,在这一比率下,他做更多的工作就能消费更多的他帮助生产出来的货物。如果这种货物要征税的话,后一比率必定小于他的边际物质生产率。如果对某种其他货物征税,我们要受到同样的影响,因为他帮助生产出来的货物用缴税货物表示的购买力减少了。因此可以容许的唯一赋税是人头税。这就可以推定,在像英国这样的国家里,边际成本等于价格的条件是无效的,在英国,边际税率决不是微不足道的。

然而也许有人要争辩说,在一个适当规划过的社会里要征收边际税,是没有道理的。这是一个非常可疑的论点。在这样一种社会里一定保持着某种“理想”的实际收入分配。同时,每一个人的净收入一定等于他们的边际产品的价值。但是没有理由认为,人们获得其边际产品的价值的分配会是多么“理想”的。高收入阶层也许依然被认为太富有了。如果是这样的话,就得通过人头税拿走他们的一部分实际收入。但为了保持“理想”,这种所谓人头税就得随赚得的收入的不同而不同。在这种情形下,它当然不会是一种人头税,并会损害“最适度”条件!由此可以推定,经济的乌托邦的含义是,实际收入的“理想”分配被认为是决定于边际生产率。

上述困难并不是唯一的困难。我们也很难想象一个现代社会不征收赋税,并按照每个人的边际产品的价值支付报酬。在能够征收地租的地方,它必须足够应付全部政府费用和维持所有不工作的人的“理想”生活水准,也许还要提供预算盈余。现在有这么一种趋势,即认为社会红利而非赋税被提到日程上来了。如果我们想到有许多企业是赔本经营的,这似乎是乐观了些。的确,当我们引进动态因素并估量到变动可能性时,那就显而易见,一个自称为“理想”的社会必须考虑到相当程度的弹性。弹性意味着剩余设备能力,剩余设备能力意味着边际成本小于平均成本。那时节,也许所行企业都在赔本经营,在这种情形下,赋税可能是很高的。我认为,我们可以合理地下结论说,一个理想社会必定要有赋税。但是只有人头税是可以容许的。有什么理由说人头税不应当征收呢?看来十分明显的是,要按照人们认为是公平合理的方式来估定各个人对这种税的负担是不可能的。它必然要引起人们认为不可忍受的严重的不公平情形。并且,保持充分就业要求一种可以迅速推行的、极富弹性的赋税制度,而人头税制度却非常缺乏弹性。考察这样一种赋税似乎有点荒唐,不消说,它是无法实行的。我们所以要考察它,只因某些福利经济学家欣然散播了“缴付一笔总额”(“lump-sum payments”)的思想。[①] 非常明显,征收和补偿

① 缴付一笔总额的意义是,这种缴付必须同任何经济范畴没有关系,它同经济范畴的关联是会推翻“最适度”条件的。甚至资本税也要排除掉,除非人们每次都认为它是以“一次为限”;因为它会影响人们在储蓄和工作两方面的行为。用庇古的术语来说,它会有“宣告”(“announcement”)效应。

一笔总额不会成为日常政策问题。它们只能在进行特殊变革的时候偶尔采用一下。

因此我们可以下结论说，要看到这样一种社会是不可能的，在这种社会里，价格应和边际成本相等的思想所预先假定的“最适度”条件全都得到满足。假如没有其他原因，边际税的必然出现将要求价格略微低于边际成本。而且，“最适度”条件二(2)也会要求：边际成本大于价格的程度要取决于资本同劳动的比率。在这种情形下，规定价格至少要和边际成本成比例的“最适度”条件就无法得到满足了。因此，实际上这些条件也许是矛盾的。而且，在力图达到“理想”产量时，价格定得越低，赋税也许变得越高。

看来有一些证据表明这样一种看法，即在制造业的广大范围内，边际成本一直达到绝对充分开工以前都是相当稳定的。但是绝对充分开工肯定只是纸上的“理想”。如果产量只是略微低于全部开工的产量，平均成本也许大大高于边际成本。因此，价格（如果和平均成本相等的话）也许大大高于边际成本这一事实绝不能看做是产量大大低于所谓“最适度”的一个标志。这种考虑把我们引向垄断和垄断竞争理论，关于这方面的讨论我们必须推迟到最后一章。

我们不妨提一个问题（就像我们对其他“最适度”条件要求的一样）来总结现在的讨论，这问题是，对于一种福利改进来说，要足以使它总是在一切可能的场合和一切可能的时候调整产量直到价格和边际成本相等为止，需要什么样的条件。在形式上，回答是，只有在所有“最适度”条件都马上付诸实行，因此而产生的收入再分配被认为没有不利的地方，和所有外部影响都不存在的场合，它才能证明是充分的。然而我们知道,把所有条件都付诸实行显然是不可能的。的确,关于全部“最适度”条件[二(2)除外],我们已经指出,没有充分的理由认为,一个决心要按照我们的标准“改进经济福利”的政府,在力图使这些条件全都细致地得到满足方面,可以证明是正当的。所以,经济学家大概不会有理由告诉这种政府说,应经常调节产量直到边际成本和价格相等为止。他们肯定不会很有信心地认为,这样做的结果是受益人能够超额补偿受害人。

即使根据所有其他条件都得到满足这个不可能的假定,人们怎么能够着手对想象中的利益大小进行估计呢?这种潜在利益显然是无法衡量的。人们能够做的只不过是使读者约略知道将会发生的产量调整而已。可以设想,一些公用事业的产量反而会扩大些。竞争“最纯粹”的产业的产量将会减少,特别是农业和其他原产品。制造业中可能有某些调整。不对成本进行大规模研究,就无法估计这种调整的幅度。我猜想,因此产生的调整很难超过总产量的一个极小百分比。和读者认为可以想象得到的那些利益相对照的,是这样一些事实:(一)某些预先假定的“最适度”条件确是没有意义的,因为行为线分析充其量只能非常粗略地加以应用;(二)根据我们的标准,这些条件应当得到满足吗,即使它们能够的话,这简直是一点也不清楚。

为了使价格处处和边际成本相等,我们还需要改变整个社会组织。全部制造业必须实行社会化,因为在这个领域里纯粹竞争是不存在的。如果必须这样做的话,那就显而易见,动态的论点要比经济福利理论的静态论点更重要得多,动态论点要考虑到劳资关系、经理的才能与热情以及对发明的影响这些方面的可能改进与退化。这一点也是明显的，即它要涉及的政治与社会变革也许对福利发生有利的或不利的影响，这会把比较微小的产量调整贬低到毫不足道的地步。

如果使边际成本处处和价格相等的观念被放弃了，那就发生一个问题，这就是，比较容易实现的“最适度”条件的部分满足会不会是一件好事情。康恩教授在他的一篇文章《略论理想产量》[①]中提出它会是一件好事情的命题。这种观念实质上是使价格处处和边际成本保持同一比例，从而使边际变换率等于边际替代率——也就是满足最适度条件二(2)而忽略掉二(3)。这个论点只不过是说，如果就价格同边际成本的比率来说是一个生产单位 A 大于另一个生产单位 B 的话，那么把生产要素从 B 移到 A，将会增加国民收入。[②] 这是因为价格同边际成本之比等于一种要素的边际物质产品的价值与其价格之比，所以把价值一镑的任一要素从 B 移到 A，必定会使产品价值增加。

除非假定这种变革不致影响原始生产要素(工作与储蓄)的供给，否则这个命题在理论上决不是正确的。如果它确有这利影响的话，那就不能保证国民收入将会增加。一般地讲，人们必须假定生产要素的供给可以发生变动，因为产量模式和货物价格将会改

① 康恩:“略论理想产量”,《经济学杂志》,1935 年,3 月号。

② 我们在第十二章将要阐述这一点:用变革后的一般价格来衡量的国民收入的增加表明,西托夫斯基标准可以得到满足——但不是在证明这种促使国民收入增加的变革在我们所说的意义上是可取的变革这一意义上得到满足。本书这里提到的国民收入的增加是用变革前的一般价格来表示的,不过,只要计划中的要素移转是小量的,这样一种变革也很可能使国民收入按照变革后的价格计算也有所增加。

变，而通过闲暇与每一种货物之间存在着的补充性和替代性关系，它会影响到闲暇的供给。

即使不能使价格和边际成本相等，它至少应和边际成本保持同一比例，这个命题在形式上和我们在附录四中考察的直接税对间接税的问题相同，请读者参看那一附录对这一点的进一步讨论。但在这里要注意，所谓比例命题是下述命题的一个特例：一些最适度条件得到满足比一个都得不到满足要好些，多满足几个最适度条件比少满足几个要好些。除非作出一些特殊假设，否则这是没有理论根据的(这倒像是说，如果一个人站住一个山岭上，在那里他至少可以从一面下山，那么，他要比一个不在山岭上的人往山上爬得更高些)。例如，人们可以说，交换条件的确实性并不取决于生产条件的满足；但它只有在固定一批货物的场合才是正确的。同样，除非生产要素供给固定不变，否则比例命题也不会是正确的。

比例命题所固有的另一点困难是，有些货物既是最后的消费品，又是中间的生产劳务，例如煤炭。假使电力的价格大于它的边际成本，而煤的价格却等于它的边际成本，那么，煤变成电力所依据的比率就不会和消费者愿意用一种东西替代另一种东西所依据的比率相等。

但是麦肯齐教授已经指出，即使假定要素供给不致受到影响，即使没有一种货物既是最后货物又是生产要素，比例命题还是不正确的。①

实际上，这个命题假定所有货物都是由这样一些生产单位生

① 麦肯齐：“理想产量与各企业的相互依赖”，《经济学杂志》，1951年12月号。

产出来,它们的投入量只是由原始生产要素构成的。如果一个企业像通常情形那样既使用原始要素,又使用中间产品,那就会"歪曲"它对这些要素的相对用法,因为中间产品的价格要是大于它的边际成本的话,这些要素的相对价格就不会等于这样一个比率,在这一比率下,用更多原始要素来生产中间产品就能获得更多的中间产品。这有对中间产品发生不利作用的倾向,中间产品所经过的各种不同生产单位(在这些单位里,价格系按同一比例高于生产成本)的数量越大,这种倾向就越强。因此,虽然通过把要素从价格与边际成本的比率较小的生产单位 A 移到这个比率较大的生产单位 B,人们可以保证 B 所生产的新产品的价值大于 A 不再生产的货物的价值,但不能由此推定,整个经济生产出来的**最后**产品的价值因此而增加了。

这一切对于作为一般理论定理来看的比例命题,是不可抵抗的反对意见。然而这不等于说,它不会有什么实际价值。对福利理论的最详细的、局部的应用将是通过对特殊情形——产量或价格政策的改变有没有可能增加国民收入——的考察。在进行这种考察时,人们往往有理由断定,可以有把握作出某些特别简单化的假定,例如原始要素的供给不会改变。这种关于国民收入增加的预言必须依靠价格和(边际)成本的比较。对某两种货物来说,在相对边际成本同相对价格大大脱节的场合,存在着需要进行调查的、乍一看来像是证据确凿的问题。在进行调查时,人们要明了这一事实:有关的两宗货物的任何产量变动,不仅会影响它们本身的相对价格和成本,而且可能影响许多其他货物的相对价格和成本。他们还得明了边际成本的一部分也许是其价格已被"歪曲了"的货物的成本;他们必须时刻注意外部的经济和不经济,等等。即使给定这些细致的复杂情形,他们往往还是有理由认为国民收入是可以通过一种变革来增加的。只有当人们准备接受成本对于应当生产什么和生产多少没有关系这个命题时,他们才真的会否认国民收入可以通过一种变革而增加。但应注意,即使进到这一点以后,人们依然没有为这种变革找到理论上的根据。①

① 参看本书第254—256页。

第十章　不可分性与消费者剩余

我们在第八章中提出并在第九章中讨论的生产和交换的“最适度”条件只适用于边际的变动。这是十分明显的。全部分析都依据交换率或变换率进行；不论在什么场合，只要谈论比率是有意义的，那么根据定义，边际分析就可以应用。然而在所购买或所生产的物品的数量只能发生跳跃式变动的场合，也就是在有“不可分性”的场合，那么根据定义，边际分析是不适用的。

因此说出现某种不可分性，只不过是边际分析不适用的另一种说法罢了。什么时候应用微积分是正当的，什么时候不正当，这个问题依然存在。我们已经看到，在自然科学中，解决这个问题的方法是应用微积分，然后验证由此得出的结论。然而实际上，关于社会的福利结论是无法检验的。可以采取的唯一步骤是估计我们的概念的规定性特征（例如，要是应用边际分析的话，“货物”必须是完全可分的）可以实现到何种程度。人们对结论抱有信心或缺乏信心，只能拿这种估计作为根据。

我们在第二、三章中探讨消费者行为理论时，预先假定经济选择的客体是完全可分的。这一假定的结果是，如果从一个人收回一单位货物并将他所支付的钱退还，他会停留在同一条行为线上。我们不妨换个讲法说，这里假定边际单位的消费并不提供消费者剩余。如果实际上各个消费单位是昂贵的，那么，认为一个人是否消费第 n 个单位是无关紧要的事，就不正确了。或者再换一个方法来说明这一点。一个消费者通常对汽车、冰箱和无线电一类东西买得很少，因而谈论他愿意用一种东西替代另一种东西所依据的比率，实在没有多大意义。当我们考虑各种不同职业时，情形还要糟些。人们显然不能说一个人愿意用做大人物去换取做清洁工所依据的边际率。

我们已经看到，职业并不是完全可分的这一事实，是人们不能过于严肃地对待这些“最适度”条件的充分理由，这些“最适度”条件是以上述假定为转移的。另外一点理由是许多消费品的明显的不可分性，特别是如果人们所关心的是奢侈或半奢侈性工业品的“最适度”产量的话。几乎没有一个消费者会购买这种相同的货物多于为数很少的几个单位。因此，我们不能言之成理地说，一个人能使他愿意用一部汽车换取一架收音机所依据的比率同它们的相对价格符合一致。如果消费者当真能够而且过去和现在确实对一切货物都这样做的话，那就可以推定，每一个人如果不减少他的购买，任何高级货物的价格就不可能提高。这显然不是实际情形。没有一个人会购置一架以上的收音机，这可能是不错的；然而收音机价格略微上涨就会一架也卖不出去，这肯定是不真实的。同样，人们通过略微削减一个雇工的工资就能摆脱他，也不是绝对肯定的事情。

上面一段话可以帮助我们弄明白，哪一种变动可以合理地说是边际的，哪一种不是。严格地讲，为了福利理论的目的，只有当一种变动对任何个人的消费的影响不超过边际数量时，这种变动才是边际的。因此，如果我们要保持严格的话，我们就不能把边际分析应用到这个个人并不消费许多单位的那种货物的生产的任何变动(不论多么小)上去。即使每年生产1000部班特莱,追加的一部班特莱不一定能认为是边际单位,因为没有人会每年消费许多部班特莱。另一方面,如果每年销售1000部班特莱,那就可以相当合理地假设,会有某个消费者简直不肯比他实际支付的再多付一点儿钱。在这种情形下,撤回边际(我们不妨这样称呼它)汽车,不会使消费者剩余遭受损失。另一方面,如果尽可能小的调整是100部班特莱,那么,说不会有消费者因这种生产变动而遭受损失,就讲不通了。生产的一定增长是否属于边际,一个好的验证方法是问,有没有可能使增产的那些单位数(或本来有没有可能使不再生产的那些单位)卖得的钱明显地比它们实际卖得的钱多,要是有可能对顾客实行歧视的话。如果这是可能的,那么变动就不是边际的。注意这里使用"明显地"三个字。归根到底,那表明,一种变动能不能认为是边际变动,是个人判断问题。什么时候可以应用这种分析,什么时候不可以应用它,这并没有科学的验证方法。为了福利理论的目的,边际变动对消费者来说是边际的,对工人来说也必须是边际的。如果工资的微小增减不会引起足够多的工人移动,从而导致必要的生产变化,那么这种变动就不能认为是边际的。

边际分析不适用的一种特殊的然而是重要的情形是这一场合:即有效的生产单位是这么大,因而没有一个单独的消费者会购买它——例如新的公路、铁路、公园或博物馆。在这种情形下,就其消费可以分享这一点来说,货物也许是可分的:虽然在这种情形下,应用行为线分析往往由于重大的外部经济和不经济而变得复杂起来。但对生产还是不生产它作出决定这一点来说,生产单位显然太大，因而不能认为是“边际的”。换句话说，能使货物供求相等的价格将是这样一个价格，即许多人本来愿意支付的钱比他们实际上必须支付的钱要多得多。

因为根据定义，边际变动并不提供消费者剩余，所以说明一下边际变动的范围（也就是生产和交换的“最适度”边际条件站得住脚的范围）是必要的。我们现在必须对消费者剩余概念更仔细地下定义。对于马歇尔，它是一个人对某种消费品的既定单位数实际支付的货币额和他对那一宗货物的需求曲线下方的有关面积所代表的货币额之间的差额。这个差数被认为是对这个消费者从那一产品获得的额外满足的货币计量；只要我们不太过于认真地对待这个观念，毫无疑问，它似乎具有一定的合理性。和马歇尔所主张的相一致，事实上这一学说是以对“效用”的基数计量为必需条件的。然而希克斯教授却依据序数效用体系恢复了这个理论，[①]于是人们终于认为消费者剩余不是对额外满足的货币计量（尽管人们要是愿意的话，依然可以这样来看待它），而是需要付给一个消费者的货币额或在进行某种变革以后他必须支付的货币额，如果希望把他提高到或降低到和变革前一样的满足水平（即同一条行

① 希克斯："恢复消费者剩余"，《经济研究评论》，第 8 卷.1940—1941 年。又特别参看汉德逊："消费者剩余与补偿变差"，《经济研究评论》，第 8 卷；希克斯："消费者剩余与指数"，《经济研究评论》，第 9 卷，第 2 期；毕晓普："消费者剩余与基数效用"，《经济学季刊》，1943 年 5 月号；希克斯："四种消费者剩余"，《经济研究评论》，第 11 卷，1943 年；奈特："需求理论的现实性与适当性"，《政治经济学杂志》，第 52 卷，1944 年；希克斯："消费者剩余的一般化理论"，《经济研究评论》，第 13 卷，1945—1946 年，"福利经济学与消费者剩余理论"，与"消费者剩余理论的几种应用"，《应用经济科学院学报》，第 2 期，1946 年 12 月；米山："消费者剩余的现实性与适当性"，《经济研究评论》，第 15 卷，第 37 期，1947—1948 年。

为线)的话。

要考察的变动可以是货物数量或价格的(有限)变动。让我们首先考察数量变动。

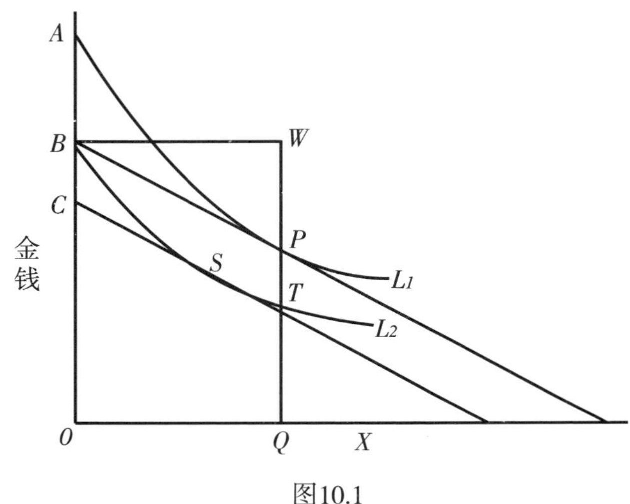

图10.1

在图 10.1 中,货币用直轴表示,某种货物 X 的数量用横轴表示。在一开始的情况下,让我们假设消费者的收入为 OB,BP 的斜度代表他可以随意购买 X 时所支付的价格。所以 P 代表他的均衡位置,在这里他达到行为线 L_1。

需要付给这个消费者多少钱,以便补偿他因失去购买 X 的机会而遭受的损失,即是说,如果把 X 从市场拿走的话,需要补偿他多少钱?他必须仍旧能够达到 L_1 曲线。所以这个数额是 AB。这笔金额的自然名称是"数量—补偿变差"("quantity-compensating variation"),也就是把 X 从市场拿走而必须补偿这个消费者的金额。[①]

现在我们要问,由于引进 X 的结果,这个消费者能够让与多

① 但是希克斯教授把这笔金额(AB)叫做均衡变差。补偿变差这个名称要留作别处用。

么大的金额而不致使他自己的境况变糟。我们的消费者的原来位置是 L_2 曲线上的 B 点，即是说，他得到同样收入，但是没有 X。现在可以将 X 拿到市场按 BP 价格出售，同时这个消费者的收入要减少 BC。这样，他的均衡位置将会是 S（CS 和 BP 平行），在这一点上，他会处在从前那一条曲线（L_2）上。我们建议把这笔金额叫做（收入中的）数量—均衡变差（quantity-equilibrating variation）[①]。

这两笔金额（AB 与 BC）同马歇尔定义为消费者剩余的金额有什么关系呢？如果货币的边际效用是不变的，则在需求曲线下方的面积相当于这个消费者宁愿放弃的金额，以便购买他实际购买的数量，而不愿完全不买。这一数额是由图 10.1 中的长度 WT 来代表的。因为他实际上支付 WP，所以消费者剩余是 PT。但若这个消费者可以随他的意思购买多少 X，他事实上不会购买 OQ 数量，如果他被剥夺掉 PT 的话。他减少购买就会达到比较高的一条曲线。因此，他可以被剥夺掉比 PT 为大的 BC，而不致遭受任何损失。然而，如果行为线是平行的（即成平行正切），则 AB、BC 和 PT 所代表的数额就是相等的。在有关范围内行为线体系具有这一特性的假定，是和马歇尔假定货币边际效用不变符合一致的。只有根据这个假定。PT 才相当于消费者剩余的通常需求—曲线定义。于是我们得出这样一个结果，即数量—补偿变差和均衡变差等于需求曲线下方的面积，如果货币的边际效用不

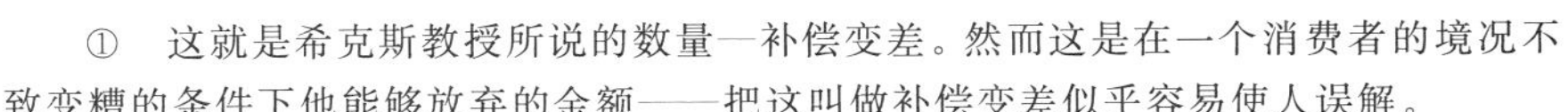

① 这就是希克斯教授所说的数量—补偿变差。然而这是在一个消费者的境况不致变糟的条件下他能够放弃的金额——把这叫做补偿变差似乎容易使人误解。

变或(用希克斯的术语说)没有收入效应的话。

现在我们可以转到价格变动。在图 10.2 中,我们还是确定我们的消费者的收入为 OB。因此 P 是原先的均衡位置,价格则是由 BP 的斜度来代表的。今设价格提高到 BR。于是这个消费者要停留在 R,并处在 L_2 曲线上,而不是像从前那样处在 L_1 曲线上。如果我们现

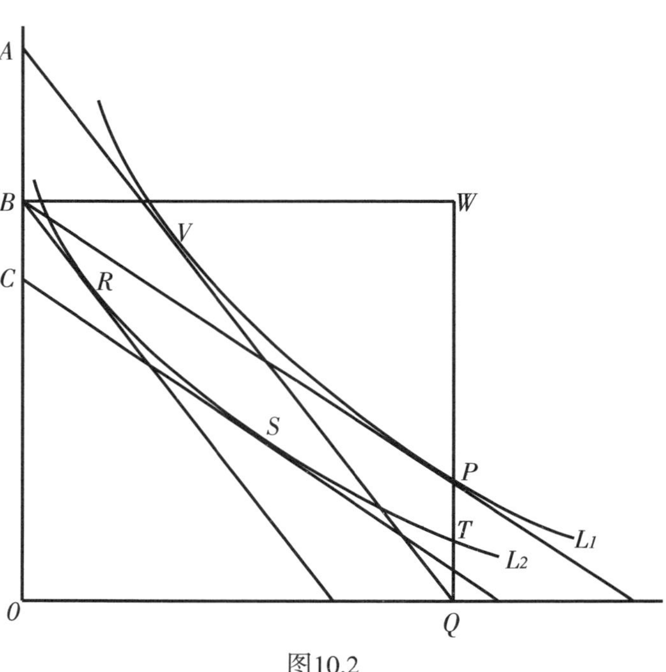

图10.2

在使他的收入增加 AB,他将停留在 V,V 依旧是在 L_1 曲线上。因此 AB 是增加的收入,刚好补偿他因 X 价格上涨而遭受的损失。所以我们(还是把希克斯的术语倒转来)把这叫作价格—补偿收入变差(Price-compensating income variation)。

然而,如果 BR 是原先的价格线,那么这个消费者本来会处在 R 位置上。价格下跌到 BP,他就能够达到 L_1 曲线。但若他的收入减少 BC,他就只能达到 L_2 曲线上的位置 S。所以我们把 BC 叫做价格—均衡收入变差(Price-equilibrating income variation)。

又 PT(假定货币的边际效用不变)代表这个消费者为了按照从前的价格购买 OQ 数量的 X,而不愿使价格上涨到 BR 而乐于支付的额外款项。像从前一样,如果在图形的有关面积内行为线成平行的正切,则金额 PT 就和 AB 与 BC 二者都相等。换句话说,如果我们把收入效应略而不计,则收入中的补偿变差与均衡变差,不论是关于价格变动还是关于数量变动,都和这个人的需求曲线下方的有关面积相等。在市场需求曲线下方的有关面积,根据通常"完全可分性"、"经济人"和没有"收入效应"的假定,系表明各个人能够支付的或必须获得的补偿额,如果他们既不因某种变革而得到益处也不因某种变革而遭受损失的话。但是记住这一点是重要的,即有关的需求曲线就是马歇尔的需求曲线,这里假定其他一切价格都是常数,它们并不因考虑中的变革而发生变化。①

我们曾经说过,上述理论其目的是在对是否应当进行非边际的生产调整提供一个标准。的确,这个理论试图回答这样一个老问题:"因这种变革而受到益处的人能像想象中那样超额补偿受害人吗?"这里提到的变革是一种非边际的跳跃。不论什么时候,只要我们不能言之成理地假定,构成生产最小增加量(生产减少也是一样)的那些货物的所有消费是边际消费者,那就有必要引用消费者剩余,以便确定超额补偿是不是可能的。由于技术上的不可分性,因工厂变革而不是因原料与劳动变革而引起的大多数产量变动,从理论上讲多半需要消费者剩余分析;因此,如果要对某种新

① 然而人们有点怀疑,这是否真的是马歇尔的假定。参看奥尔弗德:"马歇尔的需求曲线",《经济学报》,1956 年 2 月号。

投资(这肯定总要引起非边际的变动,如果新工厂的产量一直扩充到 $MC=P$ 为止的话)是否应当进行的问题提出理论上的答案,那么,除非我们知道所有消费者的行为图,否则这个答案只能依据消费者剩余来提供——在我们知道所有消费者的行为图的情形下,我们在理论上就能够计算出每个人的均衡收入变差总额是否大于补偿坐差总额,即是说,超额补偿是不是可能的。

在这些非边际的变动中比较重要的一种是提供新产品[①],或某种旧产品全部停止生产。我们还应当注意,这一类变革也许会导致以要素租金(factor rent)形式表现的生产者剩余的增加或减少。譬如说,如果把要素从它们的供给有完全弹性的用途中撤出,以便扩充某种货物的生产,而在这种货物的生产中要素供给却没

① 在形式上不能够把一种新产品引进旧的行为线图。我们只能猜想,这个人在他的新图中会不会处在一条曲线上,这条线要高于他如果继续购得现在的组合而在同一图中将会处在的一条曲线。这两种情况不能进行严格的比较,我们能够采取的最好办法是想象,这个消费者一直都对新产品有完全了解,并且新产品在他的好恶尺度上占有确定的位置,而他之所以不买它只因它的价格(让我们说)是无限的大。当然,这是不能令人满意的。事实上,他并不晓得上述货物,而引进这宗货物很可能改变他关于其他货物之间的替代率。某些东西会使我们对其他东西发生爱好或厌恶。我们要是考虑到巨大的价格变动(这种巨大的价格变动使得从前买不起这种货物的人也有力量购买它),就会遇到差不多相同的困难。许多人知道存在着鱼子酱,然而几乎没有人知道它究竟是什么味道。

经济福利增加的指数标准在形式上仍然是有效的。在新产品投入生产以后,我们能够说,这个消费者会或者不会购买以前的货物组合,并且我们知道,在前一种情况下,他肯定不会购买现在的组合,如果它包括有新产品的话。但现在由于福利减少,指数标准使我们失望了。我们决不能够说,在早先的情况下,他本来能够购买后一种情况下的货物。因此,我们要是太过认真地对待我们的标准,那么"处在一条比较高的曲线上"就变成没有意义的,而指数标准决不能告诉我们说提供新产品是错误的。在本书中我们要忽略掉这种种困难,对这个处理方法的唯一辩解是,无论如何,人们一定要吞下这么多的骆驼,这样,额外的一个才可以被认为是边际的。

有完全弹性，那么生产者剩余就会增加。我们以后对这种特殊的复杂情形要略而不论，并假定成本不包括工人的租金。

消费者剩余的传统标准的大意是说，如果需求曲线有关部分下方的面积所代表的金额大于总成本的变动，或者换个讲法说，如果一个实行完全歧视的垄断者能够抵补成本的话，那就应当进行变革。这个标准在理论上的适当性是显而易见的。消费者恰恰能够支付这笔金额，他们的境况既不会变好也不会变糟——如果他们是“经济人”而又没有收入效应的话。并且，由于总成本代表付给生产要素的货币总额，我们假定这些生产要素全都得不到任何地租，所以变革的结果，他们的境况还是没有变好也没有变糟——如果他们全都是“经济人”，等等。因此，给出充足的假定，我们得到的结果是，受益人能够超额补偿受害人，如果需求曲线有关部分下方的面积所代表的金额大于总成本的话。为了简单起见，在本章其余部分，如果受益人在想象中能够超额补偿受害人，我们就把这种变革说成是“正确”的。在这一阶段也许用不着提醒读者只能在这种形式的意义上来理解“正确”二字。

现在我们不妨问道，消费者剩余这一简单的标准比起获利性这个标准来怎么样。显而易见，只要变动是边际的，二者就是一样的。因此，只有假定，在一个纯粹竞争体系里，一种纯粹竞争性的工业增加一家企业仅仅导致产量的边际增长，纯粹竞争的“正确性”才会得到证明。这显然是不切实际的。“纯粹竞争”同任何新产品的生产都会发生矛盾，这一点也是显而易见的。因此，只有作出最不现实的假定，才能论证利润标准在**形式**上的确实性。

以上离开了本题，现在让我们回到消费者剩余这个简单的标准。它的主要缺点之一，在于它只是局部分析的结果。我们假定，其他地方物价不会因这一变动而发生显著的变化。需求曲线就是根据这个假定绘出的。人们往往忘记了这一点，于是这个标准变得好像具有比实际上可以讲得通的更为广泛的确实性。在什么条件下可以合理地假定其他地方的物价不会发生变化？一个可能性是假定分析只是为了长期，并假定长期成本不变是通则。这是不太讲得通的，而且我们已经指出引进长期考察的危险。一个可能的替代办法是假定考察中的产品在下述意义上与所有其他货物都没有关系，这就是，它的产量增加只能使任何其他货物的需求或供给曲线从而使它的价格发生极微小的变动。要素供给的增加——这会使生产可以按照计划增加——只能来自其他地方生产的边际。

然而，即使货物具有上述意义的独立性，我们依然需要假定，其他货物的价格等于边际成本（不是因为纯粹竞争占优势〔这是不可能的〕，就是因为一种集体主义经济是依据勒纳规则在运行〔这也是不可能的〕）。如果价格大于边际成本，那么其他货物产量的微小下降，就会造成利润或生产者剩余的微小减少，这种减少不会被消费者得到的任何益处所抵消。这个微小量不会是二阶的(second order)，因而它也许有显著意义。所以这种变动带来的消费者剩余[①]一定要大于其他生产部门生产者剩余（在上述意义上）的损失。我们一撤销价格处处和边际成本相等的假定，这一简单

① 为了简单起见，在将来，“从 A 得到的‘消费者’剩余”的意思将被认为是指“需求曲线下方的面积减去总成本”（而不是“减去所支付的款项”）。

的消费者剩余标准就站不住脚了——即使给定独立性。同样，利润标准也由于不完全竞争而变得无效了。例如，在价格一般大于边际成本时所创办的任何企业可能获得的利润，并不计它在别处所造成的生产者剩余的减少。另一方面，如果一家企业不实行歧视而获得利润的话，消费者剩余几乎肯定会有某种增加，而那也不是归它所有的；这也许会抵消别处生产者剩余的损失。因此，在一个不完全竞争的世界里，利润标准很可能比简单的消费者剩余标准更“正确”些；它抹杀符号相反的两个因素，这也许比单单抹杀一个因素要好些。但是，我们现在的假定当然是很不现实的。还应当注意，我们肯定不是在考察垄断工业新参加者的问题。十分明显，在那种情形下，我们就不能合理地假定独立性。

现在让我们把我们的假定倒转来，假设价格处处和边际成本相等，不过我们从事考察的货物不是独立的。为了简单起见，我们假定有一种近似的替代品，但是所有其他货物都和这两种替代品没有关系。[①] 于是提供新产品 A 将会使旧产品 B 的需求曲线移向左方，B 的产量将会下降。我们还假定 B 的边际成本不变，因而 B 的价格不致发生变化。这样，A 的需求曲线下方的面积还是有关系的，因为其他价格全都不变。从 B 得到的消费者剩余当然要减少，但是它和问题无关。认为我们应当考虑这种消费者剩余的减少，那就错了。这一点是不难理解的。B 的一些消费者将不会购买任何数量的新产品 A，但由于新产品 A 的出现，他们的消

① 我们不能真正地拿两种货物或三种货物作例子。那样一来，消费者剩余就变得毫无用处了。参看汉德逊：“公用事业的定价”，《曼彻斯特学派》，1947 年 9 月号，第 247 页，脚注①。

费者剩余也许要减少。不过他们的境况显然不会因这种新产品的出现而变糟,因为他们的消费完全不受影响。另一方面,那些确实开始消费 A 的人们都得到了益处,不论以前他们是否消费 B。他们的益处可以用从 A 得到的消费者剩余来"正确"地计量。由于限定 B 的边际成本不变,从 B 得到的生产者剩余将不会遭受损失。然而从其他独立货物得到的生产者剩余也许要遭受损失,这要看价格是否等于边际成本而定。于是我们得到和新产品是独立的、而价格和边际成本不相等时一样的标准;即是说,新产品应当投入生产,如果从它得到的消费者剩余大于别处损失的生产者剩余的话。再说一遍,认为利润标准没有简单的消费者剩余标准那么"正确"是没有理由的,因为后者忽略了别处损失的生产者剩余。如果我们说利润标准的意思是指"一种'理想'产量有利可图吗?"那么这个标准有可能会然而决不是肯定会低估生产新产品的"好处"[①]。在有巨大不可分性的场合,对"最适度"产量会造成一些损失。只要从 A 得到的消费者剩余大于别处损失的生产者剩余,在理论上就可以容忍一定的损失。如果我们说"有利可图"的意思是指"一个单纯的垄断者能够抵补成本"的话,那么,获利性当然就不大可能把"好处"估计过低。同样,后一标准有可能把"好处"估计过高。例如,这对加入垄断竞争的工业来说是可能的。因此,我们觉得,即使任何替代品的边际成本不变,人们也会确信只要价格处处和边际成本相等,简单的消费者剩余标准总是正确的。而且只有在这种情况下,人们才能够说,利润标准低估了提供新产品的好

① 在这里我说"好处"的意思是指"受益人能够超额补偿受害人的概率"。

处。不然的话，人们必须估量到从旧产品得到的生产者剩余的损失。

当我们把 B 的边际成本不变的假定撤销时，这个标准——消费者剩余减去别处损失的生产者剩余——依据马歇尔需求曲线下方的面积来表述就不再具有什么意义：因为绘制这一曲线所依据的假定站不住脚。

希克斯教授已建议[①]用一种方法把这种情况归结为需求曲线和边际成本曲线下方的面积，他建议一步一步地绘制这些曲线，假定在每一步上其他货物的价格可以进行调整，使之符合新产品产量的微小增长。就每一小步来说，只要价格和边际成本相等，则其他货物的产量变动总是微小的，而且是边际的，因而消费者剩余加生产者剩余之和不会增大，也不会减小：因为在每一步上，价格变动是无限小的，这就使生产者剩余因牺牲消费者剩余而获得有限的损益，然而两者合计的变动却是无限小的。这在形式上可以解决价格相互依赖所产生的问题，虽然它还是要依靠价格处处和边际成本相等的假定。

然而上述巧妙的构造容易遭受批评。首先，如果价格处处和边际成本相等的话，我们要么必须考察一个“纯粹竞争”的体系，要么考察一个“社会主义蓝图”的体系。让我们先谈头一个替代办法。在纯粹竞争体系里不会出现不可分性，因而希克斯教授所描述的逐步调整当真能够（确实会）实现。所以希克斯教授所做的看

① 希克斯：“消费者剩余理论的几种应用”，《应用经济科学院学报》，1946 年 12 月号，第 24 页。

来好像是依据需求曲线下方的面积来论证理论上纯粹竞争性的投资调整的“理想”——这是靠通常的局部分析做不到的事情，除非简单地把价格的相互依赖假定掉。但是，当然，实际上这样一种论证实在是不必要的。在没有不可分性和把价格作为参数的场合，第八章的普通边际分析就足以证明这一点了。[①] 现在让我们另行假设我们探讨的不是纯粹竞争而是一个“社会主义蓝图”的模型，这里有巨大的不可分性，然而价格却和边际成本保持相等；并假设我们是在考察一种不可分的变革（因为对任何其他变革来说都没有必要求助于消费者剩余理论）。那么，怎能画出希克斯的需求曲线呢？这一曲线的要点是表明种种不合理的“非最适度”产量可以卖掉的价格，给定其他货物的价格就是实际上提供这种种产量时将会出现的价格。人们要是揣测这样一条需求曲线下方的面积。那就显而易见，没有实际的验证方法能够证明他们错了；而且这种构造也不会有助于人们对受益人能不能补偿受害人这一点作出合乎理性的揣测。最后，我们当然还没有说明生产者剩余的损失，这种损失是会发生的，如果价格不是处处和边际成本相等的话。

以上有点错综复杂的讨论是不完全的，然而我认为它已经超过边际价值的零点，现在需要把它概括叙述一下。首先，只有在货物是独立的（或任何替代品都是在边际成本不变的条件下生产的）

① 在纯粹竞争理论中，我们明白地假设有一个不可分的要素——企业家——以便保证一家企业的长期平均成本到某一点总是要上升的。但对企业来说企业家虽不可分，对工业来说企业精神却被认为是完全可分的。企业精神的这种双重性质是必要的，因为纯粹竞争理论是要论证企业——它是一种工业的无限小的部分——和工业这两方面的理想产量。

且价格处处和边际成本相等的场合，消费者剩余这一简单的标准才是有效的。这意味着，它充其量只有在全部生产和交换的“最适度”条件都已得到满足的经济中才是有效的。其次，在这样一种经济中，我们只有靠希克斯的需求曲线——我们知道，它至少会遭遇到同样的反对意见——才能考察那些不是独立的货物，而且它们的替代品也不是在边际成本不变的条件下生产的。因此，除非价格处处和边际成本相等，否则消费者剩余理论是无用的，因为别处将会遭受许许多多无法估计的小量损失。唯一例外也许是产量完全要靠牺牲强有力的、边际成本不变的替代品来扩充的场合，在这种场合，如果价格大于边际成本，则别处损失的生产者剩余也许可以估计出来。

我们既不打算探讨补充性的情形，也不打算探讨某种货物的消失，不过要指出一点，即后者看来好像会带来比提供新产品还要麻烦的问题。这样，在我们限于考察提供新产品或旧产品的扩充生产是不可分的情况时，我们不妨说，似乎只有在下列情形下才能对某种形式消费者剩余标准的有效性，提出表面看来像是确凿的论点来。

(一)货物是独立的，并已价格处处和边际成本相等：

(二)有一两种适当的、边际成本不变的替代品，在这种情形下，别处损失的生产者剩余也许可以估计出来。

然而这也只是表面看来像是确凿的事例。一个明显的事实是，需求曲线下方的面积是无从测度的。谁都要在极广大的范围内揣测消费者剩余标准会不会得到满足。当然有人会对揣测无论如何是小可能避免的这一点提出反对的意见。在事前，获利性也只是一种揣测。人们会说，如果消费者剩余提供一个正确标准的话（当然，除极特殊的情形而外，它的确不曾提出这样一个标准来），那么，对这一标准进行揣测而不对获利性进行揣测肯定要好些。至少让我们揣测某种事物，假如猜对了，它会给予适当的答案。这种辩解[①]似乎是合理的，可是文不对题。获利性当然不是"理想"的（极特殊的情形仍除外），然而人们至少事后知道他有没有猜对。消费者剩余标准带来的巨大麻烦就在于人们甚至事后也不知道这个标准是否得到满足。事实上，坦白地说，它根本没有为我们提出一个标准来——或者，如果说它提出一个标准的话，那也是一个在极广大范围内任凭人们解释的标准。

对于上述反对意见，我们不妨补充说，在这一章我们一直假设各个人全都是"经济人"，他们决不会死：因此，在把整个福利体系应用到现实世界时所发生的重大困难必须加到同消费者剩余相联系的特殊困难上面。即使这样，我们也只是利用这个理论来估计"受益人"能不能超额补偿"受害人"，而忽略掉要素的损失与租金（即假定工作的数量与性质是完全可分的）、外部经济与不经济以及实际收入的分配。

我们的结论是，消费者剩余是完全无用的理论玩具。在这一点上，我们一定不同意希克斯教授的结论：

> 但是，为了表明消费者剩余不单纯是经济学中的玩具——一种古董——我们已经谈得够多了。它是经济学的一个重要分支的基础，马歇尔、埃季渥斯和庇古钻研这个分支取

① 参看勒纳：《统制经济学》，第198页。

> 得了极大的成功，在以往二十年中它却令人吃惊地被忽视了，现在迫切需要在更广阔的基础上重建起来。毫无疑问，它依然能够取得重大进展的；如果经济学家要在制订适合新时代的经济政策准则方面发挥他们的作用，这些准则必须建立在消费者剩余的基础上。[①]

希克斯教授本人钻研这一经济学分支取得了极大的成功。但就消费者剩余不能为我们提供任何实际的客观标准的意义说，它仍然是一个玩具。我们并不否认，在少数理论问题中，我们能够(譬如说)把从 A 得到的消费者剩余的增加(要想象为需求曲线下方的面积减去总成本的面积)同生产 B 的另一家企业的生产者剩余(要想象为利润)的损失进行对比，然后这个概念会帮助我们对问题的性质获得想象中的了解。事实上，它在有限范围内作为启发手段还是有用的——只要人们把它的限制条件作为限制条件来理解就行了。人们公认，在谈到一个人也许愿意对某种东西支付比他必须支付的更大一些的代价这个事实时，以及指出某个人对某种东四支付的款项不能认为是衡量它提供给他的满足的尺度和一宗货物的价格不能认为是衡量它的重要性的尺度这个事实时，它也是一个有用的词语。但是我们不能越此雷池一步。

虽然希克斯教授"恢复"了消费者剩余，萨缪尔森教授却不厌其烦地证明它是"不必要的"。他说它的不必要性如下：

> 如果统一的价格不能维持企业活动，那就应当容许价格歧视吗？生产差别产品的企业的家数应当减少吗？要怎样减

① 希克斯："恢复消费者剩余"，《经济研究评论》，1940 年。

> 少？某一小工业应当靠赋税或津贴来扩充或收缩吗？等等。撇开它们与本题无关的个人相互间的方面不谈，这一切问题都能更方便地（和更老实地！）依据消费者序数偏好域来解答。[①]

这一段话是有点不可思议的。它不仅意味着所有的个人都是“经济人”，而且意味着我们发出一份每个人的“偏好域”。我们必须假定萨缪尔森教授关心的只是在一个假想的社会里生产假想的差别产品的假想企业的家数要不要减少的问题。这样，回答的确是容易的，即：“是的，如果假想受益人被想象为要超额补偿假想受害人的话”。我们会欣然同意消费者剩余在形式逻辑上就是剩余，然而这个理论的要点肯定是要确定一个实际标准。总之，我们已经决定在那一水平对付它的论点，并且证明它彻底失败了。不过那是另一问题。

后来萨缪尔森以略微不同的方式争辩说：

> ……现在发生一宗商品是不是应当生产的问题。如果是要生产的话，边际成本条件……就应当得到满足，但在什么都不生产的场合最大量也许会更大些。在这里极端见解会陷入进退两难的境地，于是平常的等式一定要被不等式取而代之。这就涉及长远的决定；我们不能一步一步摸索到最适度，而要大胆地试验各种不同的组合。在关系到这种“全都或全不”现象的场合，事物往往在好转以前会变得更糟些，所以零星的决定是不够的……在涉及这种有限决定的情形下，我们一定要

---

① 《经济分析的基础》，第 197 页。

> 问消费者(或罗宾逊·克鲁素)某一既定的商品品种少而数量多是不是比另一种情况即商品品种多而数量少好一点。[①]

在上面一段话的一个脚注里,萨缪尔森教授补充说:

> 在某些特殊情形下,不妨用消费者剩余来描述有限的不等式。然而这种情形是罕有的,无论如何,如果我们使用直接方法,我们的处境就会变得好些。

我们的分析同这个脚注是吻合的。几乎没有什么理论问题可以适用消费者剩余标准。但是,如果我们使用直接方法,我们的处境就会变得好些,这个说法是莫名其妙的,有哪些直接方法呢?我们恐怕无法举行一次公民投票来回答某一企业应不应当关闭的问题。上面一段引文很精彩地叙述了不可分性的问题。但下面这一点有点难以决定,就是,萨缪尔森教授是不是在探讨现实世界,或者他自己是不是沉迷在他所认为的一种坏习惯——把数学意译成比喻。例如,当他说"我们不能一步一步摸索到最适度,而要大胆地试验各种不同的组合"时,他是在说微积分不能应用到有限变动吗?——或者他是在建议,一个适当步骤是(譬如说)大胆地把所有商店关掉四分之一,然后看看这个国家是不是变得更快活些——如果它没有变得更快活些,那就恢复原状?许多经济变革不付出巨大代价就不能扭转来。那么,我们为什么要大胆地而不要慎重地行事呢?当他说我们一定要"问消费者"时,他的意思当真是说我们要使消费者投票表决一切不可分的动议吗——或者他只不过是说,在理论的演算中,只有依据"无差异图"来求得形式的

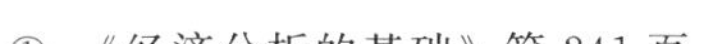

① 《经济分析的基础》,第241页。

答案？看来情形大概是这样，萨缪尔森教授是在把数学意译成比喻，而不是试图帮助人们寻求任何实际的解答。

获利性是和任何所谓消费者剩余标准大不相同的，它实在是一个标准。如果目的在于利润，一家企业是抱着利润目的创办起来的，那么，我们至少可以断定它有没有达到它的目标。获利性容易检验，并且在估计利润时也有可能取得经验。这里依然存在着这个目标不够“理想”的事实，也存在为了获得利润而必须运用庞大的垄断权力的事实。这一点就它本身来说并不是一个反对意见，因为人们也能估计因进行这种变动和采取某种价格政策而产生的损益，并从这种估计吸取经验。在极端情形下，例如在实行不收费的价格政策下，当然不再可能采取这一类的客观标准。我们在这一章不希望钻研更实际的问题，只不过要指出一点，即如果放弃获利性（加上或不加上一些条件）这个进行有限变动的标准，那就没有一个确定的、一般可以适用的规则可以取而代之。

我们应当注意，进行有限变动的任何标准在形式上都是和所谓工厂的“最适度”利用无关的，这个工厂的建立，譬如说，就是有限变动.然而实际上它并不是完全无关的。让我们假设一种变革已经决定推行，如果一个明智的生意人估计它能够带来利润的话（假定他可以随意采用任何产量与价格政策）。这样，如果我们那时要进行这样一种变革，同时却硬要贯彻某种价格政策，例如免费供应货物，那么，我们就无法验证这个生意人是对了还是错了。利润变成了假想的利润，它再度成为人们的揣测。

在下一章我们要进一步处理上面提出的一些实际问题。在摆脱获利性问题以前，弄明白这一点也许是值得的，即对于利润作为一个标准，在理论水平上有没有许多赞成和反对的意见可以（大体）谈谈。一种投资经过获利性试验可以说是合格的，如果一个精明的生意人能够不靠价格歧视或者仅只靠轻微程度的价格歧视来赚取利润的话。我们再拿提供新产品作例子，首先要假设这种货物没有近似的替代品；又假设价格大于边际成本是通例。于是我们遇到这样一种情况，即这个生意人无法攫取一些消费者剩余（这是一种"收益"），可是他也不顾别处生产者剩余的"损失"。由于这是一些互相抵消的因素，显然不能证明生意人的决定是"不正确的"。同样明显的是，我们也无法证明它是"正确的"。让我们拿一家新企业参加垄断或寡头垄断竞争的工业作为第二种情况。根据定义，价格要处处大于边际成本。为了能够依据消费者剩余来进行论述，我们假定有一常规价格（或边际成本是不变的和总利润差额是正常的）。于是我们还是遇到这样一种情况，即这个生意人无法攫取一些消费者剩余，但是他也不顾在别处造成的生产者剩余的损失。我们还是无法说开办新企业是"正确的"或是"不正確的"。的确，只有在价格处处和边际成本相等的世界引进一宗独立货物这种完全不切实际和不可能的情况下，才能证明利润标准是"不正确的"。同样，我们当然也决不能证明它是"正确的"。

我认为，不论赞成还是反对上面提出的标准，都提不出可以应用到现实世界的一般理论论点来，现在为了表明这一点已经谈得够多的了。而且，对一大堆可以替代的标准来说，情形也是一样。我们的整个体系不仅是太不现实，而且使我们纠缠在这么多无法进行客观测度的量值上面，因而设想它能使我们对各种可以替代的标准进行合理挑选，那是毫无意义的——除非在理论水平上，这样一个标准显得荒谬绝伦。结论是明白的。投资决定的最好标准在广大范围内一定是在动态与管理水平上确定的,而不是在静态福利理论水平上确定的。

第十一章　国营企业的产量与价格政策

这一章是关于应用福利经济学的一篇短论。我打算评论和探讨一下其几篇参加边际成本论战的论文。在一个混合经济中，公用事业应依据边际成本定价这一建议最初仿佛是霍特林教授在他的一篇文章《和赋税以及铁路与公用事业收费问题有关的一般福利》中提出来的。[①] 勒纳教授在他所著《统制经济学》一书中也考察了混合经济，不过他假定私营部门普遍实行纯粹或近乎纯粹的竞争。在第二次世界大战后，人们显然受到这些文章的鼓舞而广泛展开了对这个问题的讨论。[②]

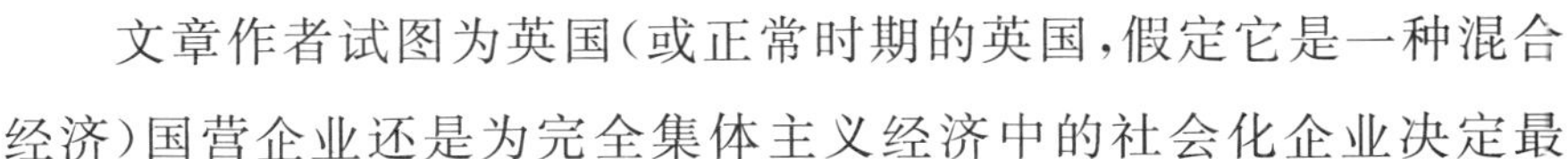

文章作者试图为英国（或正常时期的英国，假定它是一种混合经济）国营企业还是为完全集体主义经济中的社会化企业决定最

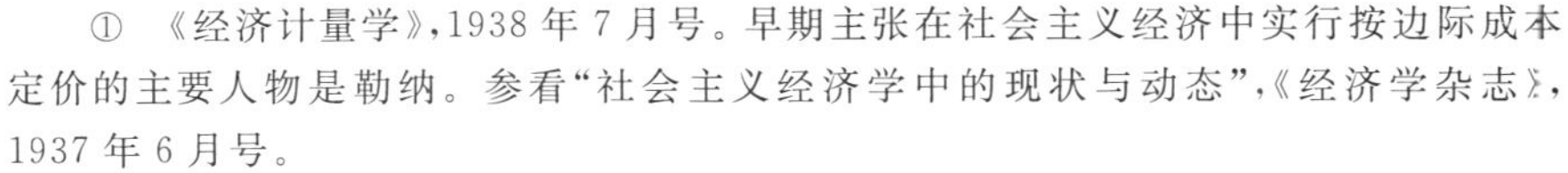

① 《经济计量学》，1938 年 7 月号。早期主张在社会主义经济中实行按边际成本定价的主要人物是勒纳。参看“社会主义经济学中的现状与动态”，《经济学杂志》，1937 年 6 月号。

② 下面是这些文章的精选书目。（没有必要标明题目，因为下列文章谈的是同一论题。）米德与弗莱明，《经济学杂志》，1944 年 12 月号；威尔逊，《经济学杂志》，1945 年 12 月号；寇斯，《经济学报》，1946 年 8 月号；刘易斯，《经济学报》，1946 年 11 月号；诺里斯，《经济学报》，1947 年 2 月号；汉德逊，《曼彻斯特学派》，1947 年 9 月号，又《经济研究评论》；第 16(1) 卷，第 39 期，1948—1949 年。以后将把最后两篇文章简称为汉德逊（《曼彻斯特学派》）与汉德逊（《经济研究评论》）。

适当的价格与产量政策，这一点并不总是十分清楚的。我们要假定问题所涉及的是在目前赋税条件下私人企业占统治地位的经济中相对小量的国营企业，特别是英国经济。

人们马上会想起两件明显的事实。首先，在别处价格并不等于边际成本；其次，边际赋税是沉重的。我们已经看到，在这种情况下，纯粹理论不能作为指南。[①] 按边际成本定价的想象中的最适度性质取决于所有“最适度”条件到处得到满足。有一种趋势认为，如果可以假定在别处价格大于边际成本，正确的政策是使价格和边际成本的比率等于别处占优势的平均比率。然而这并没有理论上的根据，即使人们能够有把握地假定，劳动供给不会随国有化工业的价格与产量政策的任何变化而发生变动。[②] 这一点是不错的，即给出这个假定，如果要素从价格和边际成本的比率较低的生产单位移入这一比率较高的生产单位，则额外增产的货物的价值就要大于减产货物的价值。但是，除非依据所有企业都只雇用原始的生产要素并只生产最后货物这种不现实的假定，否则这不一定意味着国民收入将会增加。[③] 然而这是没有保证的，即使国有化工业的比率移向整个经济中占优势的平均比率的结果，统计下来，是要素移向价格和边际成本的比率较高的部门。这是因为要素流动的方向要受各种不同货物的可替代性的支配。只有在某一价格和边际成本的比率在整个经济中是最低的场合，我们才可以推定，把这个比率略微提高一些就会产生上述效果。同样，纯粹理

① 参看本书第九章后半部分。

② 参看本书第九章。

③ 参看本书第九章。

论也不认为使这个比率等于平均比率**不**是一件好事。总之，这一切都是纸上空谈，因为没有人知道整个经济中的平均比率是什么。

几乎所有参加这次论战的人都不曾注意到，一般讲来，这个理论并**没有**下结论说，价格应和边际成本相等。甚至像刘易斯教授和寇斯先生那样反对按边际成本定价的人似乎也认为，产量——会是按边际成本定价的结果——在某种意义上会是理想的。汉德逊是例外[①]，他争辩说，价格（在理论上）应当大于边际成本，但边际成本是零的情形除外。边际成本为零这个特例将在后面加以论述。

正统理论不过如此。我们早先已经说过，除非至少假定这不致引起不利的收入再分配，否则不能得出福利结论来。在所有参加论战的人当中好像只有霍特林教授[②]和寇斯先生[③]认真考虑过实际收入的分配。霍特林教授显然认为，按边际成本定价政策，与通过一般赋税弥补间接费用相结合，不致对分配产生显著的影响。因此，他说，各色各样的公共工程将会进行下去，而“在分配方面的约略随机性足以保证这样一种利益分配，使全国各地大部分人的境况都会因整个纲领而变得好些”。[④] 这个论点是我们所谓希克斯对抹杀收入分配所提出的辩护理由的（预先）应用。寇斯先生不同意这样产生的分配应当略而不论的见解。下面这一点肯定是显而易见的，即一些人将缴纳更多的赋税而获得很少好处或者没有

① 《曼彻斯特学派》，1947 年 9 月号，第 242 页。

② 同上书，第 259 页。

③ 《经济学报》，1946 年 8 月号，第 176—177 页。

④ 《曼彻斯特学派》，1947 年 9 月号，第 259 页。

得到好处。然而扩大眼界来看，人们就不至于说，分配将会发生一种也许可以叫做激动人心的变动。但是我们一定要记住，分配影响不仅一定是微小的：相对受益人在多大程度上能够超额补偿受害人来说，它们也必须是微小的。要在这个意义上说分配影响将是相对微小的，就困难得多了。

寇斯先生的含义是说，任何再分配的影响都是糟糕的，因为他预先假定了一种"理想"的收入分配。我们在上面说过这个预先假定是没有意义的，而且是危险的。如果再分配的影响并非是微不足道的话，那就要认为，它要么是有利的，要么是不利的，因而可以用作赞成或反对按边际成本定价的论点。寇斯先生还针对霍特林教授争辩说，补偿是不能支付的。获得好处最多的人将是那些享用公用事业最多的人：正像寇斯先生正确指出的，普通赋税程序不能用来进行这样的收入再分配，即把收入从那些在平均成本递减条件下所产货物的消费者转给所有其他消费者。① 他主张实行多档价目，因为它们不致引起显著的收入再分配。而且间接费用可由消费者剩余来抵付，因而工作—闲暇的"最适度"条件不致因一般赋税增加而受到进一步的破坏。同一论点也可在较小程度上用来支持间接费用靠地方税来弥补的主张。②

汉德逊也考虑到收入分配。他曾引证霍特林—希克斯对抹杀收入分配所提出的辩护理由，可是，他好像大体上同意寇斯先生的意见。他写道：

① 《经济学报》，1946 年 8 月号，第 178 页，当然，总合税的计划在理论上能够破除这种困难。可是这样一来，总合税既不常见，也不切实际。

② 参看汉德逊：《曼彻斯特学派》，1947 年 9 月号，第 239 页。

> 事实上，在大多数国家，我们听到人们抱怨说，国家在这方面的救济是用整个社会负担的额外赋税来使某些地区或某些阶级得到好处。这种指责几乎是无法反驳的，不论它们是否有正当理由，人们对这样一种几乎肯定会触怒他们的政策，总是有一些反对意见的。①

这好像是把收入分配作为经济福利以外的东西引进来，只能认为它是政治上的权宜手段。但是，正像我们曾经着重指出的，收入分配问题在逻辑上要先于理想产量问题。我们还应当注意，汉德逊提到的那种抱怨，与其说是对收入分配的抱怨，倒不如说是对政府待遇不平等的抱怨；或者它们也许是从"谁得到好处谁就应当出钱"这样一种见解产生的，这是与收入分配意见无关并很可能同它发生矛盾的一种伦理见解。毕竟，这种主张是十分可能的，即 A 应当出钱，因为他得到好处，但不必出钱，因为他穷。

这就把我们引到刘易斯教授的文章。这篇文章是特别有趣的，因为它引进了道德论点，这种道德论点依据我们用以解说"经经"二字的意义时所依据的意义来说，是不属于福利经济学的范围。依据定义，在经济福利的标题下，我们仅只研究每个人获得的各种物品的数量，以及就每一种物品来说，他应当得到多少。然而刘易斯教授感兴趣的却是一个人为什么获得他实际得到的那些东西的道理。他仿佛把一个人应当获得的数量同他在整个经济中所起的作用联系在一起了。这是近年来已经过时的看法。福利理论明白告诉我们说，一个人应当获得他的边际产品的价值，但不认为

① 汉德逊：《曼彻斯特学派》，1947 年 9 月号，第 230 页。

他在不纳税时所能消费的数量应同他的边际生产率或别的什么东西联系起来。福利经济学家在考察收入分配的场合，通常似乎认为“理想”的分配是和各个人所做的工作量或他们所担负的风险等等完全无关的。

刘易斯教授说，要是价格和短期边际成本不相等，那么，特定设备就没有利用到应有的程度。所以他仿佛和大多数其他参加论战的人一样错误地认为，使边际成本和价格相等的产量从表面看来像是确定不移的。不过他断言“理想”产量也有一些害处可以和它的好处进行比较。他说，设备能力如有过剩，那么使价格等于“直接可以避免的”（短期边际）成本也许意味着，需要更新的一部分设备将得不到折旧提成。于是短期边际成本会小于长期边际成本。为什么这是糟糕的事情，他只举出一点可以应用到国营企业的理由。他写道：

> 这种移转给消费者的收入，是他从来意想不到的一种礼物，他对这种收入并不享有特殊权利，而且他只是在设备继续过剩的时候，才暂时取得这种收入的。[①]

因此刘易斯教授似乎认为一个消费者对他所消费的任何东西都应当支付全部长期平均成本。依据定义，这是和我们的经济福利概念没有关系的一种价值判断。这丝毫不意味着这样的价值判断应当略而不论。相反，它们也许是很重要的。毋庸置疑，人们确是依据“X 有权利得到 Y 吗”，“X 有要求 Y 的权利吗?”，“Z 是一种公平价格吗?”，“我为什么要为斯密的假发付出代价?”等等来思

① 《经济学报》，1946 年 11 月号，第 237 页。

考的。这些道德观念也许是和财产或劳动价值论联系着的(从根本上讲,劳动价值论本身就是一个财产概念。一个人对于他曾经"把他的劳动凝结在里面"的一切东西享有一种特权,一种财产权或所有权)。这些道德概念也许不适于作任何特殊的分类。然而无论如何,它们在决定什么政策是正确政策时总是要起重大作用的。它们是福利的论点,尽管依据我们的定义,它们不是经济福利的论点。

撇开长期可分的和可以避免的成本(长期边际成本)不谈,刘易斯教授还争辩说,"如果消费者保有这些资源是有正当理由的话",那么可以避免的、**不可分的**成本就应当得到补偿。[①] 我们又得出同样论点。必须注意,虽然刘易渐教授像寇斯一样利用这一论点来支持多档价目或价格歧视,他的论证根据却和寇斯先生不大相同。后者关心的是理想的实际收入分配。我们曾经指出,刘易斯教授关心的,与其说是消费者消费的数量(他从没有提过实际收入分配),倒不如说是他们消费他们实际消费的一些东西的**权利**。虽然他赞成价格歧视,但是他也认识到,在某些情况下,价格歧视会被认为是不公平的。举个例子:

> 一个必须过杜普桥去探望他那临终的父亲的人被剥夺了一切;而一个仅仅希望观看另一边景色的人则泰然自若地离开了。公众对价格歧视所抱的态度不可能有合理的解释。概括地说,他们不喜欢歧视,然而特殊情形是可以容许的。医生、政府或电力事业实行以收入为转移的差别对待,零售商也

① 《经济学报》,1946年11月号,第239页。

> 惯于实行这种差别对待，但若现在面包商或公共汽车售票员试图这样做的话，它大概会引起人们的愤慨。在铁路方面，对于不同商品可以随意实行差别对待，然而对于同一商品的各种不同包裹却做不到。[①]

但是刘易斯教授继续写道：

> 在有可以避免的、不可分的费用要取得补偿的场合，歧视问题是显而易见的。它保证了接近最适度的产量，并向那些因把不可分的资源保留在这一生产部门而获得最大利益（用他们的消费者剩余来衡量）的人们征课不可分的成本费。

但是，为什么问题那么明显呢？赞成价格歧视的论点有两个。第一，可以想象得到，受益人能够超额补偿受害人；其次，得到好处最多的人就是出钱最多的人。然而也有反对价格歧视的论点，这就是，“人们应当得到同等待遇”，即“不应当有歧视”。结论取决于人们对这些论点的权衡。如果像我们已经说过的那样，一般地说受益人能够超额补偿受害人这个结论几乎总是极端靠不住的推论这一点是不错的，那么，人们对价格歧视的厌恶也许会胜过谁得到好处最多谁就出钱最多的论点。

也许还有不可避免的成本。如果价格只够补偿可以避免的成本，那么事业就将发生亏损。刘易斯教授争辩道，这一点是没有道理的，为什么单单资源已经专业化（也就是某些费用已成过去）这一事实就应当迫使投资者或任何人（如纳税人）来担负这种费用，而那些消费者则除外，这些资源就是为了他们的利益而变成目前

① 《经济学报》，1946 年 11 月号，第 7 页。

形式的。只有在过剩生产能力是由于预见错误而存在的场合，投资者（或纳税人）才应当承担某种损失；价格依然要补偿永久性资产中正在使用的部分的成本。最后，他还提出一个论点，就是，价格迅速变动这种讨厌事儿，其重要性也许胜过随时调节供求这一优点。于是他得出结论如下：

> ……价格不应当不规则地发生波动；它应当补偿的，不仅是短期而且是长期边际成本；不仅是长期边际成本，而且是可以避免的、不可分的成本（最好是通过价格歧视来补偿）；不仅是这些成本，而且一切可能通过价格歧视从消费者剩余中榨取出来的无法更新的资产（但以这种费产实际使用的程度为限）。[①]

但是刘易斯教授是怎样权衡他的各种不同论点，得出这一结论的呢？看来是如此，他认为，即使歧视是不可能的，价格也应能补偿长期边际成本以及可以避免的、不可分的成本。这样，他显然认为，谁得到好处谁就应当出钱的论点胜过理想产量的论点。（刘易斯教授明白地把无法赚得折旧提成本身看成是赞成补偿这些费用的一个论点——但就公用事业来说，为什么这是一个论点呢？他没有说明理由。）我们还可以推断，这个论点，与理想产量相结合，能胜过人们对歧视可能产生的厌恶情绪。最后，他好像暗示说，无法更新的资产，除非由消费者剩余来抵补（当这种资产应予补偿时），否则是用不着补偿的。赞成补偿永久性资产的两个论点是：（一）谁从资源专业化得到好处谁就应当出钱；（二）投资者（大

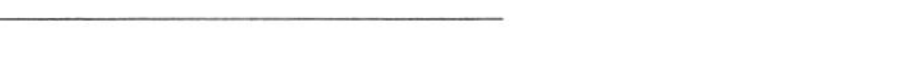

① 《经济学报》，1946 年 11 月号，第 246 页。

概还有纳税人)只能由于预见错误才应当担负损失。[1] 但没歧视是不可能的。那么看来它的含义是:永久性资产用不着补偿,在这种情形下,上述两个论点就被推翻了。被什么推翻了呢?显然只是被理想产量的论点所推翻。因此,当我们从可以避免的、不可分的成本进到不可避免的成本而对各个论点权衡轻重时似乎存在着一种不曾说明的改变。

我和其他许多人以为刘易斯教授的某些价值判断是可以接受的。在它们是可以接受的这一范围内就可推定,经济福利计算,连同它那有限的价值前提,不足以决定我们试图决定的那一类问题。值得注意的是,汉德逊在他概述这次论战时[2]忽略了这些超经济的价值考虑,使自己的注意力局限于我们解说过的经济福利。我们所以要谈这一点,是为了强调我们的一种见解,就是经济福利计算,即使为了应用起见给定所有必要的价值判断,也不是一个适当的工具。还应当注意到,有许多人要说刘易斯教授所提出的考虑是**经济**方面的考虑。

我们现在必须考察对按边际成本定价进一步提出的一些反对意见。正像我们在前一章中提到的那样,实际上,不能把人们所采取的产量与价格政策看做是与投资标准无关的。威尔逊先生在下面一段话里指出了这一点:

> ……这样,在理论上人们必须退而依靠消费者与生产者剩余,并从事一种愉快的游戏,这就是测度一系列曲线下方的

① 《经济学报》,1946 年 11 月号,第 246 页。

② 《曼彻斯特学派》,1947 年 9 月号。

面积。不幸的是，这样一种步骤……会产生大量不同的答案，随便哪一个别有企图的人都能在这些答案中任意挑选。要获得任何一种近似答案，唯一方法或许是考察这样一种情形，即：如果一种事业系由垄断经营的话，有没有可能补偿全部成本。这就是垄断资本家自己必须做出的那种预测，因而料想可以得到一个大致不差的答案。然而有这么一点区别。因为垄断资本家至少要力图剥削到这种程度，所以他会对他的预测的准确性进行某种检验，而根据勒纳"规则"[①]经营的社会主义事业是根本无法进行检验的，因而无从积累垄断资本家所具有的一些经验。[②]

也许有人会说，新投资问题是不会发生的，因为，如果产量要一直调节到价格和边际成本相等为止，而在那一产量下边际成本小于平均成本的话，那么从同一设备总能够获得更大的产量。不过这只有在投资是为了在同一个市场上提供更多的同样货物的场合才适用。例如，人们不能说建造另一条轮船或行驶另一列火车是错误的，因为在已有的轮船和火车上还有空的铺位或座位。上述反对意见对一单独市镇或区域的煤气或电力供应也许是适用的。但是，即使这样，如果人们正在考虑把这种服务扩大到一个新的但同样的市场，那么，了解这种服务在原地区能不能换回成本，是很有帮助的。如果人们不晓得是否要在格拉斯哥建造一条地下铁道，那么知道在伯明翰经营的一条地下铁道是否赚钱，肯定是有

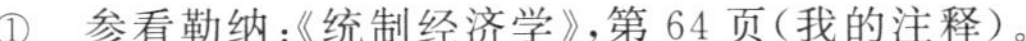

① 参看勒纳：《统制经济学》，第 64 页（我的注释）。

② 《经济学杂志》，1945 年 12 月号，第 458 页。

帮助的。因此,我们要是考虑一般的国有化事业的最适当产量标准,我们一定不能把注意力局限于提供纯一产品的公用事业上面,因为它们已经获得相当充分的发展,没有很多新的领土可以征服了。

威尔逊先生的论点,特别是同那著名的"摩天大楼"的论点结合起来,无疑为社会化事业的经理人员捞回总成本提供了一个强有力的办法。这是一个强有力的论点,因为除了获利性以外别无其他可以采取的实际标准;并且因为投资错误的结果比既定设备不能经常提供"理想"产量所造成的损害要大得多,即使假设在现实世界中有"理想"产量这么一回事情,并且"理想"产量如果有的话,它可以在实践中被发现。

我们还提出了效率问题。[①] 我们所说的"效率"是指在既定设备与协同生产的要素的既定价格下使一定产量达到最低成本的效率。汉德逊不考虑管理效率,因为"所有公用事业的定价制度都摒弃了利润动机对效率所提供的自动刺激"。[②] 这一点就它本身来讲似乎不是一个适当理由。因效率差而被解雇,这很可能是一种刺激。在这种情形下,各种不同制度就能在理论上依据它们能发现上述意义的无效率的程度来加以评价。不过汉德逊也许是对的。不论采取什么制度,管理效率只能表现在成本方面。在这个领域里,高昂的成本往往不能在损益账上表现出来。另一方面,也许有人会说(可能是有些理由的),津贴(即使它是固定的)有使经

① 参看米德与弗莱明的文章,载《经济学杂志》,1944 年 12 月号,第 323—324、335—337 页。

② 《曼彻斯特学派》,1947 年 9 月号,第 234 页。

理人员认为成本的关系不大和对效率漠不关心的倾向。而且，这一点是十分可能的，即获取最大量利润的指令要比（譬如说）捞回平均成本的指令（尤其在捞回这些成本是非常便当的场合）更能刺激效率，虽然赚得的利润对经理人员没有直接好处。

诺里斯先生提出了共同成本问题（然而这在公用事业中也许是例外）；于是边际成本变成不确定的；并且，即使产品只有一种，也无法非常精确地决定边际成本。[①] 刘易斯教授还提出了一个重要论点，就是边际成本也许包括有某种使用者成本。[②] 汉德逊评论过这一点，他强调指出，使用者成本涉及对不可知事物的猜测，于是边际成本不再是一个客观的量度，而部分地变成对未来的推测了。他补充说：

> 我觉得，毫无疑义，边际成本原理由于行政上的困难，不能成为定价的唯一的或主要的原则。它不能提供一条明白而不含糊的原则，因而检查人员要强制实行是不可能的。[③]

反对按边际成本定价的一般道理显然是颠扑不破的。所有论点，甚至有点含糊的纯理论的理想产量论点，都反对它。一般来讲，没有什么赞成它的话好说，不过在特殊情况下，也有一些论点可以说对它是有利的。首先，不难想象，实际收入分配的论点或许被认为是有利的。只有在某种公用事业所产产品的消费者多少是和某一社会（或收入）阶级（或集团）符合一致的场合，才可能有这种情形。然而这种情形也许会发生。例如，也许有人希望实行有

① 《经济学报》，1947 年 2 月号，第 58 页。

② 同上书，1946 年 11 月号，第 232 页。

③ 《经济研究评论》，第 16(1)卷，第 39 期，第 17 页。

利于不发达地区居民的实际收入再分配。根据边际成本收取电费将会取得这种效果。其次,在某种情况下,理想产量论点也许是有利的。在边际成本为零时,就是这种情形。边际成本为零,意味着,有关货物不能转变为任何别的东西。这就不致发生因其他货物的价格和边际成本不相等而引起的复杂情形。而且在边际成本为零时,所有其他生产和交换的“最适度”条件也不需要得到满足。如果边际成本等于零,人们就能够十分有把握地说,简单地把价格降低就可以使某些人的境况变好,而不致使任何人的境况变糟。一般人都承认,由于替代效应和收入效应的关系,别处生产将会发生某种微小的变动。但是这种推论的脆弱性至少比在边际成本不是很小的场合要小得多。

应当注意,零或近乎零的短期边际成本是很普通的。我们不妨举博物馆、公园、桥梁、铁路客车与公共汽车、广播、自来水有时甚至公路(这肯定是在交通不拥挤的情形下)作为例子。人们马上会想到,这些设备大多数在边际上已经是免费供人使用。人们通常参观博物馆,逛公园,过桥和饮水,是用不着花钱的。无线电的执照费并不随人们收听的数量而改变。公路是免费的,坐汽车的人除外,他们在直接使用时要以汽油税的形式支付小额费用。对步行和骑脚踏车的人来说,它是完全免费的。这大概是因为常识的价值判断是支持按边际成本定价的:“肯定应当让人们尽量随意使用某种东西,如果它不花费成本的话”。我们不妨问道,为什么运输总要成为例外呢?如果一辆公共汽车、火车或一艘轮船在行驶中有半数位置空着,那么运送额外一位乘客几乎就用不着什么花费,没有比这更明显的事情了。答案一部分在于供求相等。博物馆、公园和桥梁往往不会人满。广播的容量是无限大的，它决不会得到充分利用。在边际成本为零时，从理论上讲，定价规则是“降低价格直到服务得到充分利用为止——必要时下降到零”。这对公共汽车或火车来说几乎是做不到的。每一个人都要等到价格下跌的最后关头，那时节将会发生可怕的争先恐后情形。在火车停留的每一站举行拍卖显然是行不通的。同样，如果免费运输，那就没有标准可以断定什么时候进行不可分的变动——即开驶另一辆公共汽车或火车——是可取的或是不可取的。而且“理想”也不会实现。迫切需要旅行的人往往会被那些乘车兜风的人挤掉，后者如果多少要花一点钱的话，原是不会旅行的。

管理上的不可能、不断波动的价格和任凭经理人员随意决定大量微小的然而是不可分的变动，这三者的结合使得运输方面按边际成本定价成为不可能的事。应当注意，那些认为公路—铁路问题可以依据边际成本原理来解决的人并没有考虑真正的边际成本。他们把成本扯平到某种程度上，从而忽略掉某种消费者剩余。这样做显然是正确的。然而它意味着，这类问题的最好解决办法是判断问题而不是利学原理问题。例如，汉德逊写道：“……虽然定价制度是这样一种制度，它使公路收费比较低一些，但在边际成本比公路运输低的场合，迫使客货经由铁路运输的企图会造成无效情况。”[①]他的意思是说，铁路每年可以额外载运十万个乘客，其所需每人平均额外成本比经由公路旅行的每人平均额外成本要小。如果我们真的遵守短期边际成本原理，则公路—铁路问题肯

① 《曼彻斯特学派》，1947 年 9 月号，第 241 页。

定不会得到解决。在这一类事例中，人们只能在极广泛的和在理论方面是不正当的意义上来理解“边际成本”。

这样，我们就只剩有水、博物馆、公园、广播、公路和桥梁这一类东西。它们在边际上是免费使用的，在公路上行驶汽车除外。反对免费使用它们的论点是：(一)没有标准可以断定什么时候要建造更多的博物馆、公路等等；和(二)它们的成本也许对边际税是有关系的。如果这一类东西是靠地方财政提供的，则开发过度的危险不会很严重。纳税人是要讲话的，到头来这个区域的人口将会减少。边际税也不致因此增加。就广播来说，这种危险也很小，并且成本还是由消费者负担(这种负担要大于成本)。而且，就这些事例当中许多事例来说，在许多人的心目中，更广泛的福利和文化考虑将会证明一种开发是正当的，而这种开发却不能用任何纯粹经济的论点来辩解。公路问题要困难些。它没有任何适当的标准，这会导致开发不足或开发过度。实际上，在英国，那里有些事情是靠中央预算资助的，在政治情绪没有强烈地鼓动起来的场合多半会产生开发不足情形。在自行筹措投资资金的场合，更可能出现的是开发过度，并且这种事业在依靠公众的消费者剩余来筹款方面可以比其他事业居于优先地位。但若需要对公路投资实行某种限制的话，那么，把投资限制在车辆税和地方税以便靠消费者剩余来筹措资金就能够做到这一点。这当然没有回答这一问题：“应当从 A 到 B 建造一条特别的新公路吗？”理论的答案至少需要估计这条公路所提供的消费者剩余以及铁路方面所损失的生产者剩余。在这里没有相当的定价制度能够提供一个机械的投资标准。因此看来情形好像是，投资标准的论点不能用来反对一个免

费的公路体系：虽然，荒谬地说来，如果可取的开发因中央财政困难而受到阻碍，那也许就有理由征收通行税。

现在让我们概括叙述一下到目前为止我们所进行的讨论。首先，我们可以说，当边际成本是零时，那就有充足的表面确凿的理由提供免费服务。在投资也受到某种限制，而损失可以用边际税以外的方法公平地加以抵补的场合，那就有充分的理由提供免费或近乎免费的服务。其次，当边际成本不是小量的，而平均成本大大高于边际成本时，也许有薄弱的表面确凿的理由对服务索取比平均成本略低一些的费用，然而要实际上根据边际成本收费是决没有道理的。边际成本相对平均成本来说越低，表面确凿的理由就越强（即是说，我们对受益人能够超额补偿受害人这一点能抱有更大的信心）。只有在边际成本等于零的时候，它才变成非常强有力的理由，并且不破坏“最适度”条件也能补偿间接成本。

这种表面确凿的理由往往会被上面提到的这一个或那一个论点所推翻。但是，如果边际成本是零而且完全不收费，或者，如果在平均成本和边际成本发生重大背离的场合，政策是要索取比平均成本略低一些的费用，那么，下面这些反对意见就不适用了，这些反对意见是：（一）边际成本是不确定的，和（二）“生产要推进到价格和边际成本相等为止”的指令在行政上是不可能的，或者它会引起麻烦的物价波动。这些实在只是对试图运用勒纳“规则”提出的强有力的反对意见。到现在为止对表面确凿的理由已经提出的并且依然站得住的反对意见是：

（一）可能发生不利的收入再分配；

（二）谁得到好处谁就应当出钱这一类的论点；

（三）不可分的变动并无标准的论点；

（四）不增加边际税就不可能补偿间接成本这一事实；

（五）津贴会造成无效率情况这一事实，这是由于它会鼓励这样一种想法：因为亏损没有害处，所以成本没有多大关系。

在上述种种反对意见中，有一些适用于某种事例而不适用于其他事例。它们适用的范围在很大程度上取决于弥补亏损所采取的方法，这种亏损是由于收费被减到平均成本以下而产生的。汉德逊曾经从这个角度评论了各种不同的方法。[1] 概括地说，有三种可能性——国家税、地方税和通过多档价目而实行的价格歧视。[2]

头一个可能性——国家税——显然是最糟糕的。它意味着增加对边际努力的征税，通常也将导致间接税的提高。它还意味着实行贴补以及它可能引起的管理效率的下降。即使在边际成本为零的情形下，这些影响也可能抵消否则将会得到的理论上的益处。在这类问题上，人们的常识判断在某种程度上被歪曲了，因为在某些情况下，免费提供服务的好处是显而易见的。增税的抵消影响散布极广，如果仅仅考察一单独事例，就几乎不会看到有什么显著的不良影响。然而在赋税已经占到国民收入很高比例的场合，这种目光短浅也许是值得我们提防的。而且，所有其他三个论点，（一）、（二）、（三）都会削弱它。多半会发生某种不利的收入再分

① 《曼彻斯特学派》，1947 年 9 月号。

② 在实行多档价目的场合，我谈到收费或价格时，我的意思是指直接按照个人所消费的货物或服务的数量而收取费用，如同电力按每千瓦-时收费，或煤气按每克卡收费。

配。一些人要对他们没有享受到的好处出钱，对“建筑摩天大楼”的投资也毫无限制。显然很难发现这样一种情况，在这种情况下，给定任何一套似乎合理的价值判断，人们就能够相当有把握地说，把价格减到平均成本以不并增加一般赋税（即采用霍特林-勒纳的解决办法）来筹措成本费，是正确的。

第二个方法是捐税形式的地方税。在社会事业的好处限于地方的场合，这种支付办法无论如何要比国家税好。边际税没有增加；津贴是不需要的；再分配的影响多半是微小的；概括地说，谁得到好处谁出钱。[①] 而且限制投资的希望也要大很多。然而在社会事业的好处遍及各地的场合，这种支付方法就会被再分配和谁得到好处谁应当出钱的论点排除掉。例如，要是建造一座费用可观的大桥来沟通国家公路和铁路线的话，那就不会有人主张它应当靠地方税来筹款了。

第三个方法是多档价目。这个方法也许不能提供“理想”产量。间接费用通常要大于能够直接划归每个消费者负担的费用（如同电力安装费等等），而那些仅仅愿意支付消费者成本的人也许会被排除在外。例如汽车税将会排除那些站在边缘上打算买汽车的人们。另一种情形是，可变费用大于边际成本。事实上，多档价目只不过是近似理论上的完全价格歧视的“理想”情形。我们不会把它当作反对这种方法的重要论点。正像我们已经看到的，唯一的理想产量只是在理论上存在。除了边际成本是零和间接成本事实上可以由某种剩余来抵付的情形外，它是不确定的。总之，我

① 如果完全恢复对工业和农业财产征收的捐税，这一点就更加正确。

们已经看到，“理想产量”这一概念所包含的理论充其量只能非常粗略地和草率地应用于现实世界。要是认为我们可以有信心地认为除了一种非常粗略地近似“理想”的东西而外任何东西都是有益的，即使它在理论上是确定的东西，也是一个错误。在所有其他方面，多档价目在它可以应用的场合都是优越的，甚至比捐税好。如果征收捐税的话，就会有一些人出钱而没有得到好处。同样，多档价目可以防止收入发生任何重大的再分配，总的说来，这多半是一个优点。它也提供了对投资的限制。这种事业的资金是自行筹措的。[①] 这也许是一个优点，因为经营企业富有经验的人能够作出一切决定或大部分决定。而且，经理人员有一相当确定的定价制度，他们可以获得在那一定价制度下决定某种新事业是否合算所必需的经验。但是在这一点上必须当心进行任何概括的危险。假如有两种竞争激烈的工业，一种工业能够利用多档价目以自肥，另一种工业却做不到，那么对后者来说，前者也许会扩充过度。英国的煤气和电力很可能就是这种情形。[②]

多档价目有一点特别不利的地方；它通常要涉及价格歧视，而这也许被认为是不公平的。边际成本和平均成本之间的差额越大同时人们越是想更加接近边际成本，则价格歧视势必越益显著。价格歧视能不能这样顺利推行，主要取决于一点，即能不能找到适当的非个人范畴（如汽车或房屋的大小）作为实行价格歧视的基础。根据我的判断以及普通道理，为了拼命追求“理想”而试图用

① 参看汉德逊，《曼彻斯特学派》，1947 年 9 月号，第 234 页。

② 参看李特尔：《燃料价格》，牛津大学出版社，1953 年，第 5—7 章。

人们会认为是不公平的方法进行歧视，是愚蠢的。在这里我所强调的和刘易斯教授略有不同，只因我不认为人们会把“最适度”产量看成是一个十分重要的论点。

我们可以有把握地下结论说，如果有可能靠捐税或者最好是靠多档价目或两档价目来弥补因收费小于平均成本而造成的亏损的话，主张把价格减低到平均成本以下的理由（假定边际成本大大低于平均成本），同一部分或全部亏损必须由国家税收来弥补比起来，要强有力得多。在不能采用这些方法从而全部亏损都得由一般边际税来弥补的场合，以及在服务是由个人享用的场合，[1]我认为，我们至少需要满足以下几个条件：

（一）要么几乎所有的个人都在某种程度上得到好处，要么收入发生有利的再分配；

（二）相对平均成本来说，边际成本是很低的：

（三）结果，各色各样不可分的决定不致变得没有任何标准。

我们能够停留在这个论证阶段并得出任何一般结论吗？看来要得出的唯一结论是，国有化工业**至少**应当指望捞回总成本，甚至在这一点上，人们也许偶尔要搞一些例外。但是，切不可认为人们

① 汉德逊（《曼彻斯特学派》，1947 年 9 月号，第 237 页）把国防看作是由一般赋税开支的公用事业。然而像战舰一类东西不是由个人消费的，并且它们在我们所考察的“福利”计划中也不起作用。说国防费用应当由一般赋税来开支，而一般赋税应这样安排，使纳税人出的钱不多于他从国防费用获得的消费者剩余，这是荒唐可笑的。那些不愿意对防御作出任何贡献的人们的所得税应当削减吗？在没有一个机构表示个人偏好的场合，个人偏好是不起作用的。当人们投票时，他们并不是对特殊问题进行表决；无论如何，价格机制不是表示“是”—“否”的东西。没有废票，也无所谓少数。我所以要议论这一点，是因为有这么一种倾向，就是认为消费者偏好是通过票数表现的，就像它们通过价格机制来表现一样。

不能对收费和产量政策制定一般准则这一事实意味着经济学家在某种情况下没有对这个问题作出贡献。我们在前面已经摒弃了这样一个观念，即价格同边际成本的比率应等于整个经济中那一比率的某一平均(未知数)值。我们也知道，“比例性”命题并不是什么理想的东西。[①] 不过，那和说相对价格与相对边际产品无关紧要是不同的。我们知道，价格同边际成本的比率上升或下降的意思是，生产要素要转移到其边际产品价值将会大些的工业。[②] 现在，在一宗货物有一种或几种强有力的替代品的场合，在这些货物作为一个整体的需求缺乏弹性的场合，人们也许能够预言这些要素在移动时将会采取的方向，从而能够有相当把握地预言定价政策改变将会带来国民收入的增长。[③] 当然，人们还会考虑要素供给、收入分配和外部不经济发生变动的可能性。然而要点是，仔细的研究能使人们有一定把握地提出建议；在某些具体情况下，我们可以看到许多反对应用“福利”分析的一般意见是没有什么力量的。在我看来，这种详尽的研究是所要进行的一种适当的研究；而对价格同边际成本的比率或特殊种类价目单的用途所作的概括确实没有用处，也可以毫不踌躇地说这比没有用处还糟些。但这不是谈论这些细节的地方。[④]

让我们回头谈谈对国有化工业的价格与产量政策所作的概

① 参看本书第九章。

② 参看本书第九章。

③ 在前面几章里我曾经强调指出，即使同有利的再分配结合起来，这也不是充分证据可以说明这样一种变革是可取的，但是，虽不充分，它依然是证据。

④ 拙著《燃料价格》是一个例子，说明我所建议的方法。在那本书的序言里对这个问题有进一步的讨论。

括。有一个问题是我们还不曾提到的，这个问题的解决对国有化工业的产量有一定关系。这就是断定人们认为总成本是多少的问题。最初人们似乎会感到奇怪，为什么会发生这样一个问题，这个问题在私有制下肯定是不存在的。然而当一种工业实行国有化后，情形就变成这样：它的间接成本决定于支付给被剥夺的所有主的赔偿。为什么要这样确定它的间接成本，肯定提不出特殊理由来，因为赔偿数额本身是用各式各样方法决定的，它也许是十分任意的。如果间接成本不一定和所支付的赔偿有联系，那么它应怎样确定呢？这显然产生一种可能性，就是，间接成本可以调节到“补偿全部成本”为止，这和“把生产推进到边际成本和价格相等为止”是一回事。平均成本不得不和边际成本相等。

这当然是一个愚蠢的建议。它不可避免地要放弃补偿全部成本的整个目标，并容易遭到对下述政策已经提出过的所有重大反对意见，这个政策是，把生产推进到价格和边际成本相等为止，间接费用则用国家税收来弥补。而且，假如我们要求补偿间接费用应当提供一些有助于断定在一个新的然而是同样的市场或在一个不完全的市场进行新投资是否可取的经验的话，那么重要的一点是，国有化工业要从间接费用着手，这些间接费用同它接收下来的设备价值（在某种意义上）和善意有相当密切的关系。

上面提到的最后一个问题仿佛给我们提出一点理由，要用某种特殊方式来估计国有化工业的间接费用。与过去的设备成本不相干，重要的是重置成本，这已经是老生常谈。然而这方面的道理，以及为什么并非**所有**间接费用都是不相干的道理，却始终没有弄明白。原因是：首先，如果往往多少属于例行的折旧基金投资是在企业本身直接控制之下，那么折旧就应以重置成本为依据并应由价格来补偿；其次，只有当资本是按重置成本估价时，从补偿全部成本所获得的经验才对于作出新投资的决定具有最重大的指导意义。然而说间接费用应当决定于重置成本适当吗？汉德逊曾经讨论过这个问题。照他的提法，问题在于决定这个工业在补偿它的经常费用以后要向国库上缴多少钱。这变成了决定对其资本设备如何进行估价的问题，因为这样一来，年缴纳额就确定为这一类投资预期获得的正常收益了，兹引证于下：

有关系的是设备的重置成本，这应当成为估价的基础。这样，在物价上涨时期，年缴纳额就自动增加，在萧条时期.它就自动减少。[①]

他接下去说，这一基本的重置成本数字需要加以修正，因为，要是需要重新作出决定的话，有些设备是不会被替换的。他写道："在这种情形下，我们需要我们愿意支付的最高价格来替换这种设备。"[②]只是在这种情形下吗？假设我们愿意支付的大于重置成本呢？如果意外损失要减掉的话，可以想象，意外收益就得增加。他继续写道：

我们追求的数额是设备的现在价值，它是这样一种价值，如果获得正常报酬的话，纳税人就不致贴补这一工业所产产品的消费者，虽然他们要负担投资的资本损失，而且结果证明这种投资是没有道理的。[③]

---

① 汉德逊:《经济研究评论》,第16(1)卷,第39期,第21页。

② 同上。

③ 同上。

看来这好像是我们所追求的数额，因为他建议我们真的要扪心自问一下我们究竟愿意支付多少钱来替换设备。除非是为了收入分配的缘故，或者是由于刘易斯教授所提出的原因，我们认为纳税人应当负担错误投资的损失并不应当补贴消费者，否则，为什么这就是我们要扪心自问的问题，好像不够清楚。无比如何，以正常报酬为依据的资本估价似乎不是对重置成本原理的修正。它似乎是另一个十分不同的估价基础。

假设按照这个计划，在接收时资本价值决定于当前利润乘以投资者预期可从同一种类投资取得收益的年数。这样，年缴纳额显然等于国有化以前的利润，只要经营成本保持不变，定价政策也就大致没有变化。用另一种办法，如果不考虑风险，并且利息支出要决定于金边债券的利率，则年缴纳额会略小于国有化以前的利润，价格也能够稍稍降低。

国有化以后新投资是会进行的，如果在这个工业继续索取同样价格的条件下，它可以使财政部确信它能因此按比例地增加它的年缴纳额的话（假定正常收益没有变动）。[①] 如果投资进行了，预期收益没有实现，那一定不能索取较高的价格。其含义是说，新资本必须按照新投资的实际收益重新估价；否则纳税人就不会担负这种损失了。[②] 因此工业的年缴纳额将随新投资的成败而上下

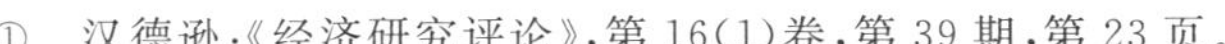

① 汉德逊：《经济研究评论》，第16(1)卷，第39期，第23页。

② 撇开这种重新估价不谈，年缴纳额计划似乎和杜尔宾所鼓吹的计划结果是一样的。他在《计划经济中的经济计算》（见《经济学杂志》，1963年12月号）一文中讲道："你要使你能够达到的最大产量符合你对工厂重置成本赚取正常利润。在市场条件发生变化以致你根本无法赚取正常利润时，你就尽可能赚取最大利润。"这个教导会受到我们对年缴纳额计划所提出的同样的反对。

调整。这意味着错误投资好像会立即得到宽恕。就这个工业和一般公众来说,它的错误一发生就被隐蔽起来——它的成功也是一样。这或许不是一件好事情。

从建立一座不必要的工厂这个错误显然不能推论说,人们还要进一步犯错误,不按从理论上讲也许是短期内最好的方式来利用这个工厂。另一方面,如果经常对间接费用进行调整从而使这个工厂的平均成本得到补偿的话,那就不会有明显的迹象表明现在这个工业过于庞大。要是年缴纳额不曾调整,这个工业就可能运用它的垄断权力来完成它的义务。这样,纳税人就不会缴犯错罚款了。但是,至少这样造成的过剩生产设备的增加表明这个工业应当实行收缩。同样,如果新投资是特别成功的,那么,因此而产生的间接费用的增长,可能会把进一步扩充是可取的这一事实掩盖起来。此外,如果需求增加或减少了,那就会提出同样理由来反对立刻往上或往下调整年缴纳额。因此有一些论点反对把间接费用比较经常地而不是非常偶然地调节到这个工业在充分开工或近乎充分开工时事实上能够负担的程度。

可是,假设一项新投资不曾提供预期收益,这不是因为对成本或需求估计错误,而是因为物价普遍下跌。那么减少年缴纳额是有充足理由的。如果设备系按重置成本重新估价,这种情形就会自动发生。同样,要是一般物价上涨了,那么,不仅折旧而且年缴纳额的利息部分也要提高。因一般物价水平变动而引起的一项投资的成败,不应归咎于经理人员的智愚,所以没有理由认为这种损益不应当被隐蔽起来。而且,如果年缴纳额不这样加以调整的话,产量就会由于纯粹历史上的偶然事件——即在物价相对高或相对低时是否购买设备这一偶然事件——而扩充或收缩，这至少不能成为改变产量政策的适当理由。

不断变动的年缴纳额这种有点粗俗的观念，只是由于这一事实而产生的，就是我们已经假定经理人员会奉命采取一个使他们能以支付年缴纳额的价格。事实上，如果按照私人产业的利率对资本价值索取利息，我们就只需讨论应怎样改变年缴纳额，从而经理人员在把它作为指路明灯时就会事实上使利润最大或使亏损最小，像他们在私人企业下所做的那样。

我们并不希望暗示，当一个工业实行国有化时，设备就应当按照重置成本估价。相反的，在新的管理人接收以后，没有必要使过去其他人所犯错误的结果变成他们的负担（即使在纸面上），的确也没有必要这样来对设备进行估价，以便他们能从破铜烂铁上获取额外利润。最初估价肯定应当在正常收益的基础上进行，除非有特殊理由（像常常会有的那样）认为公众严重地低估了或高估了预期收益或它所涉及的风险，否则可以采用证券交易所的估价。（虽则这一点当然是不合理的，即：采用证券交易所的估价，然后要求这个工业对这样决定的资本价值仅仅支付金边债券的利率。）

这一讨论的倾向大概会使一些读者感到失望，因为到现在为止我们的建议只不过是说，在接收的时候资本应当重新调整，以后，就短期产量来说，国家垄断应当像私人垄断那样继续进行活动（虽然在补偿全部成本的范围里，它当然会设法提供“最适当”的产量）。唯一区别是，如果现在索取的是金边债券的利率，利息支出将会减少。

然而汉德逊认为，年缴纳额也许会由于种种原因而加以改订：

这样，平均成本超过边际成本的数显要是非常高的话，或者，由于国防需要、间接社会利益或外部经济的关系，它要是证明一般鼓励是正当的话，就可能降低它的年缴纳额来使价格更近乎等于边际成本。或者，由于相反的原因，它也可能提高它的年缴纳额。他补充说：

> 看来这一点也许是毫无意义的，即从多少是准确的数字出发，然后对它进行大量性质不明的调整。理由只不过是，在许多(如果不是大多数的话)产业里，没有非常令人信服的理由要进行其中任何一种调整。[①]

我们肯定同意这一点。但是，假如感觉到对垄断性定价的某种干预证明**是**正当的，我们怀疑靠调整这一产业预期要提供的年缴纳额未必是进行这种干预的最好方法。

让我们假设年缴纳额得到削减，因而实际上并不指望这个产业补偿它的全部成本——我们在前面试图界说的全部成本。这样，新投资是会进行的，如果预期对产品索取同样的价钱，因而使年缴纳额增加的数量，足以抵付全部新设备成本的利息与折旧提成的话，虽然不一定要索取相应的全部利息费用。[②] 显而易见，这比获利性涉及更为严格的新投资标准。现在标准是获利性，这里假定某一小于垄断价格的价格。只要年缴纳额削减不多，我们就不能断言这是不利的一点，因为，正像我们在前面已经看到的，获利性可能偏向“理想”的随便那一边。但是，年缴纳额要是削减得相当厉害，投资就可能受到过分的限制。

---

① 《经济研究评论》，第16(1)卷，第39期，第22页。

② 同上，第23页。

而且，要是增加的年缴纳额抵不到新设备的全部利息与折旧费用——如果投资成功的话，这部分费用是能够支付的——则索取的价格必项降低。在这种情形下，价格同平均成本的比率将会改变。显然，如果只有进行新投资才是“正确”的，在和从前一样的价格下，这种新投资可以捞回它的全部成本，那么，倘要保持平均成本同价格的比率不变，这个工业就需要支付全部利息费用。另一方面，如果起初年缴纳额由于一般社会原因改订过了（例如酒坊的年缴纳额增加了），那么，我们大概会要求新资本赚的钱要大于或小于正常利润。如果年缴纳额是由于许多不同的原因而需要加以改讲的话，那么提出如下的这样一个投资标准肯定是错误的，这个标准就是：“假如根据过去的价格，全部成本可以捞回，就进行投资”。如果为了一般社会原因，我们想要刺激或抑制一个工业，我们就相应地不希望它能够或格外能够捞回全部成本。

现在我们看到，如果年缴纳额由于上述一些原因加以调整的话，会有许多不利的地方。首先，它使得寻求一个一般投资标准和判断工业投资效果的工作变得更加困难，而这又使得断定正确投资的问题变得更加困难。其次，它是拙笨的。为改变它而提出的理由太多了：物价水准的变动，一项特别成功或失败的新投资，外部经济与不经济，一般社会原因，等等。第三，如果为了汉德逊所举的一些理由而改变它是正确的，那就会产生一种诱惑，要为了更任意的非经济原因而改变它。是不是为了一般社会利益的缘故而改变它，那是判断问题，在这一点上是会发生重大意见分歧的（因为间接社会利益、外部经济等等，无法客观地予以断定）。在一个民主国家里，这类问题的次定，很可能要在公众中宣扬一番，以免被人们忽视了，如果把这些决定同年缴纳额的变更——它也会随同一般物价水准的变化以及新投资的成败而发生变动——结合在一起，它们就会有被忽视的倾向。

汉德逊还建议说，除了能够改变年缴纳颇以外，政府也可给予特别津贴或征收特别税。[①] 可是根据价格同边际成本的比率、国防需要与间接社会利益进行的干预，显然全都要通过年缴纳额的变动来处理。间接税也包括在内。因此，他说："……对间接税捐献的需要，是提高一切国有化工业年缴纳额的一个理由。"[②]甚至由于投资计划失败而给予的意外贴补，也要通过改变年缴纳额来处理。那么，还剩下什么要靠特别税或特别津贴来处理呢？关于津贴和赋税，重要的一点是，它们是非常支付；它们是同确定不移的补偿全部成本（不论是怎样规定的）的准则相抵触的。因为属非常，所以它们引起了人们的注意。因此我想把那些要交付公众讨论的付款划为津贴或赋税。我要把为了一般社会利益、外部经济、防御等等原因而付给或取自工业的款项（或这种款项的改订）包括在这种支付中——我甚至情愿把一切为了接近"最适度"条件的目的而支付的款项包括到里面去，因为我认为，在决定一种变革会不会满足我们的可取性标准方面，有舆论为后盾的常识往往是比纯粹福利理论更好的指南。

但是，即使假设对一个工业的任何特殊鼓励或抑制是靠赋税或津贴进行的，这一制度还是有其不利的地方，在这种制度下，产

① 《经济研究评论》，第16(1)卷，第39期，第23页。

② 同上。

量决定于年缴纳额支付以后要保持平衡的责任。假设产品需求有所增加,而产量却无法迅速扩充。如果这个工业不要赚得太多利润的话,它必须索取同样价钱。这就涉及排队购买、配给或增加进口的问题,一般说来,那肯定不是理想情形。认为纳税人决不应从需求增加得到好处,是错误的。理论当然认为应当抬高价格并赚取额外利润。只有这样产品才会得到"理想"的分配(我们在第九章中已经看到,"最适度"交换条件是所有"最适度"条件中最可靠的一个,"最适度"生产条件是以这些条件得到满足作前提的)。明白地说,这个论点也许对某些情况(在这些情况下,收入分配影响是重要的,而且无法进行补偿)不适用,但是它肯定对其他情况是适用的。年缴纳额方法另一不利的地方是,它"容许"亏损(要是这个工业无法避免亏损的话),却决不容许额外利润,因为额外利润总是可以避免的。因此,一般赋税有增长的趋势。此外,指望逐年赚到一确定数量的利润,同指望在长期内使利润成为最大量比起来,多半要更困难些。如果指令是要把好年份同坏年份扯平,做到不赔不赚,这也是正确的。所有企业的经验都是在追求量大量利润的基础上积累起来的。并且,如果要避免利润过多,而碰巧又有赚取过多利润的倾向,那就不会有避免浪费的动机。平衡也许是靠缺乏效率而不是靠增加产量来保持的。

如果不赔不赚的指令代之以这样一个指令,即工业应经常赚取尽可能多的利润,这种利润是和实际充分开工符合一致的,那也许会克服上述一些不利之点。非常利润,如果有的话,只应靠扩充产量来降低,要是新投资有可能做到这一点的话。这就产生一个问题:就是已经赚到的额外利润应当怎样处理呢。当然,它首先要缴利润和所得税。剩余部分可以保留,如果需要用来资助一项已经批准的投资计划的话。凡是剩下来的钱大概都要缴入国库。人们也许会说,由于政治上的原因,国有化工业不应当赚取额外利润。例如,它们也许会掀起增加工资的要求。在一家工业开始对它的设备赚到准地租的时候就征收一种适当的收益税,也许可以解决这个困难。当产量能够扩充到足以应付过多需求时,收益税是会取消的。[①]

这就意味着年缴纳额只能由于两点原因而被改变:要么(一)因为一般物价水准从而重置成本发生了重大变化,要么(二)是为了勾销错误投资的目的。这种资本重新调整只能在明显地需要这样做的时候偶一为之。其次,这意味着,不赔不赚的指令要代之以这样一个指令:要赚取尽可能多的和充分开工符合一致的利润。假如边际企业赚到的钱足以补偿其平均成本而有余的话,就应当通过新投资扩充其产量。第三,如果为了使价格更近乎等于边际成本,或为了一般社会或军事原因,认为干预肯定是需要的,那就应当通过赋税或津贴实行这种干预。

如果预料新投资的全部成本可以得到补偿,一般的说,新投资是应当进行的,这里假定赋税或津贴(如果有的话)的比率保持不变。这就为我们提出了通常的获利性投资标准,这一标准服从于工业赋税或津贴所含有的一般鼓励或抑制的目的。只有在赋税或津贴是为了使价格更接近边际成本的场合,我们才会忽视通常的

① 在某些事例中,边际内各单位可能赚到永久地租。在这种情形下,国库应获得和这种地租相当的额外利润。然而在某些事例中,这一类地租在工业被接收的时候会被资本化,因而会被包括在正常年缴纳额里面。

获利性投资标准。然而我们料想，以减低价格使之更接近边际成本为理由而进行的干预，很少（如果有的话）是显然必要的。相当充分发展的工业也许是例外情形，在这种工业中，投资并不重要。即使在后一种情况下，干预大概也不是经常的，因为通常靠差别定价或地方赋税就会获得更大产量；而在不能这样获得更大产量的场合，看来它也难得（如果有的话）会是可取的。

最后，我们要补充说，不能排除通过规定价格实行管制的可能性。在非常时期，像发生特别严重的物资缺乏情形或出现重大的通货膨胀压力时，那就可能需要配给和规定价格来保证公平分配并靠稳定生活费用来制止工资的暴涨。

某些不利的地方依然存在。在上述指令中，没有什么东西可以防止一个面临长期需求下降的工业运用它的垄断权力[①]来完成年缴纳额，尽管需求是下降了。根据以上建议的指令，我们在需求增加时引进了一些物价弹性因素，然而物价在下降时期却没有显示出相应的弹性。而且也没有什么东西可以防止这个工业用它的一种产品来补贴另一种产品。我们提到过的一种可能性也是存在的，这就是在不赔不赚是很容易办到的场合，不赔不赚的指令也会造成效率不高的情形。

上面那种考虑产生一个问题，就是在国营企业中有没有可能

① 国家垄断也许比私人垄断享有更大得多的垄断权力。在私人垄断中价格同边际成本的比率，不大可能和平均“垄断程度”有显著的不同，但就国家垄断来说，这也许是不正确的。私人企业，不论垄断到什么程度，总是要受潜在竞争或政府管理的威胁的限制。没有什么证据可以表明，教科书中的短期“剥削”行为是一种真实现象。另一方面，国营企业不存在上述威胁，这一点可能被国会意见或舆论的日益扩大的影响抵消掉。

引进一些竞争因素。换句话说，最大量利润不能凭它的传统的设备能力起到产量调节器的作用吗？因此有人建议，对某些工业来说，与其有一个中央局，倒不如有几个局彼此竞争的好。然而一种工业没有一个中央局，会有一些不利的地方。任何一种工业大概都会有某种“协调”的经济，如同集中研究和散布情报。照某些人的看法，或许更重要的是这一事实：如果没有一单独的对部长负责的中央组织，那么工业就更加难以控制了。在正常时期，这没有很大关系，并且可能是一个优点，但若我们必须迎合“非常状态”的可能性，那它肯定是一个缺点。

然而，无论如何，把一个工业分裂为许多相互竞争的局面而造成的这种假定的好处，可以更好地通过一个中央局来取得，如果它采取适当政策的话。因此，在一个多厂的工业里，不妨命令各个厂矿各自分别地使本身的利润最大。如果产品是同质的，或者，如果有少数同质的产品，那么每个工厂就可以像在完全竞争条件下一样地进行活动。寡头竞争或限制可以靠中央局来阻止。在这样一种情况下，中央局不会使它的利润最大。它不会控制价格，各个经理人员事实上会使价格等于边际成本。但是在一个成本递增的工业里，如果采用上述政策，那是不会造成亏损的；的确，它有时可能赚到大量利润。在这种情形下，大多数反对按边际成本定价的意见就会消失；我们将会碰到纯理论的竞争工业。在某些情况下，这似乎是最好的解决办法。

我们相信，大致相同的解决办法也能应用到许多不完全竞争的行业（我们窃取这一类行业的定义作为论据）。当然，这里不再有一单独价格，而是有许多价格和许多产品。中央局本身不致奉命追求最大量利润，因为到头来那会意味着越来越少的商品和越来越大的工厂。在某些情况下，标准化也许是好事，中央局要决定在什么时候推行它，然而尽可能标准化的决定不应用追求最大量利润的指令强加在它身上。各个工厂或企业要像在私有企业下那样进行活动，而不受经常不断的干预。就像我们在后面一章将要表明的，福利理论无法告诉我们说：由于企图使每个工厂提供某种抽象地规定的"理想"产量，在这样一种工业里资源被分配得不当：而且这样做是什么都得不到的，也许会带来大量损失。这样一种解决办法并不意味着，在这种情况下，不可能从国有化得到任何好处。参加将是"自由的"，即是说，额外利润将被认为是一个迹象，表明人们需要更多的工厂和更多的产品，或者是需要更多的工厂和同一数量的产品。因此，对某个工厂来说，需求可能变得更富于弹性些。这样，有修辞癖的人就可以拿下面这个事实聊以自慰了。如果加入横竖会受到限制的话，那么，价格就会比它在私有企业下多半会达到的更接近于短期边际成本。中央局也能够设立研究机构，迅速地散布关于生产方法的有用知识，并制止任何谋求寡头协议的趋势。

在上述两种情况下，中央局将负责投资政策，虽然它受部长的控制。一般的说，当边际厂赚到的钱足以补偿它们的平均成本而有余时，它就企图扩充这个工业，反之就实行收缩。事实上，关于什么时候需要进行投资或负投资，它会拿普通的获利性标准作为指南；在不完全竞争条件下，它也会拿获利性作为指南来决定哪些生产部门应当发展，哪些生产部门应当限制。

按照上面那种计划，工业要设立一个中央局，以便保证竞争像人们设想的那样进行。这个计划是有许多优点的。就经理人员来说，他们得到的命令是简单而富有刺激性的，是他们习惯了的。中央局掌握有最好的实际指南来制定它的投资政策。[①] 在需求超过供给时可以避免排队现象，另一方面，在需求下降时，削减价格则是半自动的。因此，这些年缴纳额规定产量的做法具有较大弹性（对于这种工业，年缴纳额依然是普通获利性的基准线，然而它不决定产量）。

上述竞争性解决办法[②]消除了密切注视年缴纳额的必要性，因为它不再决定产量了。虽然这个解决办法可能是可以广泛地应用的，但它肯定不是普遍有效的万应灵丹。譬如说，如果这个工业主要是由少数成本递减的大企业构成的，那么，追求最大量利润的指令就会是不确定的（在任何不完全竞争的工业里，一些不确定性因素无疑总是存在的，但在许多情况下，它不会大到有重要关系的程度）。每个企业需要知道它应当对其他企业的行为作出什么样的假定。如果每个企业都是独立地行动，把价格看作一个参数，那就可能造成重大损失。所以竞争的解决办法容易遭到人们对按边际成本定价所提出的一切反对意见的攻击。而且还不止此。中央局或政府势必要对物价进行控制。即使这样做了，各个企业也不容许在既定价格的基础上追求最大量利润，因为那时它们会使边

① 我们在第十章中不仅指出获利性是唯一切实可行的和一般适用的指南，而且指出，在不完全竞争的工业没有重大不可分性的条件下，甚至在理论上也不能证明它是错误的。

② 克罗斯兰先生在其所著《国有化企业的价格与成本》（《牛津经济论丛》，新辑，第3期，1950年1月号）一文中曾经提出一个非常类似的解决办法。我对本章谈到的几项建议须向作者表示感谢。

际成本和价格相等[①]，因而中央局会发觉，这样提供的产量可以卖掉的价格是会使它蒙受严重损失的。此外，我们还有边际主义解决办法的一切缺点。因此，除非全部成本可以靠价格歧视来补偿，否则就得采取按平均成本定价办法。在这种情形下，中央局一定要在某种程度上控制各个工厂的产量，以使间接费用得到补偿。这样，我们就回到年缴纳额决定产量的方法。

在以上几节里，我稍稍强调了国有化工业的赢利。国有化部门越大，这个部门作为一个整体来说要赚取利润（和/或它的一部分产品要纳税）的情形就显得越重要。现在国有化部门已经够庞大了，因而事情或许变成了这样：我们所有的唯一的一般惯例——即每个工业要尽力做到不赔不赚——正在对整个经济造成严重损害。在今天，社会储蓄的极大部分来自公司。私人公司的确是储蓄多而投资少，此外，它们还赚取利润并缴利润税，这对政府储蓄也是一项贡献。国有化工业根本不储蓄。事实上，它们大概是要进行反储蓄的，虽然不应该这样做。同时，它们却是很厉害的投资者。

而且，私营部门生产的大部分货物是抽间接税的。因此，它们

① 由中央局调节价格直到供给和需求相等为止，然后许可经理人员在固定价格的基础上追求最大量利润，这将是实行按边际成本定价唯一切实可行的方法。价格等于边际成本这一点毕竟是从在不变价格下使利润成为最大量这一点得出的推论——并且只要这些假设获得实现，依据定义，价格就等于边际成本。这个推论，像经济学中通常有的情形那样，是无法得到证明的，因为边际成本并不是可以精确地证明为同一的（它必定包括使用者成本）。极端分散的边际主义解决办法的鼓吹者搞错了，他们接受了“让价格等于边际成本”的条件——这是纯粹竞争理论所含有的基本“福利”定理——并打算直接应用它。这是做不到的，理由是，边际成本不是一个完全客观的量度。实际按边际成本定价唯一可能的方法是仿效纯粹竞争理论的假设，假定经理人员在奉命使利润成为最大量时，事实上的确照办了。

通过间接税，通过公司利润税和所得税的缴款以及通过公司储蓄，对资助投资和政府开支作出了贡献。相反，国有化工业产品的贡献大概是消极的。

这对福利经济学来说好像是离题太远，然而事实上它们之间有着密切的关系。需要缴征的大量赋税决不能用任何非常理想的方法来征收。但是，如果使一系列产品自动免税的话，那就几乎肯定会不必要地用更糟糕的方法来收税，不论乍一看来他们是多么好的候选人。而且，这一类货物对非政府储蓄的贡献越小，需要的总税额就相应提得越高。这并不是说我们指望一切国有化工业对资助投资或政府开支作出一些贡献。可是，如果我们可以看出某一特定工业能够赚到相应利润而不致明显地“歪曲”产量，那么把寻求它自己投资所必需的储蓄的整个负担丢给政府或经济的其余部分，看来显然是错误的。最后，如果一种最适当的定价政策方案会自动提供大量利润（就像全国煤炭局的情形那样），从而使得对其他货物稽征的有害赋税有可能削减，则国有化工业**至少**应当保本的意见简直是一种过于拘谨的说法了。

当然，我们在这一章对国家企业一些可能的经营方法所进行的讨论，只是主要（虽不完全）从经济观点所作的一个概述。但是我认为，它足以表明随便哪一个方法都不是最好的。从经济角度来看，我们必须下结论说，最好的方法要取决于产品或各种产品的性质以及产业的性质。正像本章后一部分所表明的，无论哪个方法都不是达到某一产量的最好方法，因而本章头一部分指出，无论哪一种方法都不能决定什么是最适当的产量。最适当的产量和达到这一产量的最好方法的确个是可以划分得开的问题。

我们只能在考虑一切情形以后断定，在每一具体事例中什么是最好的办法。在每一事例中，答案是不同的。它还要看由谁来断定。这个问题并不是一个科学问题，我们可以指望对它取得普遍或几乎是普遍一致的意见。决定要受到许多种种不同考虑的影响，而这些考虑是不能用任何非常客观的方法来权衡的。

这一整章，特别是这一章的后一部分，略微离开了我们的主题。然而脱离纯理论的正轨，并弄明白，当人们试图应用它时，它是怎样一个理论，也许是有帮助的。除非人们留心观察理论所起的作用，否则对它是有益还是无益就不能作出很好的鉴定。

第十二章　国民收入的估计

在第二章中，我们把$\sum p_2q_2 \geqslant \sum p_2q_1$（各个$q$是指某个人购买的数量）这一条件作为这个人宁愿选择第二种情况而不愿选择第一种情况的一个充分标准。同样，如果$\sum p_1q_1 \geqslant \sum p_1q_2$，我们就说他宁愿选择第一种情况而不愿选择第二种情况。如果这两个条件全都有效的话，矛盾就发生了。

现在我们要考察同样一些条件，可是各个q不是指一单独的个人所购买的数量，而是指一群的个人所购买的总量。在谈到群的场合，我们用大写字母（各个P和各个Q），在谈到个人的场合，就用小写字母（各个p和各个q）。我们所谓的一群个人不是集体的意思。我们不妨说一个集体要进行选择，从而把它当做一个经济上的个人，虽然它也许是由许多实在的个人组成的。因此，依据定义，不能说一群个人要进行选择。国民收入的领受人要假定是形成一个群而不是形成一个集体，一般的说，我们要假定公式里的各个Q是指构成（实际）国民收入的各种不同货物的总量，各个P是指这些货物的市场价格。[①] 在谈到福利时，应用我们对个人福利变化一直使用的那个标准（"处在一条比较高的行为线上"，或

① 我们暂时假定构成国民收入的一切货物都是个人消费的，并有一市场价格。

者，要是这是无法知道的话，就应用指数标准$\sum p_2q_2 \geqslant \sum p_2q_1$，和$\sum p_1q_1 < \sum p_1q_2$），并预先假定和前面一样的价值判断。

从上面一段话可以推论，我们没有依据选择来赋予$\sum P_2Q_2 \geqslant \sum P_2Q_1$或$\sum P_1Q_1 < \sum P_1Q_2$以明显的意义。头一个条件是"第二个时期实际国民收入的货币价值不小于按照第二个时期价格计算的第一个时期实际收入"的速记法。第二个条件是"第一个时期实际国民收入的货币价值小于按照第一个时期价格计算的第二个时期实际收入"的速记法。当我们关心的是一个"经济人"时，$\sum p_2q_2 \geqslant \sum p_2q_1$意味着$\sum p_1q_1 < \sum p_1q_2$；这是从一致性的定义推论出来的。然而现在我们是在研究群，$\sum P_2Q_2 \geqslant \sum P_2Q_1$并不意味着$\sum P_1Q_1 < \sum P_1Q_2$。这一点很容易看出来：上面用$\sum P_2Q_2 \geqslant \sum P_2Q_1$和$\sum P_1Q_1 < \sum P_1Q_2$作为速记法来表示的那两句话并不矛盾。即使组成这一群的每一个人是完全一致的，从而对每一个人来说，$\sum p_2q_2 \geqslant \sum p_2q_1$，意味着$\sum p_1q_1 < \sum p_1q_2$，我们仍然不能由此推论说，当我们对一切个人的预算进行总计时，$\sum P_2Q_2 \geqslant \sum P_2Q_1$和$\sum P_1Q_1 \geqslant \sum P_1Q_2$两者不能兼而有之。

现在人们通常认为$\sum P_2Q_2 \geqslant \sum P_2Q_1$和$\sum P_1Q_1 \geqslant \sum P_1Q_2$是抵触的，但这只是由于赋予了这些指数以意义和定义（撇开上述明显的意义不谈），这些意义和定义使它们发生了矛盾。我们的目的正是要考察人们提出的一些定义。希克斯教授在下面一段话里曾经提出这样一个定义：

> 所以$\sum P_2Q_2 > \sum P_2Q_1$这个条件告诉我们的是，各个$Q_1$，进行了某种再分配，它会使这一群中每一个成员的处境变得比他在第二种情况下的实际处境更糟些。因为，如果相

应的不等式对一切个人分别来说是有效的，那么，它对这一群作为整体来说也会是有效的。

同这一特定的分配比较起来，各个 Q_1 的其他一切分配都会使某些人的境况变好，另一些人的境况变糟。因此，如果各个 Q_1 的一种分配使得这一群中每一个成员的处境变得比他在第二种情况下的实际处境更糟些，那就不会有一种分配，它将使每一个人的境况变得好些，甚至是同样好。所以我们要是从第一种情况下的任何实际财富分配出发，则 $\sum P_2Q_2 > \sum P_2Q_1$ 这个条件告诉我们的是，要通过再分配达到一个位置，使每个人的处境像他处在第二种情况时一样好，是不可能的。

把这作为实际社会收入增长的定义似乎是完全可以接受的。①

现在为了某种原因人们认为，“实际社会收入”的一个适当定义必须经过基准掉换(base-reversal)试验合格。换句话说，如果 $\sum P_2Q_2 \geqslant \sum P_2Q_1$ 导致“第二种情况下的实际社会收入大于第一种情况下的实际社会收入”，那么 $\sum P_1Q_1 < \sum P_1Q_2$ 必定导致“第一种情况下的实际社会收入小于第二种情况下的实际社会收入”。应当注意，这里的“必定”乃是优雅和方便问题。这样一个定义经过基准

---

① 希克斯：“社会收入的估计”，《经济学报》，1940 年 5 月号。为了一致起见，我调换了大写字母。还应当注意到，虽然这里要下定义的是“实际社会收入”，但是希克斯教授在这篇文章中似乎假定它等于“福利”。最后应当注意，实际情形必定是这样：这个条件表明，各个 Q_1 有一种分配(在这种分配中最适度交换条件得到满足)，它使得这一群中每一个成员的处境变得比他处在第二种情况时更糟些。但是事实上这个条件确实表明这一点。参看萨缪尔森：“实际国民收入的估计”、《牛津经济论丛》，1950 年，1 月号，第 8 页脚注①；又参看肯尼迪：“福利经济学定理的另一种证明”，《牛津经济论丛》，1954 年 2 月号。

掉换试验应当合格，这从逻辑或哲学来讲是没有道理的，因为，我们知道，$\sum P_2Q_2 \geqslant \sum P_2Q_1$ 根据这些符号的惯常用法所含有的意义同 $\sum P_1Q_1 \geqslant \sum P_1Q_2$ 的类似意义并不发生抵触。在谈到群时，从逻辑上讲，我们没有理由不接受 $\sum P_2Q_2 \geqslant \sum P_2Q_1$ 作为社会收入增加的定义并忽视 $\sum P_1Q_1$ 可能大于 $\sum P_1Q_2$ 的事实。

然而库兹涅茨教授已对希克斯这一定义提出了批评，说它经过基准掉换试验必定是合格的。[①] 现在很清楚，要是假定公式 $\sum P_2Q_2 \geqslant \sum P_2Q_1$，那么在头一个时期内货物怎样分配就没有关系了。人们可以设想，在头一个时期内各个 Q_1 是按照人们欢喜的任何一种方式进行分配的。每一种不同的分配会有一套不同的价格（各个 P_1），但是这些价格并没有列入公式当中。而且从逻辑上讲，在头一个时期内没有一种分配是同我们得出第二个时期的实际分配与价格不一致的。因此希克斯教授能够说，$\sum P_2Q_2 \geqslant \sum P_2Q_1$ 证明，在头一个时期本来可以有这样一种分配，即我们要是依然达到第二个时期的实际位置，那么公式 $\sum p_2q_2 \geqslant \sum p_2q_1$ 就对每一个人都是适用的。因此，$\sum P_2Q_2 \geqslant \sum P_2Q_1$ 表明，给定头一个时期的总量，那就想象得到，历史本来会那样地发展，从而使现在每个人的境况都变得好些。这就是希克斯教授对实际社会收入的增加所下的定义的意思。

那么，什么是希克斯这一定义的正确的基准掉换呢？使用以头一年物价为依据的一个公式，我们必须看到，类似的论证也是适

① 库兹涅茨："论社会收入的估计——对希克斯教授一文的意见"，《经济学报》，1948 年 2 月及 5 月号，第 4 页。

用的。因此我们要知道，公式$\sum P_1Q_1 < \sum P_1Q_2$中的各个$Q_2$可能重新进行分配，从而不等式对每一个人都适用。因为各个P_2没有出现在这个公式中，所以实际情形显然就是这样。换个讲法，第二个时期的货物可能这样进行分配，使每一个人在头一个时期的收入不足以购买他在第二个时期所能得到的东西，如果把货物适当地重新进行分配的话。因此，如果$\sum P_1Q_1 < \sum P_1Q_2$，那么基准掉换试验就通过了，库兹涅茨教授的批评也就站得住脚了。

可是库兹涅茨教授写道：

> 然而假设我们把这个必要条件颠倒过来并问道，通过第二种情况下所获得的实际数量的重分配，使**一切人**的境况都和在第一种情况下一样好，是不是不可能的。如果这是不可能的，那么第一种情况下的实际收入就大于第二种情况下的实际收入。①

现在我们看出，如果$\sum P_1Q_1 < \sum P_1Q_2$，那么通过把第二个时期的数量重新进行分配使在每一个人看来都是$\sum p_1q_1 < \sum p_1q_2$，总是可能的。然而不幸的是，这并不是以表明一切人的境况在第二个时期都会变得好些。要表明这一点，就必须$\sum p_2q_2 \geqslant \sum p_2q_1$对每一个人都适用（$\sum p_2q_2 \geqslant \sum p_2q_1$意味着$\sum p_1q_1 < \sum p_1q_2$，可是倒转来就不正确了）。当库兹涅茨教授认为希克斯教授的定义通不过基准掉换的考验时，他心里想的是，$\sum P_2Q_2 \geqslant \sum P_2Q_1$并没有证明这一点，即把第二个时期的数量重新进行分配就可以使

① 库兹涅茨："论社会收入的估计——对希克斯教授一文的意见"，《经济学报》，1948年2月及5月号，第4页。

$\sum p_2q_2 \geqslant \sum p_2q_1$ 对于每一个人都是适用的。因此他举了贫富两阶级分别消费奢侈品与必需品的例子，并说，即使 $\sum P_2Q_2 \geqslant \sum P_2Q_1$，但是，除非奢侈品可以代替必需品，否则我们不一定能使贫富两阶级的境况都好起来。①

这是完全不错的，然而对希克斯教授的原来定义来说却是不相干的。② 库兹涅茨教授接着说道：

> 如果我们要毫不含糊地断定第二种情况下的福利比第一种情况下的福利有所增加，我们就不仅必须在每一个人对各种不同货物的评价不变的意义上假定欲望不变，而且必须假定：要么（一）一切货物都可以在整个范围内互相替代，要么（二）在这两种情况下全部货物的结构是这样的，即任一特定货物，在它不能被另一种货物取代的限度内，都不致减少产量。③

现在，假使所有货物在某种程度内只是替代品，那么，不论（一）或（二）得到满足将只能保证下面这一点是无法证明其不可能的，即在第二个时期内，使 $\sum p_2q_2 \geqslant \sum p_2q_1$ 对每一个人都适用。如果要证明使每一个人的境况都好起来是可能的，条件（一）就应当解释为“所有货物都是完全的替代品”。但若所有货物都是完全的替代品，则（一）是不相干的，并且条件（二）应简单地解释为“没

① 库兹涅茨：“论证会收入的估计——对希克斯教授一文的意见”，《经济学报》，1948 年 2 月及 5 月号，第 4 页。

② 希克斯教授在评论库兹涅茨教授一文时暗中放弃了他从前的标准，并同意库兹涅茨教授的批评（“社会收入的估计——评库兹涅茨教授的意见”，《经济学报》，1948 年 8 月号）。

③ 库兹涅茨：“论社会收入的估计——对希克斯教授一文的意见”，《经济学报》，1948 年 2 月及 5 月号，第 4 页。

有一种货物减少产量”。$\sum P_2Q_2 > \sum P_2Q_1$ 这个不等式越大，各种货物的替代性必定越小，因而在第二个时期内没有可能使 $\sum p_2q_2 > \sum p_2q_1$ 适用于每一个人。但是我们并不认为这个定义取决于不等式的量值。不论它是多么小，的确，即使 $\sum P_2Q_2 = \sum P_2Q_1$，“实际社会收入”或“福利”还可以说是增加了。它不需要任何证明来保证这一点：除非确实没有一种货物减少产量，否则 $\sum P_2Q_2 = \sum P_2Q_1$ 不能论证这样一种可能性，就是使 $\sum p_2q_2 \geqslant \sum p_2q_2$ 对每一个人都是适用的。

因此，如果我们需要证明一切人的境况都可以变好，那么在我们能够下结论说福利或实际社会收入业已增加以前，我们决不能够说福利或实际社会收入增加了，因为任何一种货物都不减产的情形是决不会有的。记住我们为了说福利增加而需要的价值前提，那就还必须补充说，实际收入的分配一定不致变糟。显而易见，这样一个定义是没有用处的。

让我们回到希克斯的原来定义。实际上希克斯教授建议的是，我们可以说福利或实际社会收入在早先一个时期里已经增加了，假如早先那一时期生产的货物作了某种分配，使每一个人现在的处境比当时好（这是就下述意义讲的，即现在能够选择早先所**想望**的位置，如果他要选择的话）。因此，根据这个定义，在穷人变得更穷的情形下，并且，虽然不使富人的境况变坏我们就不可能使穷人恢复他们的原来位置，我们还必须说社会福利增加了。穷人得到的唯一安慰是，在早先时期可能有一种分配，会使他们以及其他一切人的境况变得比现在糟。我不认为许多人会因此而希望说福利或实际社会收入增加了。

可是，希克斯的这个定义能导致正确的解决办法。让我们回忆一下我们在第四章中对福利增加所规定的充分标准：(一)第二个位置的收入分配一定不会比原来位置的收入分配更不利，(二)单靠金钱再分配一定不可能达到第二个位置。现在希克斯教授在上面一段引文里表明，假定实际上的第二个位置不因早先的再分配而发生变化，那么头一个位置的数量无论怎样重新分配，现在都不会使 $\sum p_2q_2 < \sum p_2q_1$ 对每一个人都适用。事实上，它表明，要是能够把这两个位置付诸表决的话，那么由于这种移动而必定会遭受损失的人就不能有利地贿使那些必定会获得好处的人投票去反对它。这是必然的结果，因为，如果对某个人来说，$\sum p_2q_2$ 依然等于或大于 $\sum p_2q_1$，要收买那个人就不成功了。总之，$\sum P_2Q_2 \geqslant \sum P_2Q_1$ 表明西托夫斯基标准得到了满足。事实上，希克斯教授在 1940 年他的那篇文章中放弃了卡多尔—希克斯标准，而采取了以后界说的西托夫斯基标准。我们在收入分配中一引进价值判断，则受益人是否能超额补偿受害人就不再有什么关系——在第二个时期是否能使 $\sum p_2q_2 > \sum p_2q_1$ 对每一个人都适用就不再有什么关系了。因此，我们不妨下结论说，如果 $\sum P_2Q_2 \geqslant \sum P_2Q_1$，又如果第二个时期的实际收入分配没有变糟的话，第二个时期的福利要大于第一个时期的福利。①

这个标准是福利标准，而不是可取的变革的标准(参看第六章)。它只是福利标准的理由是，我们仅仅表明在头一种情况下实

① 但这假定工作的负效用不曾增加。要是刚好诱使一个人移到某一不愉快的地区，在那里，他的生产加倍，他的收入也加倍，那么，国民收入是增长了，然而福利却没有增加。

际生产的货物本来不会使一切人的境况像处在第二个位置时一样好。我们未曾指出，在头一种情况下的某种再分配决不会提供一个更好的位置，如果考虑到产量模式会自行调整来符合再分配这一事实。用效用可能性图形（图 12.1）来说，曲线代表和位置（I）相适应的那一批货物的效用可能性，而不是代表和位置（I）相适应的那一批生产要素。我们说在 II 处“实际收入”的分配要好些，是指 I' 比 I 好的意思，这里，在 I' 处的一批货物和在 I 处的是一样。$\sum P_2Q_2 > \sum P_2Q_1$，证明，$II$ 是在 I' 的东北方。

这个福利标准已被批评为多余的东西。[①] 据说，如果有人可以说 I' 比 I 好，他就可以同样恰当地说 II 比 I 好。今设 II 是现在的位置，I 代表过去的一年，实际情形是这样吗？直接查看 I 是不可能的，因为没有计时机器。当然，撇开指数证据和财富分配证据，而读一些小说和社会调查等等来直接作出判断还是合乎情理的。但是，或者会有许多人认为，用产量或消费指数形式表现的数量证据以及有关财富分配的数字，对于形成判断是有帮

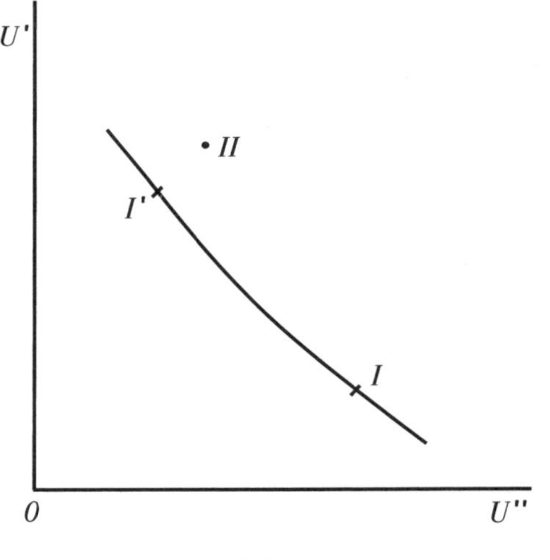

图12.1

① 肯尼迪：“经济福利函数与李特尔博士的标准”，《经济研究评论》，第 20(2)卷，第 52 期，1952—1953 年。又参看前面第六章。

助的。因为前者只是告诉我们说 I' 是在 II 的西南方，所以很难认为我们的分析完全是不必要的。

上述福利标准（它当然只是一个充分标准而不是一个定义）一定不能进行任何基准掉换试验。我们在上面曾经说过，$\sum P_1Q_1 < \sum P_1Q_2$ 这个条件也得要站得住脚，这从逻辑上讲是没有道理的。正好像我们已经发觉的，虽然受益人不能补偿受害人，也可以推荐某几种变革；现任我们发觉，如果实际收入分配得好些，又如果 $\sum P_2Q_2 \geqslant \sum P_2Q_1$，那么第二个位置要比头一个位置好，尽管 $\sum P_1Q_1 \geqslant \sum P_1Q_2$ 也是实际情形。同样，如果 $\sum P_1Q_1 \geqslant \sum P_1Q_2$，又如果在这两个位置间分配发生了不利的变化，那么头一个位置要比第二个位置好，尽管 $\sum P_2Q_2 \geqslant \sum P_2Q_1$。①

现在用拉斯派雷物价指数 $\sum P_2Q_1/\sum P_1Q_1$ 去除没有校正过的指数 $\sum P_2Q_2/\sum P_1Q_1$ 就得到指数 $\sum P_2Q_2/\sum P_2Q_1$。因此我们的分析表明，如果考虑到收入分配已发生了有利的变化，拉斯派雷物价指数是优越的。事实上，我们只有使用拉斯派雷指数才能够说福利增加了。同样，用帕施物价指数 $\sum P_2Q_2/\sum P_1Q_2$ 去除没有校正过的指数也许会得出指数 $\sum P_1Q_2/\sum P_1Q_1$。我们只有使用帕施指数才能够说福利减少了。在一个实行普选的民主国家里，收入分配通常倾向于按照在大多数人看来是有利的方向变动。这就表明要采用拉斯派雷指数。那些认为在资本主义社会里，不论收入分配怎样改变，它必定要发生不利变化的人们，应当经常采

① 但应注意，如果分配变化是中性的，矛盾依然可以发生。在这种情形下，第二个位置要比头一个位置好，那就需要 $\sum P_2Q_2 > \sum P_2Q_1$，同时 $\sum P_1Q_1 < \sum P_1Q_2$；用类似办法可以说明头一个位置比第二个位置好。

用帕施物价指数。

上面的讨论是很形式的。我们曾经假定在这两个时期内人口完全相同，它是由同样一些人构成的。事实上，当然有些人死了，有些人出生。我们进行比较的时期越长，这个困难就变得越严重。我们还假定所有的个人都是选择者，这一点决不是真实的。几乎没有哪个人要选择他所消费的一切货物，有些人根本不进行选择。但是我们已经看到，人们在某种程度上是依据平均数或依据社会集团来思考的，这样一种概念反倒比实在的个人更符合选择连续性的要求。在考虑国家福利时，也许有人准备忽略社会集团内部的分配，这些社会集团在实际收入分配方面只有一个狭小的范围。

我们还曾假定，在货物方面，我们也有一个不变的“人口”。但若一种新产品出现时，这种形式分析就站不住脚了。如果在第二种情况下可以得到的一些货物在头一种情况下买不到的话，我们就不需要指数告诉我们说，货物再分配本来不会使一切人都处在和第二种情况相同的一条或更高的一条行为线上，因为所有要消费某种新产品的人的行为线在形式上不能同早先时期那些人的行为线进行比较。因此新产品的出现在形式上使得我们无法说福利增加了。同样，如果一宗货物停止生产的话，它也会使我们无法说福利减少了。质量变化显然也能使这种分析归于无效。

由此，我们当然要遇到这样一个事实，就是没有一种指数是完全的。物价指数总是要靠抽样才能编制出来。当然，国民收入的总计也不会没有缺点。但是，即使指教十全十美，我们的分析也不会非常与现实世界相符。于是我们得出现在人人都非常熟悉的一个结论。我们不仅必须断定收入分配的任何变化是有利的，而且$\sum P_2Q_2$一定要以相当大的差额超过$\sum P_2Q_1$，我们才能够对自己的结论抱有信心。这一差额有多么大，必然是一个判断问题。

在前面一章中我们说过，实际上，福利结论是无法验证的。然而国民收入总额的比较的确对福利分析的适用性提供了某种极其粗略的试验。让我们假设，两个人同意接受福利经济学的两个基本价值判断。我们又假设他们全都同意收入分配在两个有关时期内不曾发生不利的变化。我们还可以把研究的范围限制在**消费**是否已经提高的问题上（到现在为止我们在探讨国民收入的比较时一直假定，一切货物都是由个人消费的）。我们一定要假设，消费指数似乎表明消费已经提高了。我们要问，这两个人必须同意消费提高了吗？显然不需要，因为他们两者都会承认这一事实：现实世界并不很像这种形式分析所预先假定的那样。如果一个人要坚持说消费提高了，而另一个人要坚持说消费下降了，那么，随便哪一个人都不可能**证明**他的立场。不论统计技术多么完善，他也无法证明。当然，要是指数表明消费有极大的增长，则坚持消费已下降的人就显得愚蠢了。人们也许不再相信他的判断，然而决不能证明他是错的。可是，如果指数表明消费只有微小的增长，那么说消费或者有所增长或者有所下降，实在没有一点意义。在同意理论上的必要价值前提的人也会对实际结论表示同意以前，指数所表明的消费增长程度，是确定福利分析是否适用的一个粗糙的指标。实际情形就是这样，因为检验福利分析的唯一方法就是请求那些接受价值前提的人对结论表示同意或不同意。

读者也许会觉得奇怪，我用论述价值判断的同样方法来论述消费判断。上面一段话意味着，前一种判断恰像后一种判断一样需要价值前提。我们知道，“福利”是一个伦理字眼。然而像“实际收入”和“消费”这些字当然不是伦理字眼。可是，“从 1939 年到 1949 年社会实际收入下降了”这样一种说法强烈地暗示情形变糟了；要是说社会实际收入已经增加的话，那就强烈地暗示情形变好了。因此我建议，“福利增加（减少）”与“实际收入增加（减少）”这两个词在逻辑上都应当作为一种判断的结果提出来，这种判断关系于福利（或实际收入）分配的任何变化是否可取的问题。说“社会实际收入要大些”和说“社会收入实在要大些”没有很大的不同，后者又和“社会境况变得好些”没有很大的不同。所以我们把“实际收入增加”和“福利增加”当做同义语。现在，在上一节里讨论的是消费变动而不是实际收入变动。但是说“消费已经增加，等等”几乎和“实际收入已经增加，等等”一样强烈地暗示某种好事情发生了。如果任何货物的产量都没有发生变化，那么“实际收入”就具有相当精确的叙述意义（虽则关于什么应当包括在“实际收入”以内的任何讨论当然是价值讨论）。在一个封闭的社会里，这只是指全部卖掉的货物与劳务组合。同样，消费是指整个消费掉的货物与劳务组合。但是，当这个组合的构成发生变化时，它是变大了些还是变小了些，这个问题不会有任何精确的、客观的和纯粹叙述性的答案。提出的答案必然要取决于人们给予所消费的不同种类货物的相对重要性。为了这个缘故，在说消费提高以前，我们要求满足我们关于可取的经济变革的标准，这就是，消费分配一定不致变糟，并且在原来情况下消费的货物的再分配一定不可能在消费方面使每一个人处在将被选取的位置而不是在第二个时期内实际达到的位置上。如果这个标准得到满足，那就可以下结论说消费提高了。

不幸的是，为使人们对福利是否已经增加或是减少这样一个问题取得一致意见，单单使他们对必要的最初价值前提取得一致意见是不够的。他们知道，在广大范围内仍有发生分歧的可能，因为这种理论分析并不是完全可以适用的。这个范围有多大，完全是判断问题，但在这个范围内，有意识地或无意识地，诚实地或不诚实地，人们会由于内心里的动机而被引导到这一结论或那一结论。表面论点也许是关于福利分析在多大程度上符合于现实世界。真正论点也许是关于社会主义政体是不是一件好事情。因此经常有着这么一种危险，就是福利经济学可能蜕化成为一种卖弄学问、激动人心的说教。

现在让我们言归正传，回到比较专门一点的问题并结束某种杂乱无章的情形。我们已经指出，除非预先假定有关分配变化的价值判断，否则国民收入的比较是不会具有福利意义的。然而，当统计学家将国民收入总量(不论是按照当前价格计算的还是按照某一基年的价格计算的)提供给我们时，他们当然不希望作出任何这一类假定。他们希望提供这样一种论据，有助于其他人把它作为一个基础来作出有关福利、消费或实际收入变化的推论，如果他们想这样做的话。然而统计学家可以毫无困难地保持这种中立地位。例如，他们可以说，1947 年消费品的总市场价值比 1939 年消费品按 1947 年价格计算的价值要大 10%。他们不应当做的事情是下结论说消费增加了。像可以衡量其大小的消费这样一种东西毕竟是没有的。在以上两个说法中，头一个是客观的和中立的。

第二个是既不客观也不中立。我们立刻可以补充说，在这方面统计学家尤其国民收入数学编制者的一般做法并没有什么缺点或者丝毫没有缺点。

但是我们说过，统计学家也许希望提供论据，使其他人能够从这些论据作出有关实际收入、实际工资等等的推论。这就发生两个问题：第一，应当使用什么价格？第二，什么东西应当包括在人们可以用作福利指南的指数当中？关于头一个问题，到现在为止我们一直认为可以使用市场价格。使用市场价格的表面理由是显而易见的。它们是各个人必须支付的价格，而我们的理论则把福利、实际收入等等看成“各个人”的福利或实际收入的函数或它的逻辑结构。然而我们已经指出，这一理论概念充其量只能极其粗略地应用到一个不断变化的人口，它的嗜好是在不断变化中，它的成员也并非都是选择者。既然实际情形是这样，那么，还有什么充分理由要用市场价格而不用成本作为权数呢？

在形式水平上，我们能够为使用市场价格提出一个确切理由。在我们感到兴趣的应用水平上，只能提出一些不确切的理由来。使用纯理论所建议的权数大概会好些，如果没有特殊理由要选择其他权数的话，因为这个办法使比较的逻辑变得更公开化了。这实在只是教育学上的理由。其次，下面这一点是可以想象的，虽然未必是可能的，就是，价格和成本会发生足够大的背离，从而可以使市场价格比较可靠（在一定意义上一种比较可以说是比另一种比较更加可靠，这个意义在我们探讨这种分析的适用性的检验问题时已经交代清楚了）。最后，虽然不能依据实在的个人给予这种比较一个确切的意义，但是人们通常认为个人是重要的，而使用市场价格作为权数，比起使用以要素成本为依据的指数来，同这种社会哲学更加符合些。我认为，作出结论说总的说来，用作福利或实际收入、判断的指南的指数最好以市场价格为根据，这样的结论是不无理由的，虽然在差不多所有情形中，以要素成本为依据的指数是同样有用的。

我们假定了一种其中所有货物都由个人消费的经济，也就是假定了一种没有储蓄没有集体消费或政府消费的经济，因而绕过了第二个问题——什么应当包括在“福利指南”指数当中？让我们继续绕过这个问题直到我们探讨了国民收入总额比较的意义为止，在这种比较中，各种货物都是按照要素成本（当然包括利润）而不是按照市场价格加权的。

要素成本指数被认为是在某种意义上衡量生产的。现在整个经济的生产包括各种不同货物的异质的组合（每一种货物本身被看成是同质的）。只有在一种显而易见的意义上，也就是只有在一种货物多些而任何哪一种货物都不少些的场合，一个异质的组合可以说是比较大些。承认这一点，那就可以推论说，要是任何一种货物的产量下降，就决不能说生产增加了。这恰恰类似这样一种见解，就是，如果某一个人受到损害，那就不能说福利增进了。这个见解是从社会福利系组成社会的各个人的福利的异质组合这一错误观念产生的。

我们抱有一种类似卡多尔—希克斯福利增加定义的看法，这就是，如果能够把资源重新安排得使每一种货物的生产都多些，那就可以说生产扩大了。正好像卡多尔—希克斯标准得到满足充其量只表明福利增长的可能性一样，使每一种货物的产量都增加的变革当然也只能正确而恰当地说成是生产增长的可能性。[①] 看来这也许是很迂腐的。然而我相信，如果我们希望对所要描述的事实保持中立态度的话，那么为了表明这种迂腐的精确叙述是十分可取的，关于经济语言的启发性我已经说得够多了。

现在，如果平均的充分成本等于边际成本，则要素成本指数中所用权数的比率就会等于货物的变换率。[②] 在这种情形下，$\sum P_2Q_2 > \sum P_2Q_1$ 这个条件将会表明，非常小的生产变动就能使第二个时期生产出比第一个时期更多的货物来。换句话说，它将表明生产潜力增加了。因此，在观念上，要素成本的国民收入尺度可以说是衡量生产潜力的尺度。必须注意，在这个既定的解释下，如果 $\sum P_2Q_2 > \sum P_2Q_1$，同时 $\sum P_1Q_1 > \sum P_1Q_2$，我们就确实会遇到矛盾。那时节，实际情形就会变成这样：第二个时期的货物可能在第一个时期生产出来，而第一个时期的货物也可能在第二个时期生产出来。如果这是不错的话，我们显然谈不到生产潜力的增加。所以生产增加和福利增加不同，它要求 $\sum P_2Q_2 > \sum P_2Q_1$，同时要求 $\sum P_1Q_1 < \sum P_1Q_2$。

然而上述生产潜力变动理论是“极端靠不住的”。兹引证希克斯教授的话如下：

……实际生产指数所依据的正是这种结构；然而必须承

---

① 如果所有货物都是按照要素成本估价的话，那就一定会得出和所使用的每一个要素按照它所得报酬加权时一样的总额。因此，假定所有要素（包括企业才能）都包括在内，则衡量生产的可能变动的指数也必定是衡量所用资源数量的尺度。换句话说，潜在生产和生产潜力是一回事。

② 比较希克斯：“社会收入的估计”，《经济学报》，1940 年 5 月号，第 119—120 页。

> 认，从理论观点来看，它是极端靠不住的。报酬并非总是不变的；价格（无税）并非总是等于边际成本；这些假定一撤消，全部论证就站不住脚了。……有些人也许想匆忙地提出一种意见，这就是，市场不完全程度不变和边际成本不变会改善这种情况，而且是一个不太坏的假设；可是人们对这一点似会提出决定性的反对意见。也许就某种意义来说，在不完全竞争下，边际成本不变是正常情形，但是在这里，那种意义几乎是不相干的，在这里我们考虑的是整个经济而不是一单独的企业，因而对我们来说，要素的特征具有头等重要性。而且，除非我们有某种方法直接衡量边际成本，否则我们不仅需要假定市场不完全程度不变，而且需要假定在一切工业中市场不完全程度都一样——这个假定几乎是不能容许的。①

应当注意，我们在前一节曾经说过，这种分析只适用于生产的微小变动。但是，指数当然可以应用，如果我们必须考虑个别货物产量的边际以上的变动。在那场合，只有变换曲线是直线时，这种分析才是正确的。这是比报酬不随生产规模而改变更牢靠得多的假定，它意味着生产要素只有一种或在一切产量下各生产要素都按同一比例使用。当然，经济理论通常的假定是变换率随一种货物产量的增加和另一种货物产量的减少而递减，所以我们要弄清楚，依据这一假定，指数能够告诉我们一些什么生产情况呢。

现在，由于变换曲线呈凹形，所以 $\sum P_2Q_2 > \sum P_2Q_1$ 并**没有**告诉我们说，Q_1 点所代表的货物可能用第二种情况下的要素和技

① 希克斯："社会收入的估计"，《经济学报》，1940 年 5 月号，第 121 页。

术生产出来。同样，$\sum P_1Q_1 > \sum P_1Q_2$ 对这两种情况的生产可能性是什么也没有说。正如行为线的**凸性**使得人们不能从 $\sum P_1Q_2 > \sum P_1Q_1$ 或从 $\sum P_2Q_1 > \sum P_2Q_2$ 推论任何关于效用可能性的情况一样，变换曲线的凹性也使人们不能从相反的不等式推论出任何关于生产潜力的情况来。然而 $\sum P_1Q_2 > \sum P_1Q_1$ 和 $\sum P_2Q_1 > \sum P_2Q_2$ 却使人们同样能够推论一些关于生产潜力的情况。前一个不等式告诉我们说，即使生产可能性函数是线性的（如果它呈凹形就更不必说了），第二个位置的货物本来也不能用头一种情况下的要素和技术生产出来；后一个不等式告诉我们说，头一个位置的货物本来不能用第二种情况下的要素和技术生产出来。

为了推论第二种情况的生产潜力大于头一种情况的生产潜力，人们至少得要求 $\sum P_1Q_2 > \sum P_1Q_1$ 和 $\sum P_2Q_2 > \sum P_2Q_1$（要求后者是为了避免矛盾）。然而事实上这是否足够，是有疑问的，因为“生产潜力增加”一语似乎意味着，第二种情况的要素和技术能够生产出来的要多于头一种情况的要素本来可以生产的**任何**一批货物。单单指数不能保证这一点。因此，如果在这些指数标准得到满足的场合使用这一词语，记住下面这一点是重要的，就是，它们只不过是说，第二种情况能够生产出来的要多于头一种情况**实际**生产的货物，而头一种情况却不能提供第二种情况实际生产的货物。①

① 以上关于“生产潜力”(production potential)的分析系根据萨缪尔森：“实际国民收入的估计”，《牛津经济论丛》，1950 年 1 月号。

读者也许会想到，像原来那样通过一种情况的货物潜力进行的考察和通过一批货物的效用潜力进行的考察应当结合起来，然后比较两种情况的效用潜力，在这里要容许各批货物自由起作用以便使之适应各种不同的财富分配。要是这样做的话，结果是得出这一结论，即关于具有不同变换曲线的不同情况的效用或福利潜力，指数是什么也不会告诉我们(参看萨缪尔森:《实际国民收入的估计》,《牛津经济论丛》,1950 年 1 月号，第 17 页)。[①] 从采用国民收入的预期变动作为政策指南的观点来看，这是不幸的。头一种情况的实际货物(那可以认为是现状)不能使每一个人像他在第二种情况下将会有的境况一样好这个事实不能成为移向第二种情况的充分理由，因为情形还可能是这样：如果把金钱适当地重新加以分配，在头一种情况下本来可以生产出来的某批货物能够使每一个人比他在第二种情况下将会有的境况更好些。

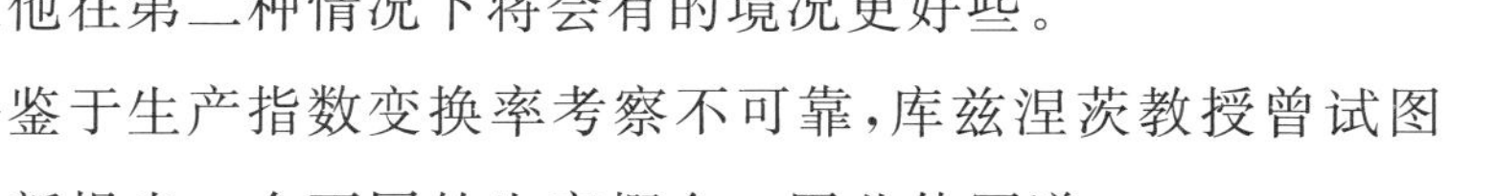

或许鉴于生产指数变换率考察不可靠，库兹涅茨教授曾试图提出或重新提出一个不同的生产概念。因此他写道：

> 把作为福利尺度的社会收入和作为生产率尺度的社会收入等同起来的普遍倾向……是以这样一个正确观念为根据的，即被视为资源收益的“产品”不会和福利等价物不同，理由很简单，即后者是利用资源的积极结果，而资源离开了它们从事生产的积极结果就没有重要性了。[②]

---

① 读者也很容易借助一个包含有变换曲线和社会无差异曲线(像第十三章中所界说的)的图形来证明这一真理。

② 库兹涅茨：“论社会收入的估计——对希克斯教授一文的意见”,《经济学报》,1948 年 2 月及 5 月号，第 124 页。

这一段话似乎是建议要按“福利”二字的意义来使用“产品”二字。因此，说“‘产品’不会和福利等价物不同”只不过换个方法说“‘产品’等于‘福利’”。如果“生产”总是意味着“福利生产”，市场价格指数被认为是福利指南的最好指数，那么，实际上最好的生产指数当然是市场价格指数。库兹涅茨教授认为生产尺度就是“福利”尺度的主张也就可以成立了。然而事实上，“生产”并不意味着“福利生产”，虽则“生产增长了”这个说法也许倾向于暗示某种好事情发生了。但是说生产增加而福利减少了显然是不矛盾的。福利不一定是利用资源的积极结果。认为“福利生产”和“生产”实在是一样意思，那就又把希克斯教授在上述那篇文章中划分开来的两个观念混为一谈了。

除了论证“福利”尺度和“生产”尺度实际上必定是同一个东西以外，库兹涅茨教授还争辩说，事实上，市场价格指数是衡量生产潜力的更好尺度。这未免有点混乱，因为，如果“福利”尺度和“生产”尺度**必定**是同一个东西这句话是不错的话，那就无须证明它们**事实**上是相同的。但是，就后一论点的真正价值来说，这个主张是，如果把间接税（大概要**减去**津贴）加上去，那就更能代表边际成本。这一主张依据的假定是，政府对企业提供的免费服务的费用可以和征收的净间接税额相等。因此生产要素要依据它们的报酬，**减**直接税，**加**让与（transfer），**加**最后公共免费服务来加权。（即是说，国民收入等于地租、利息、利润、工资与薪金，**减**直接税，**加**让与，**加**最后公共免费服务。）

如果仅仅为了论证的缘故，我们同意，可以支配的收入**加**最后政府免费服务（等于通常的“福利”尺度**减**去中间的免费服务）就是要算进“福利”指数的东西，那么这两种指数是会吻合的。库兹涅茨教授的最后生产指数可能比普通指数好，后者不考虑中间的政府服务的变化。例如，要是必需的中间服务增加而间接税不增加，他的指数将会表明生产潜力下降，而这是不错的，因为以前的最后货物组合不再能重新生产出来。另一方面，要是仅仅间接税发生变动而生产或中间服务没有发生任何变动，库兹涅茨教授的指数通常会表明生产潜力的变化，而那将是不正确的。看来没有特殊理由可以认为这种指数比普通指数好，虽然，从任何指数都不可靠这一点来看，我们使用哪一种指数，几乎没有很大关系，特别是因为它们多半不会得出非常不同的结果来。

探讨以要素成本为依据的指数是必要的，因为对于那些不是由个人购买从而没有市场估价的货物和服务来说，这是唯一可能的指数。因此市场价格指数只能指个人直接选择的货物。现在集体选择的货物可以分为两类：“福利品”和“非福利品”。或许有人要说后一类是不存在的，并断言战舰和坦克对人们的福利也有贡献。然而我认为，抱这种想法的大多数人不会说战舰有助于当前福利；他们宁愿把这一类东西看做一种保障，而不会实际上把它看成一种美好生活的构成部分。虽然什么东西应当划为“非福利品”是个意见纷纭的问题，但要提出一个作为福利指南将会是最有用的指数的统计学家必须揣测大多数人愿意把哪些东西包括在内。大体上讲，我认为大多数人要把这样一些货物和劳务列入这一范畴或宁愿把它们看做成本而不愿看做效用，这些货物和劳务不是由个人选择的，并且，如果把它们削减而不会减少任何其他种货物——像司法、警察和防御一类东西——的数量，许多人是不会感到惋惜的。承认非福利的集体货物这一类别，当然意味着，我们自己并不相信可以支配的收入加上各式各样最后的政府免费服务便构成对福利目的说来是最好的指数的内容。

因此整个经济有三个部门：(一)集体的非福利部门，(二)集体的福利部门，(三)其货物由个人选择的部门(依据定义，这是福利部门)。暂时我们仍然假定没有储蓄。

依据定义，头一个部门是要排除在外的。但是(二)和(三)两部门显然必须包括在内。在第二部门中，唯一可能的指数指望回答这一问题，即："今年能够生产出去年的货物组合吗?"现在就第三部门来说，我们已经证明，应当使用市场价格指数，并且由于它告诉我们说，给定去年的货物，收入的任何再分配会不会使每一个人的境况变得像他在今年一样好(给定选择者的人数等等不变)，所以它是福利的指南。问题在于，有什么正当理由把这样两个概念上不同的指数总合在一起。这样得出的结果会是一个没有确定意义的杂凑。有些作者曾经问心无愧地作出这样一个极为含糊的假定，就是，政府提供的货物将恰好在市场上卖得它们的成本价格。可是我们说过，无论如何，第三部门指数是不可能依据实在的个人而具有任何确切意义的。希克斯教授已经指出，要素成本指数也不会具有确切的意义。这样，我们就能够欣然地把两种指数总合在一起，因为我们正在寻求的是对大多数人作出福利结论最有帮助的指数，而不是具有一种确切意义的指数。总之，这会是无益的追求。另一方面，两个部门各有一种指数，是有好处的。这是因为，许多人感兴趣的是它们的相对增长，它们各自的量度有着重大的社会意义。

现在我们必须考虑怎样最适当地对待储蓄的问题。储蓄几乎离不开福利尺度。没有人会要说，人们的境况变糟了，因为他们随意决定要多储蓄一些。他们也许会说，他们的生活程度下降了，但是他们的福利却没有。所以，照我的意见，储蓄应被认为是有助于当前福利的。但是，除了公共团体的储蓄外，一切储蓄都发生在个人主义部门。(明白地说，还有私人集体储蓄，然而截然分明的分界线是不可能的。这两个集体主义部门合起来，可以认为合乎普通所说的公共经济部门。这个划分由于因未分配利润是个人储蓄这一惯例而受到的曲解比把它们包括在公共的集体部门里所受到的曲解要好些。)所以看来情形好像是，为了福利目的，所有这一类储蓄都要划到个人主义部门中去，不论它们的相应投资属于哪一类。然而这并非全然是不合理的，因为当前投资同各个人的现在快乐没有直接关系。不过，只要人们相信他们的储蓄将会保持其价值，当前诸蓄的确会促进他们的快乐。

库兹涅茨教授对储蓄抱有不同的看法。他认为储蓄决定应看作是进行某种实际投资的决定。因此他建议可以把投资总额和消费总额加起来，因为在理论上资本货物的价值是其将来收益的贴现价值。他以为这个处理办法更近乎储蓄决定的真实意义。在储蓄决定和投资决定无关而且它决不会老是带来投资决定的场合，我们很难同意这一点。

库兹涅茨教授写道：

> 我们还必须依据当前福利来估价(总产量的)这一部分，它代表这个国家的资本的净增额(或净减少额)，不论是由私

人还是由政府促成的。[①]

但若我们必须诉诸将来收益的话。这一点肯定不曾做到。一个人的储蓄的预期的将来“收益”所根据的是利率以及现在和不久前的消费品价格水准。在我看来，如果我们采取另一种见解，我们就会更接近个人储蓄决定的意义，这一见解是，储蓄决定是这样一种决定，它决定要积累对在储蓄情况下可以买到的将来货物的购买力。这一见解同下面一点相符合，这就是，把私人储蓄加到福利部门，而无须对收益的贴现价值和资源的现在价值之间的关系作出任何细致的假定。这些见解的唯一实际区别在于：(一)依据现在的见解，公共储蓄应当不包括在福利指数之内，(二)收入总额应当按照仅仅包括消费品在内的物价指数加以收缩。

然而这两种见解有一共同缺点。在物价上涨(这或许是对非福利部门进行大量投资造成的)时，人们储蓄的价值就会下降。因此或许有人会说，储蓄只是对福利的一种虚构的贡献。这些人是要把他们的境况实在变好了同他们只是认为他们的境况变好了区别开来。但这要引起种种困难，这些困难是和认为$\sum p_2q_2 > \sum p_2q_1$是个人福利的适当标准这一假定相联系着的。人们至多只能说，只要一个人强调个人选择，看来采取这样一种见解会更有操守些，这就是，储蓄对当前福利有帮助，不论它是用来建造战舰还是用来建造消费品工厂；在探讨经济中占主要地位的个人主义部门的福利政策时，我们根据的是这一假定：即要着重地强调个人

① 库兹涅茨：“论社会收入的估计——对希克斯教授一文的意见”，《经济学报》，1948年2月及5月号，第13页。

选择。

但是必须承认，上面的讨论是很学究式的，因为在正常时期，预算盈余或预算赤字多半不会有相当大的差异，从而可以合理地认为一种处理办法会比另一种办法导致一个更好的福利指南。在非常时期，如在通货膨胀极其严重的时候，凡是以数量指数为依据的政策都不会有什么价值。除非至少假定这样造成的收入分配方面的巨大变化是人们赞同的，否则物价要是发生非常快的变动，而与社会福利无关的话，则 $\sum p_2q_2 > \sum p_2q_1$ 这个条件对社会福利是没有关系的，甚至对个人福利也没有多大关系。

我们可以下结论说，为了作出福利判断的目的，最有用的方针是编制两种指数，一种包括私人储蓄**加**私人消费，用市场价格指数作为换算标准，另一种包括最后集体“福利品”的产量，用成本指数作为换算标准。可是，这一类指数不能当做福利**措施**。最好把它们的作用看作是提供某种证据，使人们可以在需要时用来帮助他们作出福利判断。

第十三章　福利理论与国际贸易

我们不打算分析一国也许要采取的所有各种不同的贸易政策的福利含义。我们只想谈三个最重要的论题：首先是国际贸易的"利益"；其次是一国从树立关税壁垒所能得到的"利益"：最后是自由贸易是否可取的问题。

一个一向孤立的国家可以从加入国际贸易得到什么"好处"，我们可以依据我们在前一章中对国民收入所作的分析简单地提出一个正确的说法。

让我们首先假定，在某个国家里，所有生产和交换"最适度"条件都得到满足。设国民收入的货币价值为$\sum P_1Q_1$。所有"最适度"条件都得到满足这一事实，意味着，没有任何其他一批可以生产出来的货物(如同Q_0)足以使每一个人的境况像他现在实际上所享有的一样好。换句话说，因放弃$\sum P_1Q_1$所表示的生产总量而得到好处的受益人不能够补偿受害人。这意味着$\sum P_1Q_1 \geqslant \sum P_1Q_0$，因为，像我们在前一章曾经看到的，这个条件说明了一种情况，在这种情况下，各个Q_0不能这样进行分配从而使每一个人的境况像他在头一种情况下一样好。

其次，让我们假设贸易壁垒已经消除，并且在这个一向孤立的国家里，相对世界价格和相对价格是不同的。于是发生了贸易。

我们假设结果达到一种新的均衡，它使得有关国家的国民收入现在变成$\sum P_2Q_2$。我们假定所有“最适度”条件再次得到满足。从这一点又可以推论，从生产或交换可以得到的任何其他一批货物都不足以使每一个人的境况像他在进行贸易后的均衡位置下一样好。

现在，在贸易前均衡位置下生产出来的货物也是这些可以获得的其他各批货物当中的一批。由此可见，$\sum P_2Q_2 \geqslant \sum P_2Q_1$。对这一不等式的解释和前一章相同。如果实际收入的分配在第二种情况中并不更糟的话，福利就可以说是增加了。要是可以假定生产决不会因贸易开放而改变，我们就无须假定国内生产和交换的“最适度”条件。在这种情形下，上述论点也表明，贸易后位置比贸易前位置好，因为在贸易开始以后，国内生产的那批货物不可能使每一个人的境况像享有它的实际消费者一样好。

于是我们看到，对来自贸易的“好处”的正确说法不是“受益人”能够超额补偿“受害人”。正像我们在前一章已经看到的那样，$\sum P_2Q_2 \geqslant \sum P_2Q_1$ 这个条件并不包含有这样的意思。上述论点主要归功于萨缪尔森教授的论文《来自国际贸易的好处》[①]，他在这篇文章里说，“可以用较少数量的每一种生产服务取得较多数量的每一种商品。这就保证我们通过乌托邦式的协作可以使每一个人的境况由于贸易关系而变得好些。”[②]每一个人的境况可以变得好些这个结论预先假定生产模式有不同于贸易后实

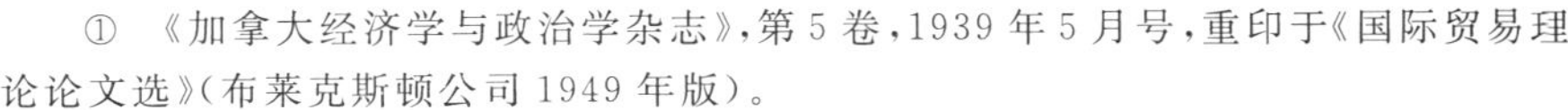

① 《加拿大经济学与政治学杂志》，第5卷，1939年5月号，重印于《国际贸易理论论文选》（布莱克斯顿公司1949年版）。

② 同上书，第238页。

际均衡位置的可能性。因此萨缪尔森教授争辩说，贸易能够使每一个人的境况变好，而不是通过贸易实际得到的货物的再分配能够使每一个人的境况变好。我们的说法有点不同。我们说，如果实际收入的分配并没有变糟的话，贸易后的局面实际上比贸易前的局面好。

我们还没有丝毫谈到生产服务。在形式水平上，它们可以这样来加以处理，就是把闲暇也包括到“产品”中去。也要注意到，上述论证没有提到外国的比较成本。当我们考虑一单独国家可以获得的利益时，这是不必要的。所需要的只是，比较世界**价格**可能同本国比较实际成本是不一致的。

来自贸易的好处的论点通常是采用这样一种形式来加以说明的，它表明，两个国家从事某种贸易都会得到益处。这个论点要站得住脚，那就还需要所有生产和交换的“最适度”条件在这两个国家都得到满足，要是涉及所有国家的话，那就在一切国家都得到满足，以使变换率等于比较实际成本；否则必须假定在一切国家中生产都没有变化，因而这只不过是个交换问题。因此，只要在一国各个人间或在各个国家间贸易不致使实际收入分配发生不利的变化，那就可以推定贸易增进了福利。主张普遍自由贸易的论点只不过是来自贸易的好处的论点推进到它的逻辑极限的结果。假如我们把普遍充分就业和没有外部经济等等加到上述假定上面，我们就可得出这一理论，即自由贸易“使世界福利成为最大量”，因为它终于在全世界实现所有生产和交换的“最适度”条件。但是，料想会达到最大量的只是“世界福利”。个别国家可以从限制贸易政策获得益处，就像个别垄断者可以靠这种方法得到益处一样。这就把我们引导到关税问题。

在考察关税时，我们首先要论述两个国家两种货物的简单情形。这种情形和其他国际贸易问题可以借助普通叫做“社会无差异”曲线的图形来进行分析。

西托夫斯基教授是用这样一种方法来给“社会无差异”曲线下定义的，用这种方法使我们在应该依据实在的个人或社会中的小社会集团来给社会福利(或无差异)下定义时，不致使我们陷于一种荒唐可笑的境地，即把社会当做一个人来看待。兹引证于下：

> 在一个笛卡尔平面上，它的两轴表示两种商品(譬如说面包和酒)的物质数量，p_0 代表社会所据有的这些货物的数量，并假定它们是按照既定方式在它的成员中间分配的。其次假定社会是因为面包价格上涨而放弃它的一部分，譬如说 b_0b_1 的。因此这一点是可能的，就是把某一数量的酒(譬如说 w_0w_1)进行分配，恰可补偿每一个人在满足方面的损失。所以 p_1 在它代表社会上每一成员在 p_0 上所享有的同样福利这一意义上是和 p_0 无差异的一点。我们可以用同样方法绘出穿过 p_0 的社会无差异曲线的所有各点。
>
> 要注意到，穿过 p_0 的社会无差异曲线不止一条，而是有无限条，它们是和社会各成员间的不同福利(即面包和酒)分配相适应的。[①]

① 西托夫斯基：“再论关税理论”，《经济研究评论》。第 9 卷，1942 年。重印于《国际贸易理论论文选》(布莱克斯顿公司 1949 年版)。引文见后一书籍第 364—365 页。关于根据个人无差异曲线绘制“社会无差异”曲线这一点，请参看鲍莫尔：“社会无差异图的绘制”，《经济研究评论》，第 17 卷，1949—1950 年。

图13.1说明了上面那段引文。必须注意，给予补偿的酒量(w_0w_1)必定是这样一个数量，它足以使每一个人的境况恰像从前一样好，这里假定新情况下的数量，Ob_1 的面包和 Ow_1 的酒，系按照“最适度”交换条件可得到满足的方式进行分配的。情形必定是这样的，因为，不然的话，p_1 点就不能出色地决定下来。我们还必须假定，面包和酒首先进行“最适度”的分配。其次，应当注意，p_1 所代表的数量能够使每一个人的境况像从前一样好，这实在是不错的。

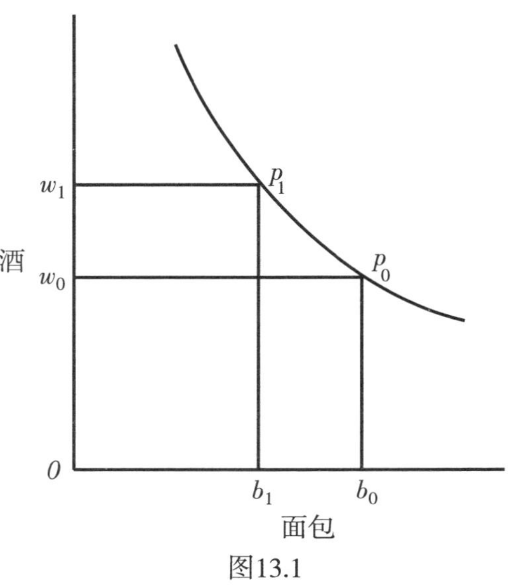

图13.1

因此，通过 B 点的一条“社会无差异”曲线可以简单地定义为所有代表两宗货物的种种数量的各点的轨迹，这两宗货物如果“最适度地”加以分配，恰恰足以使每一个人处在和他在情况 B 时所处的同一条行为线上。换言之，所有位于这条曲线的上方或右方的各点代表对位置 B 来讲卡多尔—希克斯标准可得到满足的一些货物组合；同样，就所有位于“社会无差异”曲线的左方或下方的各点来说，卡多尔-希克斯标准就得不到满足了。正像西托夫斯基教授所说的，也许有很多“社会无差异”曲线穿过任一 B 点，每一条曲线是和一种不同的“福利”分配相适应的。从这一点当然可以推定，“社会无差异”曲线是会交叉的。现在让我们弄清楚，西托夫斯基教授怎样运用“社会无差异”曲线的技巧来论证一国从征收关税可能得到的“利益”。

在图 13.2 中，以原点 O 为标准，横轴之距离表示本国货的数量，直轴之距离表示进口货的数量。OR 代表这个国家可以保持的或用来出口以换取进口货的本国货的数量。RF 是国内供应曲线（offer curve），它可以定义为通过 R 的各价格线与各适当的“社会无差异”曲线相切的各点的轨迹。我们说**适当**的“社会无差异”曲线，因为价格线与之相切的曲线，必定是和某一初期的金钱分配所暗示的实际收入分配以及价格线科度所代表的一套价格相适应的一条曲线。RG 系外国供应曲线，它是依同样方法下定义的。这两条曲线的交点决定着自由贸易的均衡点 A，在这一点，

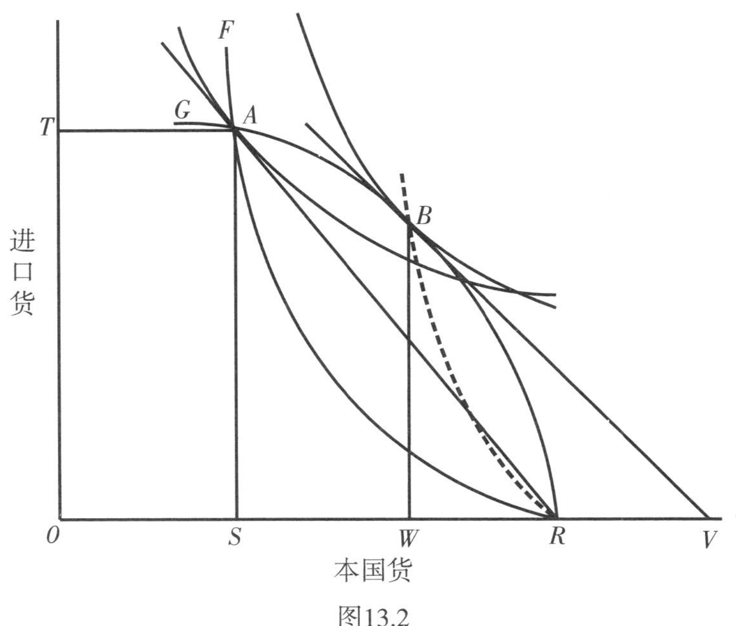

图13.2

本国保持 OS 数量的本国货，并出口 RS 数量的本国货以换取 OT 数量的进口货。这样，就有 OS 的本国货和 OT 的外国货可以用于国内消费。[①]

现在假设本国对进口货实行征税。其结果是使这个国家用本国货换取进口货所依据的比率和它们在国内市场上的均衡交换率发生背离。后者必须老是等于国内某一“社会无差异”曲线的斜度，因为，在一个均衡点上，所有个人行为线都具有同样的斜度。所以在那一点上，每一个人需要用本国货补偿（反过来也是一样）所依据的比率是一样的。从这一点可以推定，“社会无差异”曲线具有同样斜度，这斜度必定等于市场交换率。这就是为什么我们能够从价格线同“社会无差异”曲线相切这个条件，用探索一条个人供应曲线的方法，正当地探索出一条社会供应曲线的道理。

因此实行征税的结果是出现一条新的供应曲线，它是所有这样一些点的轨迹，这些点使市场估价与税前估价之间的差额同税前进口货估价的比率等于关税率。在图 13.2 中，虚线 RB 代表这种被关税所歪曲的供应曲线。它是经由 B 点绘出的，B 点乃是外国供应曲线同一条本国“社会无差异”曲线的切点。

由于 B 是外国供应曲线要穿过的“社会无差异城”的最高点，所以一种将会歪曲原来供应曲线使之穿过 B 的关税据说是一种“最适度”关税。这样一种关税在哪种意义上是最适度，这是要讨论的，但是让我们首先弄清楚什么样的关税的确使我们能够达到

① 图 13.2 仅仅显示每一国家生产一宗货物的情形。然而它可以毫无困难地加以修改，来论述比较一般的情况。参看米德：《国际贸易的几何学》，艾伦—昂温公司 1952 年版，第 2 章。

B 点。在 B 点，进口数量是 BW。在本国市场上，用出口货表示的对这些进口货的估价是 WV，但是为偿付它们而实际出口的数量只有 WR。因此缴纳的全部关税是 RV。因为进口货的税前价值是 WR，所以用百分数表示的关税率是 $VR/WR/R \times 100$。可以看到，VR/WR 这一比率完全决定于外国供应曲线在切点 B 的斜度以及 B 的位置。换句话说，它完全决定于外国供应曲线在 B 点的弹性。因此，若这个弹性为已知，则使我们可以达到位置 B 的关税也是已知的。

现在我们必须探讨这一问题，即：能不能正确地说 B 比 A 好或比外国供应曲线上任何其他一点好。显而易见，穿过 B 的"社会无差异"曲线必定要经过 A 的右上方。这表明，从 B 移到 A，则卡多尔-希克斯标准得不到满足，或从 A 移到 B，则西托夫斯基标准必定得到满足，那是一回事。根据我们的标准，这足可使我们说，只要在位置 B 时实际收入的分配是更适当的，那就还是征收"最适度"关税的好。同样，只要沿着外国供应曲线朝向 B 的移动不致使实际收入发生不利的再分配，这种移动总有可取的地方。这是因为可以获得的任何其他一批货物都不足以使每一个人的境况像在 B 时一样好。

上面的分析是和西托夫斯基教授不同的，因为他忽略了实际收入的分配（除非它结果造成矛盾），并认为，对于从 A 到 B 的移动，如果并且只要卡多尔-希克斯标准和西托夫斯基标准都可得到满足，福利就可以说是增加了。兹引证于下：

> 如果与外国供应曲线相切的无差异曲线，在其切点与另一无差异曲线同外国供应曲线的交点之间，与另一无差异曲

线相交的话，根据我们的惯例（即卡多尔—希克斯与西托夫斯基两种标准都必须得到满足这一必要条件），我们必须认为相应的贸易政策对于国家福利是同样有利的。[①]

在这里，"同样有利"必定是"不确定"的意思。据说，从 A 到 B 的移动是不确定的，如果它们各自的"社会无差异"曲线在 A 和 B 之间相交的话，因为，在这种情形下，B 会位于 A 的曲线的下方，于是卡多尔—希克斯标准不会得到满足。我们已经指出，假如其他标准得到了满足，则卡多尔—希克斯标准是不相干的。所以，如果曲线的确像上面所说的那样相交的话，那也没有关系。[②]

到现在为止，我们只是考虑货物交换，这里假定一国只生产"本国货"，另一国只生产"进口货"[③]，因此，唯一有关系的生产"最适度"条件是那些与要素的"最适度"就业有关的条件。要么必须假定这些条件应得到满足，否则对"最适度"条件的偏离必须不因关税而改变，因为，不然的话，在形式上就没法谈一种关税的益处或害处了。现在国外交易可以从生产的同一角度来考察，因为它是一宗货物"变换"为另一宗货物的一种方法。在"最适度"位置 B，依据"社会无差异"曲线的定义，交换条件是得到了满足的。而且"社会无差异"率（即消费这两种货物的每一个人愿意用进口货换取本国货所依据的比率）等于变换率，也就是等于有可能诱使外

① 西托夫斯基："再论关税理论"，《经济研究评论》，第 9 卷，1942 年。重印于《国际贸易理论论文选》（布莱克斯顿公司 1949 年版），第 371 页。

② 虽则矛盾依然会发生，如果福利分配（虽不相同）在伦理上是中性的话。

③ 这是指前一国家的进口货。——译者注

国人放弃进口货来换取出口货所依据的比率(他的供应曲线的斜度)。因此,在 B 点,一切变换或生产条件也都获得实现(我们还假定要素就业条件应得到满足)。

在这种情况下,如果 B 被认为代表一个局面,在这个局面下,就进口国家来说,所有"最适度"条件都获得实现,并经由任何补偿过程而继续得以实现的话,那么,在移向 B 时,卡多尔—希克斯标准必定会得到满足。[①] 然而这并不是说,社会无差异曲线决不会交叉,因为它们被规定去指出特定的几批货物是否足以使每一个人的境况同样好。因此,虽则受益人总能够补偿那些因改采"最适度"关税**政策**而受到损害的人,但这一点不一定正确,即 B 点所指定的特定的一批货物会是足够的。实际上它所表明的是,"社会无差异"曲线对于分析把所有生产和交换最适度条件都付诸实行的政策是不相干的。[②]

外国人只生产"进口货",本国只生产"本国货",这个假定当然是不必要的。唯一区别是,如果在这两个国家每一种货物都生产一些,那么国内变换率也将等于国内市场的相对价格,从而等于外国供应曲线的斜度。[③] 这样,从本国观点看来,所有生产和交换的"最适度"条件都得到了满足。

从图 13.2 也可以清楚地看到,如果我们把 B 叫做第二个位

① 参看本书第六章。

② 关于这一切,请参看格腊夫:《论最适度关税的结构》,《经济研究评论》,第 17 卷(1),1949—1950 年。

③ 比较列昂节夫:"无差异曲线在对外贸易分析中的应用",《经济学季刊》(1933 年),重印于《国际贸易理论论文选 》(布莱克斯顿公司 1949 年版);或米德:《国际贸易的几何学》,艾论-昂温公司 1952 年版。

置，从而研究朝向 B 的移动，那么，只要头一个位置是处在外国供应曲线上，$\sum P_2Q_2 \geqslant \sum P_2Q_1$ 这个条件就得到满足。因此在图中，要是我们对进口货的估价是用本国货表示的，则 $\sum P_2Q_2 = OV$。如果我们在外国供应曲线上选取任何其他一点，并画一条与 BV 平行的线，那么它同 OV 的交点代表 $\sum P_2Q_1$。一看就明白，凡是在外国供应曲线对原点呈凹形的场合，$\sum P_2Q_2$ 就必定大于 $\sum P_2Q_1$。如果外国供应曲线是条直线（即国外相互需求的贸易条件弹性为无限大），则 $\sum P_2Q_2$ 等于 $\sum P_2Q_1$，“最适度”关税是零，在这种情形下，自由贸易位置就是原来位置，外国供此曲线同一条“社会无差异”曲线相切于一点。所以我们依据国民收入对“最适度”关税进行的分析也得出这一结论：只有在“最适度”关税不致使实际收入发生不利的再分配时，它才是最好的（在理论上）关税。

现在我们必须研究一下为决定“最适度”关税而引申出来的公式。我们知道，实际上，它可以说是使国民收入达到最高水平的关税。如果实行了一切可以想象的变革，这些变革符合于如下两个条件：（一）$\sum P_2Q_2 \geqslant \sum P_2Q_1$；（2）实际收入不致发生不利的再分配，那么国民收入的实际价值就成为最大量。

现在
$$\begin{aligned}\sum P_2Q_2 &= \sum (P_1+\Delta P)(Q_1+\Delta Q)\\ &= \sum P_1Q_1 + \sum Q_1\Delta P + \sum P_1\Delta Q\end{aligned}$$

［二阶小（second orders of smallness）略而不计］，

又 $\sum P_2Q_1 = \sum (P_1+\Delta P)Q_1 = \sum P_1Q_1 + \sum Q_1\Delta P$，

$$\sum P_2Q_2 - \sum P_2Q_1 = \sum P_1\Delta Q.$$

于是我们得到 $\sum P_2Q_2 \geqslant \sum P_2Q_1$，假如 $\sum P_1\Delta Q$ 是正数或是

零的话。$\sum P_1 \Delta Q$ 是数量变动依原来价格计算的价值。从这一点可以推定，如果 $\sum P_1 \Delta Q=0$；或者，当我们考察微小变动时，如果 $\sum P_1 \delta Q=0$，则实际国民收入达到最大量。

现在假设我们征收关税 T_1（它是用外国人所得价格 P_1 的分式表示的），并希望断定一下它是不是“最适度”的。如果对关税的微小变动（δT_1）来说，$\sum P_1 \delta Q=0$，那它就是“最适度”的。当我们这样对关税进行改革时，出口货变动依原来价格计算的价值将是 $P_E \delta E$，同样，进口货变动的国内价值是 $P_1(1+T_1)\delta I$。所以，当 T 是“最适度”时，我们得到方程：

$$P_E \delta E-P_1(1+T_1)\delta I=0. \tag{1}$$

左边式子也可测度向外国人出售的货物的数量变动的价值，在这里，P_E 和 P_1 代表关税进行微小变革以前用外币计算的价格。现在，由于进口货变动的价值必定等于出口货变动的价值，我们也得出这个条件

$$\delta(P_I I)=\delta(P_E E),$$

$$P_I \delta I+I \delta P_I=P_E \delta E+E \delta P_E,$$

$$P_I \delta I(I+I/\eta_8)=P_E \delta E(I-I/\eta d),$$

在这里 η_8 是国外供给弹性，ηd 是国外需求弹性，各个 P 是用外币计算的。

$$\frac{P_I \delta I}{P_E \delta E}=\frac{I-I/\eta d}{I+I/\eta_8}. \tag{2}$$

但由于 $P_I \delta I/P_E \delta E$ 总是一样的，不论 P_1/P_E 是用本国货币或外国货币表示。所以从(1)可以求得

$$\frac{P_I \delta I}{P_E \delta E}=\frac{I}{I+T_I}.$$

由此
$$T_I=\frac{I+I/\eta_8}{I-I/\eta_d}-I,$$
$$T_I=\frac{I/\eta_8+I/\eta_d}{I-I/\eta_d}.$$

在上面的公式中，弹性当然是指关税实施后起支配作用的弹性。在理论上，我们可以靠错了再试办法接近“最适度”关税来减少或消除这里必然要涉及的猜测。[①]

要注意到，“最适度”关税也可以同样好地采取出口税的形式。因此方程(1)可以写做：
$$P_1\delta I-P_E(I-T_E)\delta E=0, \tag{3}$$
这里 T_E 是用全部出口货国外价值的分式表示的“最适度”出口税。由此，“最适度”出口税等于$(I/\eta d+I/\eta_8)/(I+I/\eta_8)$。(假如出口税是用出口货的**国内**价值的分式表示的，我们会得到
$$P_1\delta I-P_E[I/(I+T_E)]\delta E=0,$$
并且用这种形式表述时“最适度”出口税会等于“最适度”进口税。)“最适度”关税也可以一部分征自出口货，一部分征自进口货。让我们写出方程(1)：
$$P_E(I-T_E)\delta E-P_1(I+T_1)\delta I=0. \tag{4}$$
由于(2)
$$\frac{I-T_E}{I+T_1}=\frac{I-I/\eta_d}{I+I/\eta_8}.$$

① 以上关于“最适度”关税的推论大体上仿效康恩教授在“关税与贸易条件”(载《经济研究评论》，第15(1)卷，第37期)中所作的推论。然而这个公式最初是由比克尔迪克和埃杰渥斯推求出来的。参看比克尔迪克对庇古教授“保护与优惠进口税”一文的评论，《经济学杂志》(1907年)，第98—102页；又埃季渥斯：《论文集》，第2卷，第361页。

一个可能的解法是，$T_E = I/\eta_d$ 和 $T_1 = I/\eta_8$。这是勒纳教授用一不同方法得出的结果。[①]

迄今，我们的分析一直限于两种货物的情形。[②] 在这里，事实上，国外供求的一般弹性是一些特殊弹性的加权平均值，根据这样一种全面的平均值征收的一般进口税会无法满足西托夫斯基标准，因为关税对于某些货物来说也许太高，而对于另一些货物则太低。格腊夫曾经分析过多种货物的情形。[③] 每一种进口货需要按照这样一种税率稽征，这一税率不仅取决于它本身的供给弹性，而且取决于其他进口货的供给相对其价格来说的所有交叉弹性；同样，每一种出口货需要按照这样一种税率稽征，这一税率不仅取决于它自己的国外需求弹性，而且取决于所有其他出口货的需求相对其价格来说的交叉弹性。

因此，把出口货和进口货分别当做一宗货物而得出的关税几乎不会是“最适度”的。认识这一点后，让我们回头来探讨“最适度”关税这一概念的现实性，以及从对外贸易的确得到或者可以得到好处这一观念的现实性。

从对外贸易可以得到好处，这确实是显而易见的。通过对外贸易而形成的变换率也许和国内工业中普遍存在的变换率大不相同。在极端情形下，不论牺牲了多么多的其他货物，也许不可能从本国获得某种货物。由于垄断或市场不完全的关系，在国内市场

① 《统制经济学》，第 382—383 页。

② 严格地讲，它涉及三种货物，因为第三种货物（它既不出口，也不进口）是要作为记账单位，用来表示出口货与进口货价格的。

③ “论最适度关税的结构”，《经济研究评论》，第 17(1)卷，1949—1950 年。

变换率与变换率之间可能出现不相等情形,这种不等和人们料想会普遍出现的不等是属于不同阶(order)的。从对外贸易可以得到益处,这样说很类似下面这一说法,即可以想象,一个垄断组织也许要这样来限制产量,使事情十分明显,福利可以由于产量的增加而增加。

另一方面,如果把贸易利益论推进到宣称普遍自由贸易是理想的地步,那就走得太远了。在这里,我们所持的论点是,只要国内和国外的变换率之间存在着一些差别,无论多么小,福利都可以增加。但是我们已经经常把下面这一点强调得够了,即理论上的论证太不现实,因而不能确信:只要"最适应"条件的偏离不大,任何改进都可以进行。事实上,旨在使全世界一切生产和交换的"最适度"条件都得到满足的主张实行普遍自由贸易的纯经济论的理由是和反对一切种类垄断(不论什么程度)与不完全竞争的一般理由相类似的。这两方面的理由都很靠不住,实际上都有先决条件,因而许多原来决不会实现的"最适度"条件都恰恰得到了满足。

认为自由贸易能使世界福利最大这一观念,不仅以在一切国家内实现生产和变换的"最适度"条件与充分就业为先决条件,而且忽视了各国之间的实际收入分配。自由贸易主义者能够对头一种指责作一些答辩。各国内部的生产和交换条件可以作为论据;并且贸易是在比较价格而不是在比较成本的基础上进行的。他还可以进一步言之成理地说,自由贸易要是有什么作用的话,它可以削弱各国内部的垄断程度,于是下结论说,即使不能认为它会使"世界福利成为最大量",它至少可以带来一些改进。

第二种指责大意是说，自由贸易主义者忽视了各国间的实际收入分配，对这一指责却提不出什么适当的辩解。即使在我们应当对受益人能够补偿受害人这一点抱有一定信心的情形下，也没有理由说其结果将会是福利或货物的增加。所以自由贸易不能在适当的意义上说成是理想的或最适度的。正像以前分析的那样，看来我们必须坚持说，如果国际贸易关系的变革不致使各国间实际收入分配发生不利的变化，又如果受害人不能贿使受益人反对这种变革的话，那才能合理地说这种变革在经济上是可取的。但是我们必须记住，对第二种检验的辩护理由是，要是它得不到满足，那还是以简单地移转购买力为宜。在没有政治上的可能性来对人们认为应当得到益处的国家（为了任何道义的或政治的原因）提供免费货物或购买力的场合，要断言这样一个国家为了改善它的贸易条件而采的任何措施在经济上都是错误的，那就是伪善。

可以想象，也许有人对以上讨论提出反对意见说，不同各国间实际收入的比较是没有意义的。它不一定含有这种比较的意思，因为人们当然可以断言，如果美国拿一些美元给塔希提岛，那会是可取的，而用不着说，那会是可取的，因为美国人实在比南洋群岛人富有些。然而人们认为它可取的理由往往是实际收入的比较。国际间实际收入的比较究竟有没有意义，要以人们进行的特殊比较为转移。假如有人说，“美国的实际收入高于印度”，毫无疑问，他提出了一个真正说明问题的说法。另一方面，人们很有理由怀疑，“英国的或瑞士的实际收入高吗？”这个问题是不是一个可以弄清的事实的问题。我要说，它不是的，而且这个问题可以正确地说它在说明问题方面是毫无意义的。按每人计算的国际“实际收入”指数，对于某些对这两个国家有深刻了解的人，肯定简直没有提供什么知识。但若有人并不熟悉瑞士，而有些指数说明，在瑞士，按每人计算的实际收入要比他本国（譬如说）高10%，那么，它至少告诉他说，他多半不会决定哪一国的境况要比另一国好得多。但是，对于以我们的分析为先决条件的问题，即“牺牲乙国而使甲国得到益处是不是一件好事?”这一问题来说，当然，这一切也许是完全不相干的。

如果我们采取过于悲观的看法，即每一个人总认为世界上的实际收入作有利于他本国的再分配是好事，那么，每一个人往往可以说，一种会产生这种情形的变动不仅会增进他本国的福利，也确实会增进世界的福利，即便人们可以有利地贿使他的国家（例如）不征收这种关税。因此常常有人说，关税只有在使其他国家的所失大于所得时，才能使本国得到好处。用福利的话来说，这个说法并没有先验的充足理由。

认为每一个政府总是把能增进它本国福利的变革看做是好事，而建立关税壁垒就会取得这种效果的这一见解产生一种理论，它企图使关税是国际经济行为的准则这一事实合理化。如果一国政府为了增进它本国的福利而征收关税的话，其他国家将会受到损害。它们自己也征收关税以为报复，这样可以部分地恢复它们以前的局面。结果也许是增加头一个国家“最适度”关税的高度，等等。可以想象得到，竞赛式的关税战会继续进行下去，一直到两国贸易达到快要完全消失的一点，如果发现这样的一点，在这一点，每一个国家被关税所歪曲的供应曲线同其他国家的“社会无差异"曲线相切，那么关税战是会突然停止的。[①] 最初征收关税的国家也许得到也许得不到益处，要是它遭到报复的话。

因此，假使我们从一种自由贸易的局面出发，如果每一个国家未能考虑到其他国家将会进行报复，而且，即使考虑到报复的可能性，它也会这样做的话，那就会发生关税战。每一个国家也许以为它的关税对任何其他一个国家的影响将是微小的，因而不致引起报复。这是应用到国际领域的垄断竞争理论。有人曾经说过："如果把依据这些假定征收关税看做是不合理的，那么同样也可以把竞争行为看做是不合理的。"[②]当然，人们对这一点可以回答说，假如碰到这样一种情形，在这种情形下，一个人猜想他自己的行动不会影响其他人的行动，那是愚蠢的，那么竞争行为确实是不合理的；所以寡头垄断的做法流行起来了。然而，如果从关税显然可以获得益处的话（假定没有报复），则普遍自由贸易的局面也许是不稳定的。不论什么时候，某一国家也许觉得获取直接利益的诱惑太大了，因而无法抗拒，至于将来，只好听其自然发展。但是那时节，也不能推论其他国家必定会跟着走。就其他国家来说，一国破坏自由贸易规则这一事实也改变不了整个形势。像从前一样，每一个国家也许认为它进行报复可以得到好处，如果它的行动不致引起其他国家也进行报复的话。假如它们确实报复了，那么，后一种情形很可能比头一种情形更糟些。另一方面，一国也许认为其

① 至于关税战的图解，请参看西托夫斯基：《再论关税理论》（布莱克斯顿 1949 年版），第 372—375 页。但也可参看约翰逊："最适度关税与报复"，《经济研究评论》，第 21(2)卷，1953—1954 年。

② 西托夫斯基：《再论关税理论》（布莱克斯顿 1949 年版），第 375 页。

他国家将会从长远着想，并且晓得到头来报复是不合算的；那将是征收关税的极好理由。防止一国征收关税的最有把握的办法是使它确信其他国家会进行报复。如果我们采取各个国家都是寡头垄断者这一合理的见解，那么，为了防止随便哪一国破坏寡头垄断的自由贸易游戏，每一个国家有必要准备耽迷在报复当中，它知道，这种报复大概不是对它最有利的（除非考虑到对报复作了种种准备之后所产生的预防性效果）。这是一种威吓与反威吓的情形。结果很不确定。甚至可能是自由贸易。

上述关于国际经济关系的理论一部分是以这样一种信念为根据的，就是，如果不发生报复的话，关税**显然**会增进个别国家的福利。所以我们必须讨论“最适度”关税观念的现实性。用不着推敲“最适度”关税理论所必需的一切假定。在本书中，这些假定大部分早已探讨过了。简单地说，在征收关税的前后，所有生产和交换“最适度”条件都必须得到满足；不然的话，生产一定不会发生变化；或者，至少关税不致使“最适度”条件发生任何更严重的偏离。显而易见，如果“最适度”条件只发生微小的偏离（如果国外供求有相当弹性），人们就不会相信受益人能够超额补偿受害人这一结论。另一方面，如果国外供求非常缺乏弹性，人们就会在某种程度上相信实施一种适当的关税政策可能是有益处的。但应注意，“最适度”关税公式需要猜测国外供求的弹性（姑且不谈交叉弹性），这些弹性多半会因关税而发生变化，尤其在起初弹性不大的场合（国外弹性的变化也许和报复无关，也许就是报复所造成的）。

所以，那些真想增进福利的政府（依据我们的个人主义假定[①]）征收关税也许不会达到最适度关税公式所建议的程度，即使它们全都像垄断而不是像寡头垄断那样地采取行动。的确，假如这是它们的唯一目的，它们也许根本不征收关税，因为关税利益也许是不明显的。在经济福利增进不明显的场合，人们完全有权不相信那种预言会取得这种结果的理论。我认为，这么许多人——经济学家和政客——能够否认关税利益的存在，却并不显得愚蠢，这个事实证明这种利益即使有的话也是不显著的。

而且，如果人们打算相信这种理论上的利益是真实的，则国外弹性必定低。如果有关国家正在同许多其他国家进行多边自由贸易，则它们未必是低的。但是只有在这种情形下，才可以言之成理地说一国可以忽视报复的可能性。各国很可能达成一项不从事经济战的寡头垄断性质的默契。

和许多理论福利经济学家不同，政府也不忽视收入的分配。许多关税不会征收，因为它们会使收入分配发生不利的变化（否则它们是会征收的）。

最后，应当注意，依据我们的假定，出口税恰和进口税一样好。某些原产品生产国家除了十分不同的原因以外都不征收出口税一事，似乎足以证明，建立关税壁垒的动机主要不是想靠剥削外国人来增进本国福利。看来我们可以公平地下结论说，如果对于建立

① 一个国家，它的“福利”理论是以集体主义的中央估价为依据的，多半会试图利用它的地位。我们曾经说过，“福利”理论对这样一个国家要适合得多。理论上的“利益”也有大得多的可能性变成为现实——这种“利益”肯定会更明显些，因为它们的现实性并不取决于对个人幸福的判断。

关税壁垒，除了“静态福利”的原因以外没有其他理由的话，那么关税问题很可能不是一个非常严重的问题。

但是，正如西托夫斯基教授所说的，征收关税还有其他动机。主要的一个是关税有利于就业。显而易见，关税壁垒有助于使有关国家取得对外贸易顺差，而这又有助于增加就业。某种关税往往可以防止摩擦性失业，这也是显而易见的。毋庸置疑，各个国家由于就业、贸易差额或危机而征收关税，要比由于关税可以增进福利（撇开改善就业情形不谈）这一牵强附会的论点而征收关税，有大得多的可能性。这就产生幼稚工业的说法。为了保护新兴工业可以征收关税，这种工业在长期内将证明本身是正当的。可是在短期内，没有保护，它是站不住脚的，因为缺少比较充分工业化的国家中所存在的那种外部经济。它也可以用动态论点来辩解（就这个国家本身来说），这些动态论点是，工业化是按照几何级数进行的，而且发明可以推动发明。所以保护也可以算作征收关税的一个明显理由。

最后，一国当然可以利用关税来切断对外贸易，一旦发生战争，预料对外贸易会变成不可能的。所有那些计划进攻或那些预料要遭到攻击的国家都会这样做。不过，对于希望保持中立的国家来说，它可能也是适当的，因为战争爆发后，它们的贸易也会遭受严重的破坏。

看来会展示出来的一幅图景是怀有种种动机（代替利润动机）的寡头垄断竞争而不是垄断竞争的图景。在这些动机当中最重要的似乎是摩擦性或周期性失业动机或支付平衡动机，而最近似利润动机的一种动机，即“福利”动机，却很可能是最无关紧要的一种动机。

现在我们可以转向最重要的结论，这个结论是西托夫斯基教授把他的垄断竞争理论应用到国际经济关系后得出的。他写道：

> 但是，单单宣扬自由贸易的可取性和指望明智将促其实现是不够的；创造有利于自由贸易的原始条件也是不够的；必须强制实行它。……我们（经济学家）只能说，为了保证自由贸易，某种形式的强迫是必需的。[①]

我们同意各国间的寡头垄断默契不足以保证自由贸易。如果想把它付诸实行的话，下一阶段是把默契变为书面协议。然而没有制裁可能性的明文协议不会是很有力的。完全的自由贸易不见得能靠条约求实现。那么，假如明文协议无效，下一步怎么办？应当实施经济制裁吗？进行经济战的威胁可以防止经济战吗？这一类威胁也许会制止一国征收关税，它相信其他国家不会进行报复，理由是，这不符合它们自己的长期最高利益。然而我们将会看到，即使发生关税战，某些国家的境况依然会变得好些。无疑，假使威胁着要实施的经济制裁是够严厉的并超过了报复的保证范围以外，譬如采取完全禁止通商的方式，那就会很便当地迫使犯错的国家屈膝，如果它是一个小国的话。但若该国是个大国，对它进行经济战所需承担的牺牲是巨大的，在这种情形下，这种企图大概要遭到失败，或者只不过是一种恐吓而已。假使各大国对自由贸易取得一致意见，它们可以贯彻自己的主张；可是小国却不能把它强加

① 西托夫斯基：《再论关税理论》（布莱克斯顿 1949 年版）第 389 页。这一段话经征得本人同意被部分地引录为康恩教授《关税与贸易条件》一文的结论。该文载《经济研究评论》，第 15(1)卷，第 37 期。

在大国身上。如果有些小国可从征收关税得到好处的话，大国怎么能够说，强制它们不征收关税，一切是为了国家的利益?①

我们早已说过，依据通常的“福利”前提，除非人们认为在自由贸易条件下进行各国间实际收入的分配是最适当的，否则没有理由说自由贸易是可取的。所以我们不能承认自由贸易是可取的这个大前提是从福利理论作出的一个推论。然而有人将会说，关税战的结果肯定将使每一个国家的境况变得更糟些。即使依据通常的静态前提，即使忽略掉外部经济，实际情形也不一定是这样。但即使情形如此，对于断言由于某一国家破坏了自由贸易规则立即会酿成关税战或更严重的情况来说，那也不是一个充分的论点。

照目前实际情况来说，下面这个论点肯定是有疑问的：即在自由多边世界贸易制度下没有一个国家的境况会不比在普遍征收关税的制度下更好些。下面这种说法可能也会遭到反对，这种说法是：还是给一个国家赠款而不让它靠关税来自助的好。假使我们作更广泛的考虑，例如接着是否有实行经济支配的可能性，或者至少怀疑贷款和赠款也许是不受欢迎的文化渗透与经济渗透的一种形式：那就不能肯定地说直接援助一个国家会更好，即使在政治上的确已有给予这类援助的可能性(给予援助完全是因为受援国是贫穷的)。

说自由贸易是好事，或说它“会使世界福利成为最大量”，并像实际上那样忽视实际收入的分配的这一含糊的假设很可能使那些

① 这并不是说，在现在的关税结构下，小国的境况会比它们在自由贸易的情形下更好些。例如得到好处的也许是美国。

作这一假设的经济学家或政客遭到伪善和讲废话的指责。我们要赶紧补充说，不只是主张自由贸易的经济学家会作关于收入的某种国际分配的可取性的一些隐蔽的假设。我们的请求是，重视经济学胜于政治学的经济学家努力阐明推求他们的结论所必需的一切前提。

因此我们不接受这种三段论法：“自由贸易是可取的。除非强力推行，否则它是不现实的。所以自由贸易必须用强力来推行”。认为存在着某种先验的理由说自由贸易是可取的这一观念，乃是有了一种忽视实际收入分配的福利理论的直接结果。这一观念还导致自由贸易必须用强力来实行这一积极的结论。自由贸易在任何意义上都不是这个世界上可能出现的最好局面。在经济学中传统的结论恰恰与此相反，这也许是由于各国的利益恰恰同那些最发达的国家的利益相一致所造成，经济理论就是在这些最发达国家里繁荣滋长起来的。然而这也可能是由于经济术语的启发性影响而造成的。

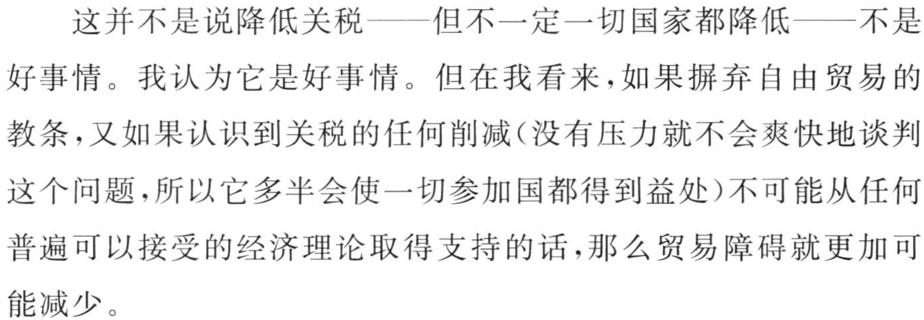

这并不是说降低关税——但不一定一切国家都降低——不是好事情。我认为它是好事情。但在我看来，如果摒弃自由贸易的教条，又如果认识到关税的任何削减（没有压力就不会爽快地谈判这个问题，所以它多半会使一切参加国都得到益处）不可能从任何普遍可以接受的经济理论取得支持的话，那么贸易障碍就更加可能减少。

第十四章 福利理论与政治

在理论著作中，用一章篇幅谈政治似乎是不适当的。实际情形会是那样，如果福利理论是纯理论的话，然而它决不是纯理论。我们已经说过，它是一种带有伦理解释的微积分学。把它的建议付诸实行，必然要进行政治变革。不论人们攻击还是保卫这一理论，读者都可以从他们的论证中得出政治结论来。作者一定知道这一点，也知道读者明白他是知道的。因此，作者一定认识到他总不免于这样一种嫌疑，即他对这一理论的评述具有他本人的政治倾向的色彩。由于福利理论的确实性多半是个判断问题，而几乎不是一个精确计量的问题，所以要提防这种偏见是困难的，要对这种指责进行辩解也是困难的。在那样的情形下，作者似乎最好是坦白说出他所认为的政治其含义是什么。

而且，我原来的意图不只是介绍这一理论，而且要探讨它的命题的逻辑地位，并提出对它们的正确的解释；要探讨它的假设的现实性，并估计它的重要性。现在这个理论的重要性多半在于它被用来为政治论点提供一个显然是相当好的科学基础这一事实。的确，人们也许不难得出这一讥诮性质的结论来，即那就是它的唯一重要性。但是，无论如何，人们不考察这一理论的政治方面，显然就无法对它作出一般评价。所以我们要开始政治讨论，而用不着多费唇舌了。

我们要假定两方面或各方面的首脑都接受福利理论的两个基本价值判断，约略地说，那就是他们都接受下面这一见解：各个人得到他所需要的东西是好事，以及他们需要什么，他们自己知道得最清楚。当然，人人都能举出这条规则的例外情形来。某些人也许认为，保健工作应当是例外，这种工作应当对个人免费而由社会负担。其他人认为，它们应当划归经济福利理论要起作用的范围。如果这样安排的话，福利是会增加的。在极端情形下，一些人也许认为，一切东西或几乎一切东西（当然包括劳动在内）都应当免费供应，而依靠某种和个人利益完全不同的动机。有讽刺意味的是，结果所谓福利国家变成了这样一个国家，在那里，大量东西是免费供应的，个人利益动机已被削弱却没有明白地被替代——其结果是，福利理论可以应用的范围缩小了。但是我们假定大家承认福利理论至少要应用到整个经济中的大部分，假如它可以应用的话。看来所有的政治经济学家都已接受这些假定，对他们的见解我们将加以讨论。

在历史上，一种粗糙形式的经济微积分曾被用来支持自由放任的学说。起初，人们对经济体系的理论基础只有模糊的认识；逻辑和事实是没有区别的。这个世界是合乎逻辑的地方，经济学家把它的逻辑挖掘到相当的程度，从而它的合理性质足以使他们许多人感到吃惊。这一事实似乎是不可思议的，即通过价格机构发生作用的利润动机，能够而且的确一定会导致一切可能出现的世界中最美好的一个世界。在这里，利己主义与社会道义完全和谐一致。不曾经过什么人设计的经济体系会呈现出一种圆满状态，这肯定是自然恩赐或上帝意旨的证据。因此自由放任主义能够成为一种信条，而干涉则是不道德的。哲学家常常试图证明义务与自私是一致的，并论证一个人尽其职责总是合算的。可是自由放任主义的信条却用一种比较轻松的方法来论证这种一致性。它指出赚取利润就是人们的义务。

随着经济微积分学得到更为清晰的阐发，这种无形的惊讶也就烟消云散，并有可能对现实制度与逻辑观念进行比较了。特别是大多数经济学家终于相信自由放任主义的财富分配并不符合构成经济学伦理基础的功利主义理想。然而人们还是在某种程度上把幻想误解为事实，虽然垄断和市场不完全得到了重视并经过了讨论，人们依然普遍认为，经济体系多半倾向于一种稳定的竞争均衡，它显示出合乎逻辑的、纯粹竞争理论的理想性质；这些性质同生产和交换“最适度”条件是一致的。财富也许要重新分配，垄断也许要进行控制，但这只有以自由放任占统治地位的体系作为背景。

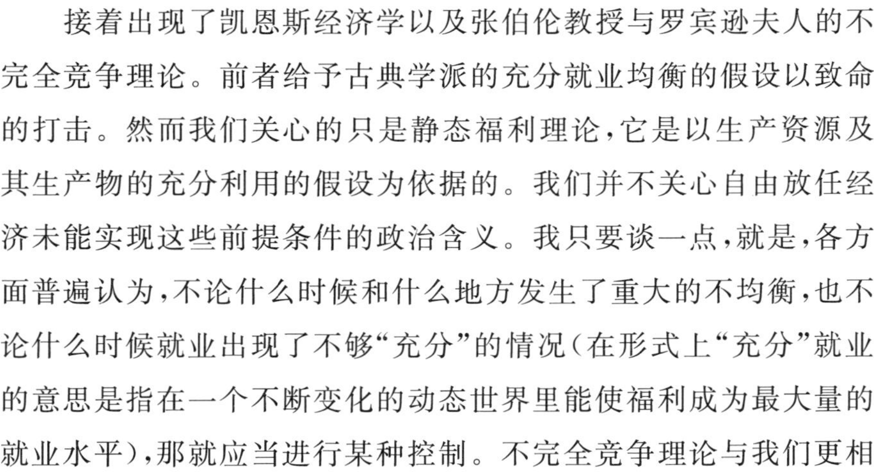

接着出现了凯恩斯经济学以及张伯伦教授与罗宾逊夫人的不完全竞争理论。前者给予古典学派的充分就业均衡的假设以致命的打击。然而我们关心的只是静态福利理论，它是以生产资源及其生产物的充分利用的假设为依据的。我们并不关心自由放任经济未能实现这些前提条件的政治含义。我只要谈一点，就是，各方面普遍认为，不论什么时候和什么地方发生了重大的不均衡，也不论什么时候就业出现了不够“充分”的情况（在形式上“充分”就业的意思是指在一个不断变化的动态世界里能使福利成为最大量的就业水平），那就应当进行某种控制。不完全竞争理论与我们更相关。这一理论的首要重要性在于这个事实:即它已使大多数经济学家确信"不完全"是通则而不是例外,因而在现实世界中,生产和交换的"最适度"条件即使有也是难得实现的。

同时,迈塞斯教授[①]对社会主义提出了指责,他的理由是,社会主义必然会摧毁一个合理的经济体系——那就是"最适度"条件(多少)会得到满足的一种体系。社会主义经济学家,主要是兰格[②]与勒纳[③]两位教授,完全从逻辑角度回答了这个指责,他们揭露了纯粹竞争理论中的福利结构,并指出在逻辑上这个结构同社会主义制度与财产集体所有制是没有抵触的。然而事情还不止于此。纯粹竞争是理想的,然而资本主义世界决不是也决不会是纯粹竞争的,垄断程度显然在日益增长。不完全竞争理论似乎表明,即使在竞争最激烈的场合,它也不是"纯粹"的,"最适度"条件也不会得到满足。垄断与竞争的区别给弄模糊了。实际上,一切竞争都是垄断或寡头垄断的;因而价格并不等于边际成本。针对垄断提出的传统的纯经济的论证大大地扩充了范围。事实上它几乎变成普遍的了。这个世界是个垄断的世界;它是资源长期得不到适当配置的世界。

于是社会主义经济的蓝图就因迈塞斯教授的指责而被提出来了,在这张蓝图里,各地方工业局的经理人员系靠遵守一条简单规

① 参看哈耶克编:《集体主义的经济计划》。

② "论社会主义经济理论",《经济研究评论》,1936 年 10 月号。

③ "经济理论与社会主义经济",《经济研究评论》,1934 年;"论社会主义经济学",《经济研究评论》,1936 年;"社会主义经济学中的静态学与动态学",《经济学杂志》,1937 年 6 月号。

则来推行一种使资源得到理想配置的政策，这条简单的规则是使用生产要素直到其边际产品价值和支付给它们的价格相等为止。这样，社会主义经济不仅是“合理的”，而且它比自由放任主义更“合理”得多，后者的缺点是大家都承认的。[①] 因此有点讽刺意味的是，自由放任主义的支持者的对手们夺取了他们的静态福利理论武器，并用它来有效地打击他们。兰格理解到这种讽刺，他已经建议“在社会主义国家的社会化部或中央计划局的大厅里”为迈塞斯树立雕像。[②] 我们希望做的事情是评价这一说法，即静态福利分析为社会主义提供了一个论点——即评价这样一个说法：“……现实的资本主义体系不是一个完全竞争的体系；而是寡头垄断和垄断竞争普遍流行的体系。这给经济学家的赞成社会主义的理由增加了一个有力得多的论点”[③]，或者“价格一定要等于边际成本。这是纯经济理论对建立社会主义经济必须作出的贡献。”[④]

首先，我们要记得，我们已经使收入分配成为静态福利分析的一个主要部分。所以我们必须注意这样一些说法，即：“只有社会主义经济才能这样来分配收入，从而达到最大量的社会福利。”[⑤] 如果提出这种主张的人不说他心目中认为什么样的收入分配是理

---

① 这当然是对理想与理实进行不正当的比较。给出足够的假定，自由放任主义模型能够像社会主义“蓝图”一样地实现资源的“最适度”配置。在逻辑的水平上，社会主义“蓝图”的模型要“优越些”，因为它需要的假设比较少。它既不需要成本曲线不断上升的假设，也不需要需求曲线有完全弹性的假设。

② 兰格：“关于社会主义经济理论”，《经济研究评论》，1936 年 10 月号，第 53 页。

③ 同上书，第 126 页。

④ 勒纳，《经济学杂志》，1937 年，第 270 页。

⑤ 兰格：“关于社会主义经济理论”，《经济研究评论》，1936 年 10 月号，第 123 页。

想的，那么，这种主张就只是感情用事的。毫无疑问，会有某种分配是同私人企业不相容的。这种不相容是从动态论点——例如动机论点——推求出来的。在经济的推动力量是个人利益而风险必须有人承担的场合，无疑地，如果福利不大大减少，那就不可能实行某种分配；然而在政府承担大部分风险的社会主义制度下，也许有可能实行这种分配而不致因个人获利动机削弱而造成经济崩溃（不论某些理想主义者如何想法，个人利益肯定是自由经济唯一可能的有效的动力）。但是，在空想的社会主义制度下（即所谓社会主义问题的竞争性解决方案），某种收入分配也确实会同高生活水准不相容。我们对这个题目所能谈的只此而已。只能让读者来判断，他认为是理想的收入分配是否同资本主义不相容而在社会主义制度下却是可能的。

社会主义的静态福利主张的第二部分是，价格一定要等于边际成本，而这只有在社会主义经济中才做得到。在这里需要考察的实际上有两个问题：首先，假定在一个社会主义经济下，使价格等于边际成本是不是一件好事呢？其次，在一个社会主义经济中，能够使价格等于边际成本吗？

让我们首先研究头一个问题。我们在前面几章里得出结论说，不仅“把生产推进到价格和边际成本相等为止”这件规则对于英国的社会化工业是无效的，而且无论如何人们没有道理要非常重视福利理论的结论，因为这一类结论是无法验证的，还因为这一理论的概念与假设显然不能很好地应用。然而必须记住，我们正在研究的是这样一个国家，在这里，有许多非社会化的工业，在这里，价格不等于边际成本，而且在这里，税额是很高的。正是这些事实使得我们下结论说，纯经济理论并不认为价格应在少数社会化的企业里等于边际成本。但是为了论证关系，让我们窃取第二个问题作为论据，并假定在一个充分社会化的体系里可以使价格处处和边际成本相等。在第八、九章中，我们已经概述过并探讨过在什么条件下可以证明这一类改革会达到一个“最适度”位置。不妨参考那几章，然而在这里我们要简单地评论一下这些条件。

就一切经济选择来说，所有的个人必须是“经济人”，选择的客体必须完全可分。为了证明这个条件是不现实的，我们对它已经谈得够多了。其次，所有其他生产和交换“最适度”条件必须得到满足。我们曾经暗示过，没有理由认为一个社会主义体系不会常常觉得最好的办法是采用配给制或生产统制，在这种情形下，这些条件将会遭到破坏。无论如何，鉴于“工作偏好”不是一个精确的概念，我们感到“最适度”生产条件是很难解释的。第三，只应征收人头税这一点是必要的。我们认为不可能推行一种公平的人头税制度。最后，我们发觉收入分配是由边际生产率决定的；而这样一种收入分配也许不能认为是理想的。这种分配不能用赋税来干预，因为这一类赋税必定和收入有联系，因而它不会是人头税。[①]

在这些攻击当中有一些攻击是可以反驳的。首先，我们以为，由边际生产率和因按边际成本定价而形成的价格结构所决定的收入分配是理想的分配。这样，也许有人要说，任何赋税都不需要了。甚至可以支付社会红利。在回答时我们一定会说，即使这种负量赋

① 虽然对边际成本规则来说，要素供给必须有完全弹性是一个必要条件，但是我们忽略了它，因为对于勒纳规则——“使用生产要素直到边际产品的价值和要素的价格相等为止”——来说它不是必要条件。

税也要公平分配使之成为可以容忍的东西。这样一种分配决不会和收入联系起来。红利势必要在个人的基础上来确定;那几乎肯定会变成不能容忍的或在政策上不可能的。无论如何,如果它不和收入相联系的话,它就会改变据说是“理想”的实际收入分配。

然而谈论社会红利是乐观的想法。我们早已说过,即使免费保健事业、教育以及其他诸如此类的福利机构都取消了,一切非工人的生活费用(包括失业工人的,因为失业救济金和家庭津贴肯定会支付的)和国防、警察、司法等开支总得想法筹措。我们只有靠纯地租来应付这一切费用。而且,我们所掌握的那些有关边际成本的证据有力地说明,工业利润将是负量。沉重的赋税无疑要提到日程上来——或者换个讲法说,人们得到的报酬将小于他们的边际产品的价值。

如果边际成本学说的辩护人准备放弃他们建立乌托邦的要求,他们就可以对以上某些攻击进行反驳。在企图建立最适当的防御地位时,最好是放弃这一要求:即在一个现代国家里,满足最适度要素供给条件(第八章条件二(3))总是可能的。这样,他们就能够说,如果价格等于边际成本,则至少价格会和边际成本保持同一比例(第八章条件二(2)),而且要素供给情况至少不致变糟。让我们还假定,普通税几乎可以使人们可能认为是理想的任何一种分配重新出现。

这个地位依然很软弱。各个人还必须是经济人,货物和工作还必须是完全可分的。货物必须不会引起消费的外部经济或不经济。生产的外部经济与不经济也必须不存在。使得均衡和“最适度”条件不可能得到满足的情况一定不会发生。配给和统制也许依然是需要的。在现实世界中，某些过剩生产能力并非一定不是好事。价格不能很迅速地调整，因而在按边际成本定价的情形下，供求就会有脱节的趋势。我们在前一章还看到，这样一种定价政策，如果它让大量不可分的小变革没有任何令人满意的成规作为决定它们是否应当进行的标准的话，将是完全行不通的。当我们谈到长期时，这个地位就越发变得糟糕，因为，正如我们已经看到的，由于没有任何切合实际的标准，投资决定都被搁置起来。我们没有必要重复申述第十一章所提出的有关这方面的一切论点。

现在问题是，这种政策是否能推行呢。在这里我们碰到了共同成本与使用者成本问题，它们使得边际成本变为不确定的。然而，即使不理睬这一点并假定边际成本是确定的，依然存在边际成本无从晓得的问题。大多数经理人员能够获得的最接近的数字大概是拿平均直接成本作为指南的。这通常意味着工厂萎缩减产（如果平均直接成本像实际情形那样相当固定不变的话）。可是，当一家工厂萎缩减产时，使用者成本也许会变得非常庞大。正如上面指出的，使用者成本是个猜测问题。由于无法弄清边际成本，所以人们决不能断定经理人员是否遵守这些规则。

我们不得不退却并对“边际成本”作出解释。一定把它搞清楚，要不然就根据常识来理解。但是，一旦实行退却并承认解释的必要性，人们就说不上普遍规则或产量标准了。经理人员也就得不到任何明确的指导。把这一点概括一下，我们不妨说，除别处价格并不等于边际成本这一论点外，所有前几章的论点都是适用的。我们在第十一章不曾强调这一论点，它的取消肯定不会使我确信，边际学说对怎样最好地经营一个充分社会化体系的问题作出了重大贡献。

如果这是不错的话，它绝不是一个了不起的赞成社会主义的论点。

现在我们必须强调指出，我们只不过抨击一种我们叫做“空想社会主义”的社会主义。绝大多数社会主义经济学家大概已经承认边际成本计划是荒唐无稽的。大多数注重实际的社会主义者一开始就否定了它。贾埃先生在其所著《社会主义问题》一书中对经济理论几乎毫不尊重——也许他向着那个方向走得太远了。杜尔宾在他的“计划经济中的经济计算”①一文中也对“边际主义”表示有点轻蔑的意思，结果遭到勒纳教授②的尖锐攻击。因此伯格森教授在把边际成本规则归功于马歇尔与庇古教授时写道：

> 然而近年来，尽管不时发生混乱情形，在许多场合这条规则仍应加以辩解和重新肯定。在这方面我们应当提到勒纳与霍特林的贡献。这两位作者(勒纳特别卖力气)卫护了马歇尔-庇古的立场，而反对学理上的异端。③

一些异端派的逻辑可能是混乱的。然而正统派却一贯把逻辑与现实混为一谈。马歇尔与庇古教授一定不会相信人们对于福利问题能够像某些人——这些人据说是他们的信徒——那样肯定和强调。“学理上的异端”这类词的使用，也说明，像赖特教授所作的那种判断也许有些道理：

> 权衡的结果，那只看不见的手的神话要比仁慈而和无所不知的祖国这种极端的神话更正当些；这个温和的见解不足以满

---

① 《经济学杂志》，1936 年。

② 参看“社会主义经济学中的静态学与动态学”，《经济学杂志》，1937 年。

③ 霍华德·艾利斯编：《现代经济学概观》，第 425 页。

足那些决心从经济学说寻找宗教代替物的人们的渴望之情。[①]

无所不知的祖国是不是一种神话，这和我们没有直接关系。我们关心的是这一神话：即经济计算是对某一可能出现的世界的确切叙述。现在有这样一些迹象，就是，经济学说有硬化成为用宗教热情来加以辩护的教条的趋势，而自由放任主义并不是已经引起几乎是无形的敬畏心情的唯一经济信条。

赞成社会主义的静态福利理由的被驳回，意味着，不完全竞争理论的所谓福利含义的被驳回。这种福利含义是什么？如果承认制造业大部分可以正确地描述为寡头垄断竞争性质的产业这一见解，那就可以推论说，短期边际成本小于价格。[②] 所以一切企业的产量都应当扩充。一些劳工也许要从制造业以外的部门例如农业来招雇，然而十分明显，所需的等式主要是由于直接成本上升和价

① 赖特："资本主义的前最"，见《现代经济学概观》。

② 在这里我们是从这一理论所依据的理由对它进行考察的。另一方面，有些经济学家认为生意人很少打算在短期内使利润最大化。他们至少就某些部门来说必定是正确的，就像需求旺盛时期转手货价格往往要高于没有管制的新货的价格这个事实所表明的那样。如果生意人会注意长期的话，他们就会尽可能按照这样一种价格来出售全部货物，他们指望能从这种价格赚到他们认为是合理的利润，而他们的生意却不致因招致过多竞争而有消失的危险。如果在需求旺盛时期他们出售的货物比可能出售的少，他们的信誉就要遭到损失，从而驱使顾客转向别处购买。因此，这一点是十分可能的，就是，不顾短期利润的极大化，他们常常把生产推进到超过边际成本和价格相等的一点。同样，没有一个生产者愿意惹起顾客对抬高价格的反感，并且某些人不跟着走总是可能的，在这种情形下，信誉就会遭受重大损失。这种种考虑是对下面这一见解的支持：在需求旺盛时期，"垄断程度"将会减低，它同任何实际的或想象的需求弹性都没有多大关系或者完全没有关系。因此，虽然在正文里我们是从"不完全竞争"所依据的理由对它进行考察，那并不意味着，我们必定认为它的短期分析往往和事实有很大关系。（关于否定边际分析的商业行为讨论，请参看安德鲁：《制造业》，麦克米伦公司 1949 年版。）

格下跌而促成的。生产资源只会有极微小的调整。主要变动将是体力劳动者实际工资的增加，那是牺牲那些靠间接成本生活的人而取得的。因此，反对不完全竞争的主要论点似乎是关于收入再分配的论点。然而这种再分配也可以通过赋税进行到一点，在这一点上，企业家、经理和管理人员的供给会减少，也就是中产阶级的供给会减少。[①] 超过那一点，利润的榨取也许会达到它不再成为资本主义经济的适当推动力量的地步。奇怪的是，这个收入再分配的论点并不是人们强调过的论点。[②] 另一方面，这个理论却用感动人的话语组成可怕的火网促使人们承认它的社会重要性——例如"生产缺乏效率"、"资源配置不当"、"限制主义"、"垄断程度"，等等这一类词语——更不用说**"不完全竞争"**和**"垄断竞争"**这些标题本身了。但在短期内，即使在纯理论水平上，资源配置不当的指责也必须等待一般"垄断程度"的仔细研究。而且，我们已经指出，理论水平是很不稳定的一个水平。除非人们通过仔细研究至少表明，资源因"垄断程度"变动而发生的移转将会增加国民收入，否则肯定没有真正的理由说资源配置不当。除非在两个竞争的企业里，边际成本的比率同相对市场价值发生极严重的脱节情形，否则人们肯定不能有相当把握地说，结果国民收入将会增

① 即是说，要进行到一点，在这一点上，就那些靠间接成本生活的人来说，最适度要素供给条件会遭受严重破坏。然而社会主义经济也会碰到这个问题，不过它可以冒这种危险；它的经理人员依然必须得到他们的供给价格。

② 当然有人强调过这个论点。参看米德与弗莱明的文章，《经济学杂志》，1944年12月号，第327—328页。人们不曾强调它的理由大概是，许多经济学家错误地认为，如果他们说"如果价格和边际成本不相等，福利就可以增加"时，他们是十分科学的、客观的，而如果他们说"按照如此这般的方式实行财富再分配，就会增进福利"时，他们是不科学的。

加。理想产量只是在经济学书本里有。在现实世界中却没有那种东西。

从长期讲,不完全竞争学说在理论上的福利含义就有点不同了。在这里,指责是,企业规模太小,因为在下降的需求曲线下,长期边际成本与边际收益的相等决定工厂规模的大小,它往往比和长期平均成本曲线最低点相适应的规模小。① 但是,除纯粹寡头垄断竞争的不现实情形(即产品差别不存在的场合)外,需求曲线下降的原因是,每一家企业是在生产一种略微不同的产品。由于产品不同,所以一家企业的消失是一种涉及消费者剩余的非边际的变动。希克斯教授曾经谈到这种不合理的步骤,即从产品差别推求出下降的需求曲线,然后假定这家企业是在生产一独特的产品,以便得出结论说,企业规模太小,所以企业数目应当减少而规模应当扩大。因此他写道:

> 为了替个别企业求得一条向下倾斜的需求曲线而强调产品之间的差别,然后为了忽视消费者剩余而不顾产品之间的差别(不合理的偏好!),这是矛盾的,实际上也是危险的。②

希克斯教授也对不完全竞争(福利)理论最一般的式子表示他的意见如下:

---

① 这个理论显然只能应用到整个经济的有限部分。熊彼特写道:“这一类情形的确发生过,把它们搞清楚是正确的、适当的。但是,正如人们通常举的实际例子所表明的,它们是一些边缘情形,主要发生在最不具有资本主义活动一切特征的方面”(《资本主义社会主义与民主》,第 2 版,第 85 页)。他又说:“在阐述不完全竞争理论时我们经常遇到的一个命题也证明了这一点,这个命题是,在不完全竞争条件下,生产或贸易企业倾向于小到不合理的地步。同时由于不完全竞争被认为是现代工业的一个突出的特征,所以我们不禁怀疑这些理论家究竟生活在什么样的世界上……”(同上)。

② 希克斯:“恢复消费者剩余”,《经济研究评论》,1940—1941 年,第 116 页。

> 然而当我们从有关工业中价格大于边际成本这一立场出发时，生产一特定物品的社会成本就不再由它的边际成本曲线来代表了。……社会剩余等于消费者剩余加生产者剩余减其他商品潜在剩余的损失；在生产者剩余是正数的场合，它很可能是负数。这是现代不完全竞争理论揭示出来的可能性；事实上，这是关于不完全竞争所带来的损失的可能性的正确而一般的说法。[①]

但是，情况当然不一定是这样：即在一个不完全市场上开办一家新企业将会“减少福利”（甚至依据卡尔多—希克斯定义）。因为，虽则它将不顾它在别处造成的生产者剩余的损失，但它也不能吸取全部消费者剩余。引进消费者剩余和生产者剩余的必要性意味着，没有切实办法可以断定，是不是有过多的企业生产过多的不同物品。比较少数商品实行标准化的问题不属于纯粹静态福利理论的范围。它所依据的必定是否定消费者选择，理由是人们没有理性，否则理由必定是，消费者决不在少数廉价货物和多数昂贵货物之间进行选择，因而无法证明他们当真情愿选择前者。

我的结论是，任何以竞争不完全为理由而提出的资源配置不当的指责都无法从福利理论得到证实。如果“边际主义”可以凭借马歇尔与庇古教授的权威，那么我至少有资格取得凯恩斯的支持，他以神气十足的轻蔑口吻写道：“我觉得没有理由可以说，现行经济体系对生产要素作了绝大不当使用之处。”[②]

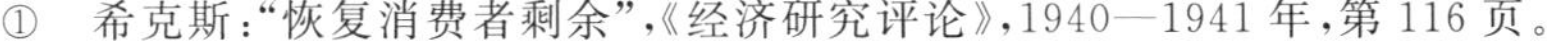

① 希克斯：“恢复消费者剩余”，《经济研究评论》，1940—1941 年，第 116 页。

② 《就业、利息和货币通论》，商务印书馆 1964 年版，第 322 页。

熊彼特得出了同样结论，虽然由于其他主要是动态方面的原因[①]，他相信社会主义体系的经济优越性，他说：

> 从社会方面看，资源配置的不合理，决不像人们所理解的那么经常和重要。而且在某种情形下，社会主义经济未必不会发生这种情形。过剩生产能力在社会主义经济中也多少是不可避免的，它往往可以作一些说明，来对批评进行反驳。[②]

我们早已说过，就福利来说，不完全竞争理论倾向抹杀垄断与竞争之间的差异。这是因为人们认为反对这两者的理由是一样的，即价格不等于边际成本。可是，在垄断或非竞争的寡头垄断确实存在而它又能预料没有潜在竞争的场合，至少更可能意味深长地使用“限制产量”这个词语。即使这样，我们也怀疑是否存在着一种有效的反对一般垄断的静态理论。如果我们把垄断定义为一种企业，它那向下倾斜的短期需求曲线不致受到任何其他企业的产量或价格决定的重大影响，那么，这一点依然是不错的，即少数垄断组织对它们的长期安全抱有很大的信心，因而它们能够像教

① 熊彼特为情愿要社会主义体系所提出的特殊(静态)理由是，他认为扣除赋税以后支付一切报酬将会带来巨大的节约。例如他说：“中央机关首先支付人们的收入，这样做了之后，就去追逐领受人，以便取回这种收入的一部分，这在常识上说也显然是荒唐可笑的。”(《资本主义社会主义与民主》，第 2 版，第 199 页。)但是，如果收入应同边际生产率甚至同所做工作的数量或性质联系起来，收入就必须由地方管理部门来支付。肯定不会有人认为，不考虑工作的数量与性质以及工人的家庭状况就可以决定理想的收入分配。人们往往忘记收入分配不仅是阶级间的问题，而且也是阶级内部的问题。如果这是不错的话，那么，每个工人要获得的金额，不仅要由地方管理部门来支付，而且也要进行某种计算。在这方面 P.A.Y.E.的经验也许会使某些人相信，根据这一点观察到的巨大节约是不存在的。可是熊彼特下结论说，“在这里我们了解到人们可以提出的认为社会主义计划具有优越性的最重要理由之一”(同上)。

② 《资本主义社会主义与民主》，第 2 版，第 194 页。

科书所描绘的那样利用短期局面来“牟利”。[①] 即使它们这样做，实际情形依然不会是相对边际成本和相对价格发生非常严重的脱节现象。而正如我们已经看到的那样，这种不相等必须很大，然后人们才有理由说资源配置不当。但是看来非常重要的一点是把垄断与竞争划分清楚。这两者间也许有着重大的动态差别。而且肯定存在着重大的社会差别与伦理差别。

我们现在必须撇开社会主义与不完全竞争问题，而注意自由放任主义并没有死亡而只是被修正了这一事实。静态福利理论依然被用来支持自由放任主义。一些作者为了其他原因排除社会主义的竞争的解决办法，或忽视有被科学的、静态的边际派学者玩弄的危险，依然赞扬自由放任主义的优点，以便论证计划的“不合理性”与荒谬性。当然没有人会走得那么远以致认为自由放任主义是最合乎理想的。但是，如果假定靠财政与金融政策可以多少保持住充分就业，并假定对收入再分配采取适当措施，据说，在其他方面，不受阻碍的价格机构对于解决经济问题是非常出色的，而计划则会使资源发生不合理的或不经济的配置不当情形。

除非说明计划的范围与性质，否则就没有什么可谈的。在一个极端，要是计划丝毫不注意成本的话，福利理论家显然是会反对的。可是那样一来，大概就不会有经济学家赞成这一类计划了。在另一个极端，要是仅只在福利理论表明管制是解决某种问题的办法的场合，或在发生严重失调情形的场合，或在福利理论不适用的领域内（我们指的是标准化问题），或在它似乎特别不能言之成

① 参看本书第 293 页脚注②。

理的场合(在投资问题上)进行干预,那就显然提不出多大理由或者完全提不出理由来反对计划了。从任何一方面都提不出总的理由来。经济福利理论并不是那么现实主义的,因而能断言证明的责任总是在于计划者方面,否则一个人的政治见解当然可以把他引向这个结论。还必须注意的是,一般说来,计划不是一个政治问题。只有在计划范围发生疑问的时候,它才变成为政治问题。

在某些人的心目中,计划者和反计划者之间的真正争论是和福利理论没有什么关系的。它倒是什么样的福利理论是可以接受的问题。据认为,重要争点在于达到反计划者所反对的程度的计划工作是否同保持一套自由价值不相矛盾的问题。这些反计划者所担心的是,计划者必然会用他们自己的价值去代替市场价值。[①]如果计划工作是这么彻底因而自由市场不存在的话(某种市场必定总是存在的,因为,要是没有自由市场,黑市或灰市必然会出现),那就不可能有其他的结果。然而,即使消费者市场是存在的,它只不过用来分配计划者决定要提供消费的一批货物而已。任何实物计划,甚至通过赋税或津贴而实行的财政计划,都意味着生产和市场估价在一定程度上的割裂,除非它只是用来纠正明显的背离情形的,在分散的利润极大化是整个经济的推动力量时,或在一个分散的民主社会主义制度下它是整个经济主要调节者时,这种背离情形也许会自发地产生。

几乎人人都同意,生产和自由市场统治之间的某种割裂是可

① 这种情形无法避免的理论是华特尔·奥伊肯在他的一篇文章中提出来的,见“关于中央管理经济的理论:德国试验的分析”,《经济学报》,1948 年 5 月及 8 月号。

取的，即使干预只不过是制止妓院的生产和危险药品之无限制的销售。然而我们的分析却使我们抱有这样一种看法，即依据我们的个人主义假设，通常很难断定什么时候干预是有益的，什么时候它是无益的。我们曾经提出某些要进行干预的明显事例。最明显、最重要的事例是对总需求的控制和某种福利再分配措施。在这样一些事例中，对自由放任过程进行干预显然是有益的。其次，在某种情况下，计划是不可避免的，不能认为它同个人偏好有矛盾，因为市场机构不容许它们表现出来（最明显的事例是只能集体消费的货物）。还有一些“不定”的情况，在这种情况下，计划是否会带来好处，很不清楚，但也不能认为它同个人偏好有矛盾，因为如果认为它们已从市场机构得到适当反映，似乎是非常说不通的（一个明显例子是总投资）。肯定的一点是，计划起初带来高额利润，不过这些利润很快就减到一个界限，超过这一界限就无法说它是否有益了。

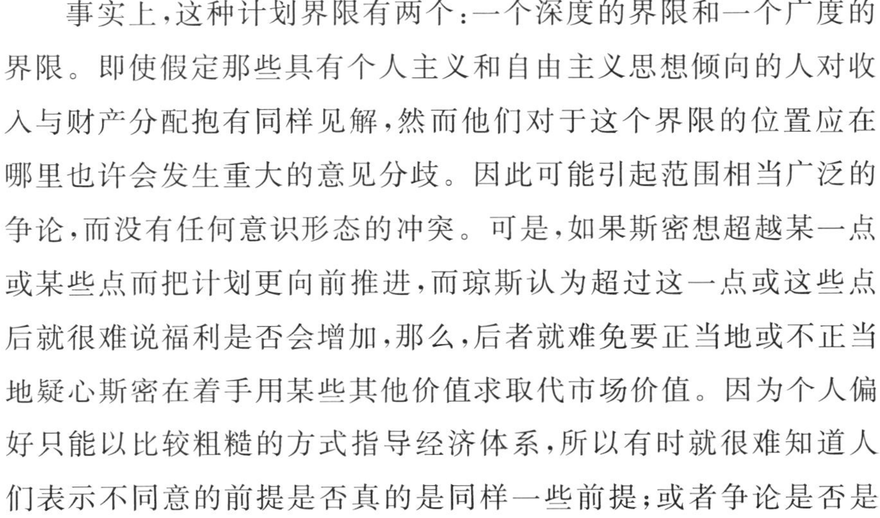

事实上，这种计划界限有两个：一个深度的界限和一个广度的界限。即使假定那些具有个人主义和自由主义思想倾向的人对收入与财产分配抱有同样见解，然而他们对于这个界限的位置应在哪里也许会发生重大的意见分歧。因此可能引起范围相当广泛的争论，而没有任何意识形态的冲突。可是，如果斯密想超越某一点或某些点而把计划更向前推进，而琼斯认为超过这一点或这些点后就很难说福利是否会增加，那么，后者就难免要正当地或不正当地疑心斯密在着手用某些其他价值求取代市场价值。因为个人偏好只能以比较粗糙的方式指导经济体系，所以有时就很难知道人们表示不同意的前提是否真的是同样一些前提；或者争论是否是在这两部分人之间进行，一些人认为价格机构是实行民主分散化的好方法，另一些人则相信计划，而相信的理由却不是它可以纠正对一个个人主义地加以决定的最适度（不论多么含糊）的某些偏离，这种偏离在自由放任的经济中肯定是会发生的。假如人们对后一类问题有不同意见的话，那就根本无法从经济方面来争论福利、实际收入、效率等等问题。

现在我们不妨总结一下我们对纯粹静态福利理论的政治含义的讨论。我们不认为它可以合理地、正当地用来辩护或反对任一特定的政治制度。边际派的社会主义“蓝图”是一套形式推论，这套推论即使在一个专制国家里是否能应用也极可怀疑，而在一个民主国家里它肯定是行不通的。照我的看法，静态福利理论只能使那些人信服，这些人对于社会化好处的事实真相既茫无所知，而对于社会化好处的动人的语言又极为敏感。同样，它只能使那些人信服，这些人对自由放任主义的好处茫无所知而又容易接受关于自由放任主义好处的意见。这个理论认为某种计划是有益的。然而计划者却无法合理地对它要求大量的支持——大概不能取得足够的支持，使计划成为一个热烈争论的问题。我们是在各方面一直用这个理论作为政治武器的情形下得出这些结论的。

第十五章　结　论

本书有一部分可以说是一篇对经济学中带有影响性和劝说性的语言的用法的研究。只要我们觉得经济学术语在这个意义上讲是规范性的，我们就认为应将所涉及的伦理问题公开出来。除非这样做了，否则往往就不能完全搞清楚一个争论问题究竟是事实问题还是价值问题。一种在表面上是客观的和确实的讨论（因为不曾直率地采用伦理说法）而实际上却是关于价值的讨论，即使争论双方没有认识到这一点，这种讨论通常也是无益的，并且可能会造成恶果。

我绝不认为经济学家必须对伦理问题保持中立（例如，我想阐述传统福利经济学一事，意味着我接受了某种自由价值）。正如我已经说过的那样，作为经济学家的经济学家和作为普通人的经济学家之间的差异不大容易保持住。突出伦理问题丝毫没有中立的意思。显然有这么一种倾向，就是认为，一旦表明人们的意见分歧在于价值问题，那就没有更多的话好说了。但这是错误的。我们往往可以同某个人进行说理而使他相信我们的伦理见解要比他的高明。然而这同试图靠使用鼓动性语言使人接受我们的意见是不同的——即是说，同试图靠含蓄的劝说性定义来使人接受某种东西是不同的。

因此，我不是反对在经济学中使用所有带有影响性的语言——那会变成反对在这门学科中应用一切伦理判断了。我只是要人们认识到我们的许多经济词语是感情用事的。如果不认识到这一点，那么，许多真正的，虽然（由于术语关系）表面上是虚假的战斗将继续进行下去。然而，如果认识到这种战斗也许是真正的战斗（即关于价值方面的），那么，要是甲板上扫除了一切伪装成客观的术语的障碍，战斗就会更好地进行，对旁观者也就更有启发些。事实上，我建议在经济学中更适当地划分不同的谈论水平。假如没有认识到经济学中许多乍一看来仿佛只是叙述性的说法往往带有价值含义的话，这一点是做不到的。在这一类词语中最重要的是“福利增加”和“实际收入增加”。

我不同意功利主义的这一见解，即要用满足或快乐来解释“福利”经济学的逻辑演算，理由是，把福利经济学说成是研究社会快乐的经济原因的科学容易引起误解。这样来描述福利经济学意味着一定程度的客观性和精确性，然而这是不存在的。譬如说，某一既定的金钱再分配会增进还是会减少快乐，这在很大程度上是个人见解问题。我还认为，在有关社会快乐的判断中含有开药方的因素。但是，纵使我对这一点搞错了，无论如何，人们肯定会不知不觉地使用开药方的术语——将会从有关快乐的说法转向有关福利的说法，并进而使用“改进”和“利益”这一类字眼——而不大注意变革。我所抱的见解是，福利经济学的主要目的是开药方，所以，除非它明白地以价值判断为基准，否则就要窃取某些价值问题作为论据。

因此，我的反对功利主义对事物的看法，并不是根据满足无法相加这个或许是有点教条的反对意见，并且肯定不是根据对个人间比较的“否定”。事实上，我认为，许多人在决定应当做什么的时候往往会进行某种快乐主义的计算。不过在**逻辑上**这种计算对于开药方的经济学不是必不可少的。我们需要的是关于应当做哪些事情的判断；至于人们用什么想象过程来帮助自己作出这种判断就和我们没有多大关系了。

所以我建议福利经济学要以下列判断可取的经济变革的充分标准作为依据：一种经济变革是可取的，如果（一）它会导致财富的适当再分配，又如果（二）潜在受害人不能有利地贿使潜在受益人反对这一变革的话。[①] 这一标准须先有两个价值判断作为前提条件。头一个是，如果一个人能够在他的选择顺序上达到一个更高的位置，他的境况是变好了。第二个是，如果一个人的境况变得好些，而任何人的境况都没有变糟的话，那么社会境况是变好了。我以为，这两个判断都会得到人们的普遍接受。我们还进一步指出，如有足够的**事实**根据的假设，从上述标准足可推论，只要更坏的财富分配不会出现或者可以通过补偿加以避免，则生产和交换“最适度”条件的实现会是好事情。[②]

我已说过上述基础是稳固的。谁都可以在这样一个基础上接受或拒绝福利经济学。然而重要的一点在于，要接受的或要拒绝的是什么，那是明明白白的。如果从原理推求出来的结论以及这些原理的意义是明显的，我认为一个体系就可以说是具有稳固的

① 这一点要从属于某些有关“可取”二字的意义的限制条件，在这里重复加以说明就未免乏味了。参看第6章。

② 我们当然还得假定，任何诱发的非经济变动都是中性的或良好的。

基础的。

上面所说的标征当然不是客观的。一既定的经济变革是好是坏，依然是一个个人见解问题。因为这种变革究竟会使财富或福利发生好的、坏的还是中性的再分配，那是一个个人见解问题。必须强调指出，这并不是说福利经济学是无用的。大多数人会接受这两个基本价值判断。**如果所需的有事实根据的假设被认为是很现实的话**，那么在任一特定情况下，这个理论都能使这些人对变革的好坏取得一致意见，这里假定他们对分配问题提出了同样的答案。即使对收入分配没有一致的意见，也可以得出有益的结论来，结论的形式是，“变革 A 会比变革 B 更好地实现这种再分配。”

因此，我认为，最好是把福利经济学看成是研究经济体系的一种形态比另一种是好还是坏，以及一种形态是否应当转变为另一种形态的问题的。因此，我认为，只要发生这种问题，不论是明白的或含蓄的答案都应以上述标准为依据。这意味着福利经济学所涉及的不光是“最适度”条件的展开。它不仅涉及将来的变革，而且涉及已经发生的实际变革的结果。显而易见，在过去某一时期经济福利是否增进的问题是福利经济学中的问题。但是，同一问题，不论它是依据实际收入、财富、生产、实际工资、消费还是依据生活水准提出来的，也是一个福利经济学的问题这一点，就没有那么明显了。然而所有这些字或词语都属于伪装成客观的经济学术语。它们是一些实字，看来好像是指某些东西，其变动的量值是可以加以测度的，可是这种表面现象是容易引起误解的。无法比较的各种物品的组合的大小，是需要确定权数的一个概念，权数是**为了某一既定目的**决定各种不同物品的相对重要性的。严格地讲，人们根本无法探讨这种组合大小的变动问题。一种东西的大小是和测度的目的无关的某种客观事物。然而国民实际收入的"大小"并不具有这种独立性。但是，对"实际收入增加了吗？"这样一个问题却可以提出正确的答案（更确切些说，正确答案的形式）。这是因为，评权（weighting）赖以决定的目的，是由"社会实际收入增加了"这句话的价值含义提出来的。换句话说，目的是要发现有没有实现一种改进。所以，我们的"福利"理论告诉我们说，权数必定是市场价格，因此对这个问题的答案必须依据我们的基本标准来决定。

因此，假如福利经济学的有事实根据的假设是很现实的话，它多半是有用的。我们知道，这些有事实根据的假设是否很现实的问题非常难以回答，因为实际上这个理论的一些结论都无法加以验证。因此在任一特定情况下，它的结论应被接受还是应被拒绝，是一个个人判断和个人见解的问题，即使假定人们对所有价值问题都持一致的意见。不存在证明问题。

头一点困难是，实际上，我们的标准往往是根据这一假定：金钱可以加以再分配而不致破坏任何一个理论上的"最适度"条件。这种再分配在行政上或在政治上常常是不可能的。[①] 所以，尽管许多变革不符合这一标准，我们还得要承认它们是可取的。因此，

① 或者这种再分配也许是不可能的，因为潜在受害人没有一"整笔款"可以用来贿赂潜在受益人。可是，假如没有财产的话，那么靠直接税实行勤劳所得的适当再分配也会符合我们的标准。潜在受害人不能有利地贿使潜在受益人来反对这种变革，因为必要的贿赂恰恰等于计划中的赋税。如果贿赂可以资本化而且财产可以让与的话，实际情形简直就会是这样。因此，也许无法支付一"整笔款"这一事实不一定会使这个标堆变成不适用的，虽然它的确意味着，把劳动供给最适度条件付诸实行或使边际成本等于价格也许不是好事情。

如果一种变革带来适当的再分配，我们就可以认为它是良好的，虽然在理论上这种再分配可以更好地通过“中性”的金钱让与来实现。所以我们的标准只能看做是可取的经济变革的充分标准，而不能看做是“经济福利增加”的定义。在反对一种将会带来适当的实际收入再分配的特殊变革方面，它的适用性往往要受到用更好方法来实现必要的再分配的实际可能性的限制。

但在任何情形下，这一理论的准确应用需要世界上存在着一批在一些可以无限分割而质量不变的货物之间进行选择的个人。在我看来，这种不现实情形本身并不足以使这个理论的结论变得没有价值，但要是认为这些结论决不是实践的粗略的指南，那就的确是愚蠢了。有人说，只有在“最适度”条件的任何偏离一定都很大时，人们才可以相当有把握地认为，设法满足这些条件便会带来改进。

上述假设只对推求“最适度”交换条件是足够的，在统计完善的条件下，它对应用指数来判断实际收入、消费等等是否已经发生变动也是足够的。“最适度”生产条件需要许多更不现实的有关事实的假设，因而也就更不可靠。我们尤其觉得应将产量调节到价格和边际成本相等为止这一命题是个非常靠不住的命题。我们认为，除了少数特殊情形外，没有理由要十分注意它。这个命题是福利理论中最重要然而也是争论最多的一个结论。它隐蔽在经济理论的许多被普遍接受的实际含义的后面。它是很有争论的，因为它是“最适度”条件中唯一也带有重大政治含义的一个。我无法使我自己相信平均成本与边际成本的区别在若干场合对社会福利是无关紧要的，这使我抱有这样一种看法，就是，经济学的这一分支——纯粹静态福利理论——是(或大概是)很少政治意义或没有政治意义的。

另一方面,我们简直毫不怀疑,福利理论是相当现实的,因而它告诉我们说,不应让相对生产成本过于和相对市场价格相脱节。作为人们应当采取什么行动的约略指南,它无疑是有用的。要是有人说福利经济学是无用的,他的意思是说我们不能认真地对待它的精确结论。常识的说法是,如果一种物品的市场价值比另一种大一倍,那么这种物品通常是值得生产的,假如它所耗费的成本不超过一倍的话,虽然这个说法是含糊的,它大概和"价格应当等于边际成本"这样一个结论具有同样价值,而且肯定更不容易引起人们的误解。

常识有时是糟糕的理论,因而它也许会使人发生误解。然而它往往是好而粗糙的理论。经济福利是一个问题,在这方面,严格和精细可能比没有用处还要糟。实际上,粗糙的理论或健全的常识正是我们所需要的东西。在社会科学领域中建立起一个严谨的、具有某种明显的现实性的逻辑体系,是令人满意、令人感动的;然而我们一定不要如此激动,以致忘掉它的现实性显然有其限制,而这种现实性究竟有多深多高乃是一个个人判断与个人见解问题。

附录一　强顺序的逻辑

温斯顿

在经济理论中，关于数学连续性的假设是非常方便的。以各种类型的曲线如需求曲线为根据的大多数几何推理都采用这种假定。然而连续性是一个深刻的概念，它可能导致许多奇特而不现实的情况，所以尽可能作出足够有力的假设来避免这种情况是必要的。

在本书正文和附录二中曾经采用过一条强顺序原理。这条原理假定，就任何两个不同的货物组合 P 和 Q 来说，人们一定宁愿选择一个而不愿选择另一个。还有一条连署性原理，这就是，如果 P、Q 和 R 是三种不同的组合，而人们宁愿选择 P 而不愿选择 Q，并且宁愿选择 Q 而不愿选择 R，那么在 P 与 R 之间人们将会选择 P。然而，我们要是按照其本来面目理解这些原理的话，它们仍然有这样一种可能性：即在经济学中通常所考虑的一种情况中，消费者的选择是不确定的，虽然他的偏好域完全是按照这些原理来说明的。

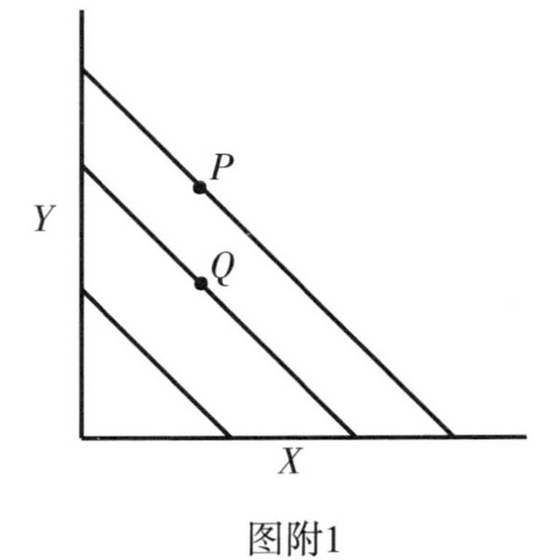

图附1

下列偏好域就会产生这种疑难的结果。

假定有两种货物 X 和 Y；P 点及 Q 点分别代表这些货物的两种不同的组合。通过 P 点与 Q 点作直线与轴成 45° 角。然后假定，如果 P 点所在的直线高于 Q 点所在的直线，那么人们就宁愿选择 P 而不愿选择 Q。除非 P 与 Q 处在同一条直线上面，否则这就说明了偏好域。

试将货物的各种组合排列在某条直线上，如下图。

令直线最左面的 P_0 点代表直线上偏好程度最小的一个组合，令直线最右面的 P_1 点代表偏好程度次高于 P_0 的一个组合。现在假设所有其余各点的偏好程度都比 P_1 高，根据连署性定理，亦即比 P_0 高；那就可按照它们对左方的距离来排定其偏好程度，即越靠近左方的其偏好程度越高。于是图附 2 中线上各点可排列为 $P_3 > P_2 > P_1 > P_0$。

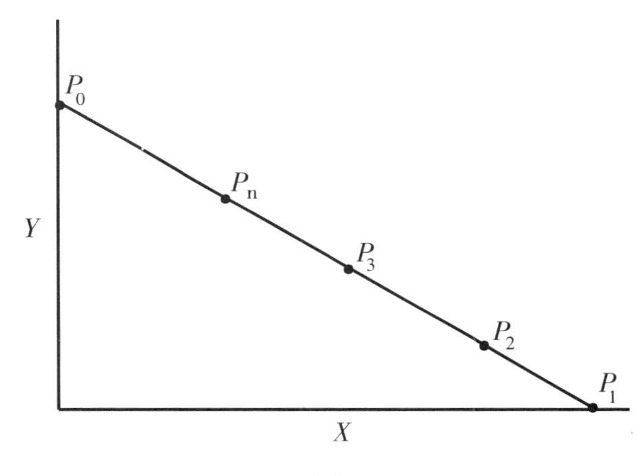

图附2

于是在这条直线上没有一点，它会比所有其他各点都要好。因为，既然假定了数学连续性，那么不论 P_n 怎样靠近左面（只要它不与 P_0 重合），在 P_0 与 P_n 之间，仍然有另一点 P_{n+1}，其偏好程度大于 P_n。依次，在 P_{n+1} 与 P_0 之间也会有一点，其偏好程度大于 P_{n+1}。这样，我们就越来越接近 P_0，从而在偏好尺度上继续不断地上升；可是我们却永远不能达到一个极大值，因为 P_0 本身是这条直线上偏好程度最小的一点。

现在假设 X 与 Y 的价格是这样的，它使得 P_0P_1 成为一条预算线。那么，给定这一选择范围，消费者将宁愿选择 P_0P_1 线上的各点而不愿选择其他线上的各点；但是他却不会肯定地认为 P_0P_1 线上的某一点要高于所有其他各点。这种奇怪情形纯粹是因为数学连续性的假设而引起的。

如果我们要避免这种疑难情形而仍然保持强顺序，那么，用下面两个假设来替换前述两个假设似乎是恰当的：

一、在商品空间的任何一个封闭的和有界限的组里只选择一点。

二、如果 P 与 Q 是同时出现在商品空间两组里面的两点，那么，P 在一组中被选取，则 Q 将不会在另外一组中被选取。

在上面第一个假设里，从一开头我们就将可能的选择的范围扩大了，并且我们最初并不试图把选择限制在两种商品的范围以内。然而，我们却把它限制在有界限的组内（这就杜绝了商品有无限大的组合的可能性），也把它限制在封闭的一些组内（为了当前的分析目的，我们不妨说，这是包括其边界线在内的一些组）。

第二个假设是关于一致性的。它取代了连署性原理，并且意味着 P 与 Q 是有确定的排列的。

这两个假设合在一起就包含有连署性，从而也包含有这个体系的强顺序。从下面可以看出这个结果来。

假设在一个成双的选择中，情愿选择 P 而不愿选择 Q，而在另一个成双的选择中，情愿选择 Q 而不愿选择 R；那么，把一致性的假设应用到（P，Q）和（P，Q，R）两组，既然 P 是在（P，Q）组中被选取的，在(P,Q,R)组中 Q 就不会被选取了。同样，把一致性的假设应用到(Q,R)与(P,Q,R)，在(P,Q,R)组中 R 是不会被选取的。因此在(P,Q,R)组中 P 要被选取，于是再把一致性的假设应用到(P,Q,R)与(P,R)，那么在(P,R)组中 P 是要被选取的。

所以两个新的假设包括着强顺序的旧假设，但为了要排除这篇短文一开头就提到的那种可能性而得到了加强。当然，在实际上要遵守上述那样一些微妙的选择是完全不可能的，但是这些假设使我们有可能采用严密的数学推理，而无须为我们的叙述保留一些例外。

附录二[①] 根据实际选择建立的行为线体系[②]

定义：

一、如果货物的一个组合同另一个组合比较起来，其中一种货物要多一些，而任何一种货物都不少的话，那就可以说前一个组合**大于**后一个组合；用同样方法可以说明一个组合**小于**另一个组合。

二、如果一个消费者购买货物组合 A 的时候，他本来有可能购买组合 B 的，即，用指数形式来表示，如果 $\sum p_a q_a \geqslant \sum p_a q_b$；那就可以说他宁愿**选择**组合 A 而**不愿**选择组合 B。

三、一个给定的价格—收入情况就是消费者的收入与所有的价格都已给定的情况。

① 除了篇末评论之外，这个附录与本书前一版相同。但是，由于附录写成以后这一问题曾在另外几篇文章中论述过，所以后面增加了一篇评论。在第一版中我写道："这种制图对于福利经济学或任何其他种类的实用经济学都没有什么特殊重要性"。人们可以删去"特殊"和"实用"这些字眼来修正这一见解。

② 这种制图是萨缪尔森教授下列著作所建议的："经济分析的基础"，第 6 章；"消费者行为纯理论的注释"，《经济学》，1938 年；《以显露的偏好为依据的消费理论》，《经济学》，1948 年 11 月号。又参看拙著"消费者行为理论的重新表述"，《牛津经济论丛》，新辑，第一期，1949 年 1 月号。

原理：[①]

I. 一个消费者宁愿选择一个较大的货物组合而不愿选择一个较小的组合。

II.如果一个消费者宁愿选择 A 而不愿选择 B，宁愿选择 B 而不愿选择 C，那么，他就宁愿选择 A 而不愿选择 C。

III.每一可能的货物组合是在一种而且只是在一种价格—收入情况下被选取的。

试考虑图附 3。[②] X 和 Y 是两种商品，其数量可沿两轴加以测定。MN 是一条预算线（或价格线）。B 代表所有 MN 线上及其下方的各点所指明的一切可能的货物组合中被挑选出来的一种。因此可以说，人们宁愿选择 B 而不愿选择这些点中的任何一点（根据定义二）。

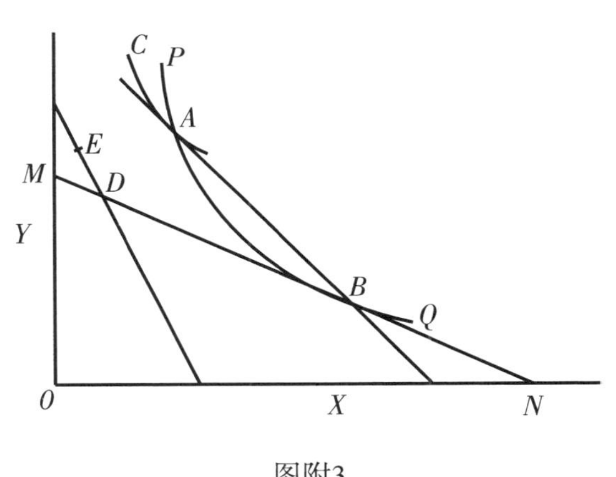

图附3

其次，让预算线环绕 B 点而旋转，使价格-收入情况不断改变而消费者仍然恰能购买到 B 这一货物组合。在由此得出的每一价格-收入情况下都会有某一个组合被选取。曲线 PBQ 就是代

① 这些原理不是十分充分的。还需要有进一步的数学假设。参看本书第 314—315 页。

② 引自萨缪尔森：《经济分析的基础》，第 148 页。

表这些组合的一些点的轨迹。它可以称为一条供应曲线。试取这些点中的任何一点 A，则 AB 线成为一条预算线，A 就是这条线上被选取的一点。所以宁愿选择 A 而不愿选择 B；就曲线 PBQ 上面的任何其他一点来说也是一样；因而就位于曲线 PBQ 的上方的任何被选取的一点来说，更加如此（根据原理 I）。PBQ 这条曲线仅能在 B 处与 MN 接触，在其他地方它必定位于 MN 的上方。由于预算线是环绕 B 而旋转的，因此，如果它仅仅是在转了其一有限的角度之后才向 A 点作有限度的移动，那么 B 就会在一个以上的价格—收入情况下被选取。只要消费者不管货物价格的略微的变动而继续消费完全相同的货物组合，这种情形就会发生。由此可见，供应曲线必定是连续的，并在 B 点与 MN 相切。[①]

现在取 A 点来看。按照同样方式可以绘一条通过 A 点的供应曲线。引用前面得出的结果，既然它必定同 AB 线相切于 A 点，那它就一定与曲线 $PABQ$ 相割，从而扩大在选择者看来所有各点都可以说优于 B 的面积。其所以如此，是因为人们宁愿选择在新的供应曲线上或其上方的任何一点 C 而不愿选择 A（就是说 $\sum p_c q_c \geqslant \sum p_c q_a$ 这种关系是成立的），和宁愿选择 A 而不愿选择 B（即 $\sum p_a q_a \geqslant \sum p_a q_b$ 的关系是成立的）。A 点可以沿着曲线 PBQ 滑动从而产生一组新的相同的供应曲线。接着又可在这些曲线上面取一些点，并产生新的供应曲线，依此类推。然而终究会达到一个极限，这样求得的面积的边界可以证明是一条向上凸出

① 如果供应曲线在 M 与 B 之间的 B' 接近 MN，那么在 B 与 B' 之间的各点在任何价格—收入情况下都不会被选取，这是与原理 III 相抵触的。

的圆滑曲线，在这个面积内，可以说所有各点在选择者看来都优于 B。这条曲线叫做 B 的**上部行为线**。

现在让我们在预算线 MN 上取一点 D。我们已经知道，人们宁愿选择 B 而不愿选择 D。接着使 MN 环绕 D 点旋转，直到 D 点本身成为被选取的一点为止。这样我们就知道，在新的预算线上，人们宁愿选择 D 点而不愿选择其他任何一点 E。同样，在沿着 MN 移动时，D 可以产生一组新的预算线，依此类推，正像作第图附 3 那样。于是我们又将达到一个极限，这个极限我们将称之为 B 的**下部行为线**。这条曲线也必定是连续的，并且是对原点凸出的。

现在需要指出，这两条通过 B 的行为线是重合的。这一点我们将从反面来加以证明。因此，在图附 4 中，我们把 B 的两条行为线（BU 及 BL）分开着画。在这两条线中间的面积可以叫做 B 的**疏忽区域**(region of ignorance)。让我们在这区域内任取一点 F，并作出 F 的下部行为线

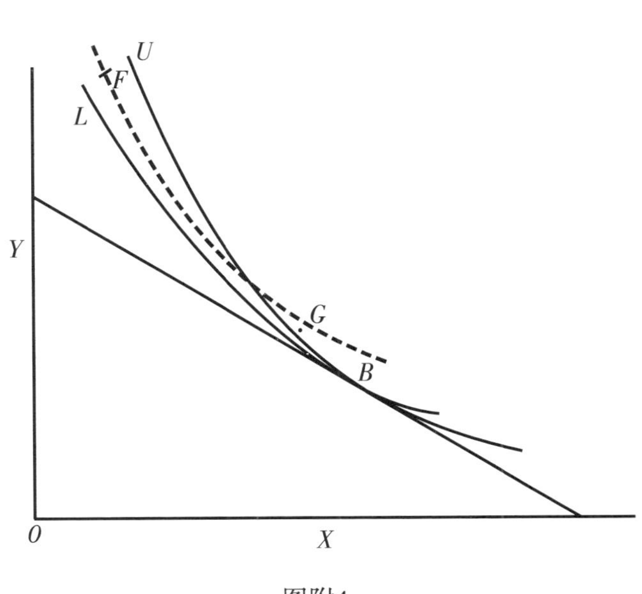

图附4

(如图中虚线所示)。第一种可能性是 F 的下部行为线与 B 的上部行为线相割,如图所示。这样我们就将有某一点,如同 G,人们宁愿选择它而不愿选择 B。不过 F 将优先于 G 被选取,从而也优先于 B 被选取。因此与我们的假想相反,F 将不在 B 的疏忽区域以内。

第二种可能性是 F 的下部行为线穿过 B 点本身。人们可能会认为,这意味着 F 将优先于 B 被选取。然而实际情形却不是这样,因为在 F 的下部行为线上的各点(这条下部行为线就是这样一块面积的边界线,F 点将优先于这块面积里面的各点被选取)不一定比 F"差些"。因此,这个可能性必须用另一个假设来加以排除,这个假设将保证没有任何一点可以位于一条以上的下部行为线上。用数学名词来讲,这一必需的假设大意是说,在说明一下部行为线集的微分方程——$dy/dx=f(x,y)$——中 f 具有连续的偏导数。这同一假设也足以排除另外一种可能性,这就是,F 的下部行为线应当与 B 的下部行为线相割。

因此,根据上述假设可以推定,疏忽区域是不能存在的。B 的上部行为线与下部行为线必定会重合为一条曲线,它可以简单地叫做 B 的行为线。因此,从某些关于经济行为的原理就可推求出来寻常的一组圆滑的凸形的不相交的"效用"曲线。要注意的是,效用曲线的凸形在这里被推演成为一条定理。凸形就等于马歇尔的边际效用递减"律"。所以,凡是能够从这个心理"规律"推求出来的,也能够从我们关于消费者的经济选择的原理推求出来。

这些原理都暗含在通常的无差异曲线的分析中,当然,它们是一点也不现实的。但是有了它们,那就有可能把一切想象得到的货物组合[①]以指数公式 $\sum p_a q_a \geqslant \sum p_a q_b$ 作为选择的标准(这个公式,根据定义,就是 A 优先于 B 被选取的标准)来按选择的顺序加以排列。所以,对消费者行为理论来说,指数公式可以认为是基本的。[②] 在这里必须提一下,如果我们仅仅研究两种情况的话,那么,一个消费者纵然不能买到前一种情况下的货物,他却处在一条比较高的行为线上,这当然是可能的。上述分析告诉我们的是,如果我们要有多少其他情况就可以有多少其他情况,那么我们就可以把它们引进来当作踏脚石来对最初的两种情况进行比较。例

① 严格地说,仅仅通过对市场行为的观察,不能断定那些和 B 处在同一条行为线上的组合比 B"好些"或"差些"。这是由于行为线是一个极限,而达到这个极限只是一种无限过程的结果。所以萨缪尔森教授说(《经济学报》,1948 年,11 月号,第 251 页):"真正处于边界轨迹上的各点就其本身来说决不能显示出比 A 好些或差些。**因此,如果我们愿意的话,我们可以说这些点和 A 是没有差异的**"(黑体字是李特尔标出的)。倘使我们认为对实际经济行为的观察是绘制行为线的唯一想象得到的方法,那么,我想萨缪尔森教授将会同意这一点,即"在 A 的行为线上的各点和 A 是没有差异的"这个说法是无关紧要的,或者用他的话来说,就是在运用上是无意义的。然而假定效用达到最大量,行为线体系就可能在想象中要求消费者指出比 A"好些"或"差些"的一切组合而绘制出来。因此,实际上在这条线上的各点可以在重要的意义上说是按照选择的顺序排列的,因为这一顺序在原则上是可以发现的。所以把线上各点说成是彼此没有差异的,不仅容易引起误解,而且排除了绘制行为线体系的一种(假想的)方法。这种方法是通过对假定的选择进行提问或者使消费者直接面临他不需支付代价的各种组合之间的选择而把行为线体系绘制出来。

② 对某些目的来说,绘制"无差异曲线"或行为线是不必要的。萨缪尔森教授(《经济分析的基础》,第 111 页及 115 页)指出,所有需求理论的命题都可以从 $\sum p\Delta x \leqslant 0$ 意味着 $\sum (p+\Delta p)\Delta x < 0$ 这条定理推求出来。但这一定理可以根据一致性定义推演如下。假设一个人一度宁愿购买组合 Q_1 而不愿购买 Q_0,这就是假设 $\sum p_1 q_1 \geqslant \sum p_1 q_0$,那就可以推定,如果他竟然买了 Q_0,情形必然不会是 $\sum p_0 q_0 \geqslant \sum p_0 q_1$,因为在那场合,他本来能够购买 Q_1,可是按照定义,他却宁愿选择 Q_0,不愿选择 Q_1,而这是矛盾的。所以 $\sum p_1 q_1 \geqslant \sum p_1 q_0$ 意味着 $\sum p_0 q_0 < \sum p_0 q_1$。所以 $\sum p_1 (q_0 - q_1) \leqslant 0$ 意味着 $\sum p_0 (q_0 - q_1) < 0$。所以 $\sum p\Delta q \leqslant 0$ 意味着 $\sum (p+\Delta p)\Delta q < 0$。

如，A 可能比 Z 处在一条更高的无差异曲线上，但是 $\sum p_a q_a \geqslant \sum p_a q_e$ 却未必是正确的。然而采用这个标准，由于考虑到了人们宁愿选择 A 而不愿选择 B、宁愿选择 B 而不愿选择 C、……以及宁愿选择 Y 而不愿选择 Z 的事实，那就一定能够说人们宁愿选择 A 而不愿选择 Z。这样一来，纵然 Z 不是一种直接的可能性，但却可能说人们宁愿选择 A 而不愿选择 Z。我并不认为这样就是过分歪曲"选择"二字的普通用法。

最后，行为线的这种市场-行为概念在某些方面可以说是最有启发性的。大家知道，用提问的方法绘出无差异曲线事实上是不可能的。首先，当事者不会不想到要他在其中进行选择的各货物组合的已知交换价值。实际上，我们要发觉一个人是不是处在一个挑选的位置上，唯一方法就是采用指数公式 $\sum p_2 q_2 \geqslant \sum p_2 q_1$，并以 $\sum p_1 q_1 < \sum p_1 q_2$ 来检验其一致性。假使这些检验并不提供我们所要知道的情况（如当 $\sum p_2 q_2 < \sum p_2 q_1$ 以及 $\sum p_1 q_1 < \sum p_1 q_2$ 时），那就有可能找出一个折中点，这一折中点足以使我们指出，按照选择的次序，或者实际上占据较高的位置。行为线可以认为是理想的极限，如果我们总是能够靠着指数标准来使每两种情况发生联系的话，这种极限就可以达到。

进一步的评论

一、乔治斯库-罗根教授批评原理 II，说它是"不正确"的。[①]他这样说的意思是，我不能**在定义二的意义上**来规定 A 应当优先

① "选择与显露的偏好"，《南方经济学杂志》，1954 年 10 月号。

于 C 被选取。这是不错的。我应当这样写:"如果 A 与 C 之间存在着一种自由的成对选择,那么 A 将优先于 C 被选取"。这样一来,定义二需要加以扩充,以便赋予非市场情况下的选择以一种含义。于是,"显露的偏好"理论的批评家或者对我的行为线体系是根据实际选择而建立的这一主张进行批评的人就会说,这是不合理地采用非市场情况下的选择。当然,如果显露的偏好的理论家必须把他们自己完全限制在观察上面的话,他们是不会得到什么结果的。"斯密选择了 x"这一种观察不过仅仅说明斯密选择了 x,而没有选择任何其他可能选择的东西。我的主张是(或应该是),如果作出关于人们的选择的某些假定(它们不必都是仅仅靠观察市场行为就能得到验证的),那么,行为曲线体系就可以靠仅仅观察行为而建立起来。然而,如果有人行为,除非这些假设可以依据市场行为加以验证,否则这个理论是没有意义的,那么原理 II 可以重新表述来克服这种困难。

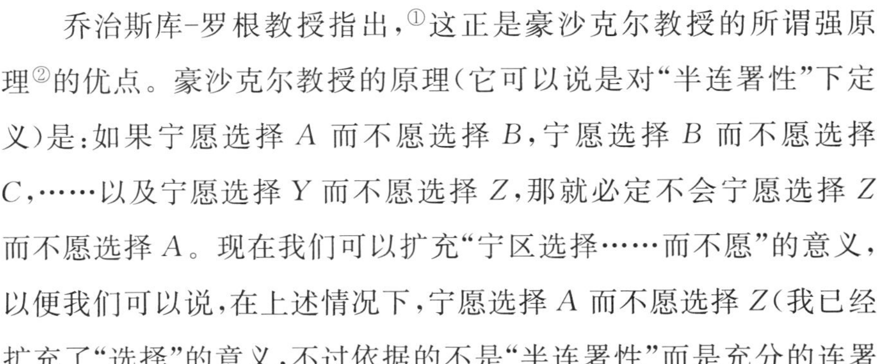

乔治斯库-罗根教授指出,[①]这正是豪沙克尔教授的所谓强原理[②]的优点。豪沙克尔教授的原理(它可以说是对"半连署性"下定义)是:如果宁愿选择 A 而不愿选择 B,宁愿选择 B 而不愿选择 C,……以及宁愿选择 Y 而不愿选择 Z,那就必定不会宁愿选择 Z 而不愿选择 A。现在我们可以扩充"宁区选择……而不愿"的意义,以便我们可以说,在上述情况下,宁愿选择 A 而不愿选择 Z(我已经扩充了"选择"的意义,不过依据的不是"半连署性"而是充分的连署

① "选择与显露的偏好",《南方经济学杂志》,1954 年 10 月号。

② "显露的偏好与效用函数",《经济学报》,1950 年。

性)。现在按照图附3的方式,假定宁愿选择A而不愿选择B以及宁愿选择C而不愿选择A。这种关系意味着,人们不会宁愿选择A而不愿选择C和宁愿选择B而不愿选择A。[①] 然而,从图附3的制法看来,十分明显当B被选取时,C并不具有被选取的可能性——因此不会宁愿选择B而不愿选择C;而且决不会这样,因为按照原理III,在任何其他价格—收入情况下B都是不会被选取的。因此依据“宁愿选择……而不愿”的扩大了的定义和半连署性的关系,宁愿选择C而不愿选择A和宁愿选择A而不愿选择B,意味着,宁愿选择C而不愿选择B——这就是充分的连署性。

但是这种重新表述还不能完成彻底摆脱那些无法通过市场行为来验证的原理的任务。原理I显然不能这样加以验证。然而事实上原理I看来是不必要的,因为实际上定义二起了必要的作用,使我们能够对预算线上的各点及其下方的各点进行比较。在我看来,这个定义是很难加以反对的。

二、在制图方面存在的一个漏洞是假设说明下部行为线集的微分方程应当具有连续的偏导数,因为这是不能依据经济上的选择来给以任何可以检验的意义的。为了排除F的下部行为线与B的下部行为线相割的可能性,这个假设并不是必要的(见我引证的《牛津经济论丛》一文)。不过,为了杜绝它们二者在B点相连接的可能性,却非有此假设不可。因此,如果行为线像本书第二章图2.5那样分叉的话,制图就似乎是不可能的。假使在该图中,AC确实是C

① 一条具有这样意思的原理(即萨缪尔森教授所谓“弱原理”,见《经济分析的基础》,第151页)应当列入这些原理当中,但是现在它已包含在半连署性原理里面了。

的行为线，那么现在的图会把 AC 线绘成 C 的上部行为线，但是它也会把 BC 线绘成 C 的下部行为线。就我所知，好像所有其他“显露的偏好”的老手都曾经作过某种类似的分析上的假定。[①]

三、另外一点困难（也是乔治斯库-罗根指出的，参看《选择与显露的偏好》，《南方经济学杂志》，1954 年 10 月号）是，除非两种商品（一般情况是每一种商品）都消费一些，否则原理 III 是不能成立的。然而在一般情况下，这显然是不真实的。几乎没有人会把每一样东西都消费一点。（可是取消这条原理，福利经济学的普通结论——参看本书第 31—32 页及附录三——和显露的偏好理论也就被推翻了）。然而对第二节所讨论的来说，这似乎并不是一种额外的困难，因为，如果假定了连续性偏导数的存在，那么现在这条原理也就没有必要了。

四、豪沙克尔教授在前面提到的文章中已经指出，目前这种分析可以推广到两种以上的货物。在这样做时，他指出，如果连署性站得住脚的话，那么行为线就可以合成为面（事实上乔治斯库-罗根教授已经指出这一点[②]）。他在形式上证明面上各点是彼此相等的（＝对称的、反射的和连署的）。因此它们可以看成是无差异的（因为无差异也就是同等关系）。可是这并不意味着它们不能按照选择的顺序来排列——因为，即使不能够，从它们属于同一边界线的意义来说，它们仍然是相等的。

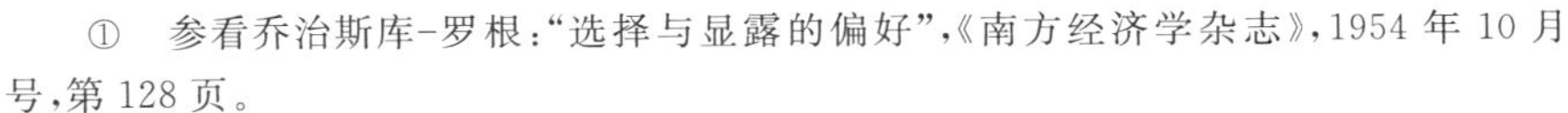

① 参看乔治斯库-罗根："选择与显露的偏好"，《南方经济学杂志》，1954 年 10 月号，第 128 页。

② "消费者行为的纯理论"，《经济学季刊》，1935—1936 年。

附录三 纽结行为线与边界最适度

在第二章中我们讲过，即使不假定个人行为线是平滑的曲线，福利经济学的很大一部分依然是有效的。

首先考虑一下“最适度”的交换条件。人们不再能够说不同个人之间的边际替代率的相等是最适度的必要条件，因为不再能假定独特的边际替代率是存在的。然而，给定要分配的货物总量，人们仍然可以说它是帕累托最适度的**一个充分**条件。帕累托最适度就是所有的个人能够在使总供求相等的价格下任意进行交易。这纯粹是从每一个人的均衡点是预算线对最高行为线的切点而不是交点这一假设推论出来的。由此可知，不会有两条个人的行为线(如在埃杰渥斯盒形图中那样)互相交叉。然而，这就不再需要有一种单独的价格，因为对那些具备纽结曲线的个人来说，他们有一种不同的价格，而丝毫不移动他们的均衡点，那是可能的。

其次，两种货物之间的边际变换率应当等于边际替代率这一条件也不再适用了。取而代之的是这样一个条件：即边际变换率应等于两种货物的相对均衡市价。如果这个条件满足了，那么，根据在上面一段话里所叙述的理由，变换曲线就不能与任何个人行为线相交了。与其他“最适度”条件结合在一起，这就成为帕累托最适度的一个充分条件。这不再是一个必要条件，因为变换曲线与价格线相交而不与一条个人行为线相交是可能的。

从这些条件推求出来的定理仍旧是正确的，这条定理是，如果所有货物的生产都推进到边际成本和价格相等的一点，那么，在外部经济和不经济都不出现的情况下，一种帕累托的最适度就达到了。但它变成了一种充分的条件而不是充分而必需的条件。完全竞争可以满足这个条件这一定理并没有受到影响。

福利经济学基本上不受纽结行为线的干扰，这一点不仅在学术上极为重要。只要人们的行动完全一致的话，他们的行动方式就含有纽结线之意，这一点很可能是不错的。当人们至少在某种程度上按照两种或两种以上的指导原则来排列他们的选择，依照选择的先后次序（否则无从比较）来排列时，上面这种情况是很容易产生的。让我们举例来阐明这种原则。[①] 假定一个人首先依据"生活"原则，其次依据"快乐"原则在两种商品中进行选择，"生活"原则在得到充分满足之前具有绝对优先权。在一个人为维持健康获得足够的热量、维生素等等以前，他

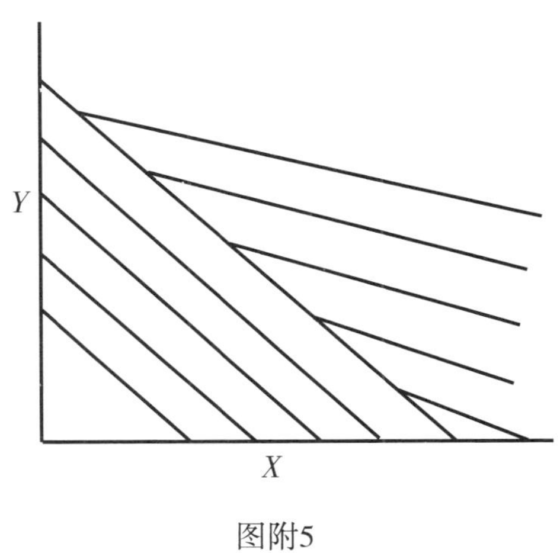

图附5

① 这个例子是乔治斯库-罗根提出的，见"选择的预期与可测度性"，《经济学季刊》，1954 年 11 月号。

对某些组合比其他组合更为爱好这一点是不起作用的。这样一个选择计划将会产生如图附 5 所示的那种行为模式。粗线是“生活”原则充分满足时各点的轨迹，“快乐”原则仅仅在这根线上面及其上方才取而代之。任何一条“生活”线上的各点全都是按“快乐”原则来排列的，因此**不可以**把它们说成是无差异曲线。

曲线的纽结大概是很普通的，这一点通过下面的考察就可以看出来。在大多数人的预算中，有某些价格不等于零的货物，在“收入—补偿”（“income-compensated”）的跌价下是不会增加消费的（跌价必须是“收入—补偿”性质，否则人们也许会认为跌价是由于劣等货物的关系）。这就意味着纽结。我个人要说，我所消费的大多数货物都属于这一类。其中一个原因当然是许多消费品的不可分性。另外一个原因是，人们要追求某几种欲望的满足直到饱和点，然后才考虑其他花钱方法（也许为了使生活简单化一点，和不要总是斤斤计较）。

组结行为线福利经济学的含义与“边界最适度”相同。读者在第八章中大概注意到，例解中的最适度位置总是在“盒”的内部。假使它处在盒的边缘上（如图附 6 所示），那又将发生什么情况呢？

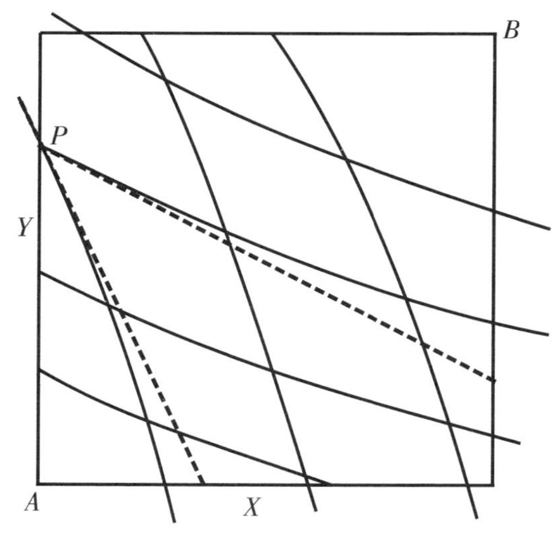

图附6

在盒内不存在各行

为线彼此相切的一点，“最适度”点全都处于盒的左上部的边缘上，这就形成契约曲线。试考虑“最适度”点中这样一点 P。通过 P 画两条价格线（虚线）分别与 A 的行为线和 B 的行为线相切。现在这两条价格线之一或介于它们二者中间的任何一条价格线都将产生一个均衡点 P。从两条行为线当中随便哪一条线上的任何一点出发进行交换，一直到达极限，即 A 没有更多的 X 来支付时为止，这对 A 和 B 二者来说都是合算的。

由此可见，边际替代率相等是没法谈的。然而这一点很容易看到，即：从图中任何一点出发，都必定会形成一种价格（如果双方都是自由交易而价格又随着需求过多或供给过多而涨跌的话），它所导致的位置就在盒的左面边缘或上面边缘上。结果正和纽结曲线的情况一样，使供求相等的单一市场价格依然是固定的货物组合在各个人之间“最适度”配置的一个充分条件。[①] 将纽结行为线考虑在内的类似上述的修正，也同样适用于其他最适度条件。按边际成本定价（连同交换条件）依然是帕累托最适度的一个充分条件，而完全竞争会导致帕累托最适度（在外部经济与成本不存在的情况下）这一理论也依然是正确的。[②]

乍一看来，“边界最适度”好像是不现实的；但这仅仅是因为我们的图只限于两种货物的情形。重新考虑以后就会想到，有大量东西是人们根本不消费的，而这一点对每个人来说多半都是适用

① 阿罗对这一情况作了更一般的论述，见“古典福利经济学基本定理的扩充”，《考尔斯委员会论文集》，新辑，第 4 期。

② 阿罗教授提到一个例外（见《古典福利经济学基本定理的扩充》），但是这个例外好像由于我们假定行为线不向东北方倾斜而被排除了。

的。不可分性可能是造成这种情况的最重要的原因，但不是唯一的原因，因为大多数人能够想到他们并不消费的许多可分的东西。一般地说，当商品面是多度空间时，人们就会预期每个消费者的均衡点是在面的边缘上或角落里。

最后还有这样一个问题：把"最适度"条件仅仅说成是达到帕累托最适度的充分条件而不是达到任何一种"最适度"的必要条件，是不是意味着福利经济学被显著地削弱了——是不是实际上使得它变得不那么适用了。初看起来，这的确削弱了福利经济学的理论。因此，在现实世界中"最适度"条件的未能满足，再也不能作为一个人没有达到帕累托最适度的证据了。但仍然可以争辩说，把这些条件付诸实行，就能保证一个人**确曾**处于帕累托的"最适度"状态。而最好是能拿稳。可是，这个理由看来可能并不是很强有力的。因此，只有不赞成现行的财富分配，才可以作为进行变革的充分理由。所以在理论上这种修正似乎会削弱福利经济学；而实际上它是否如此，那是大有疑问的。这是因为人们决不会在保持**现状**或使**全部**"最适度"条件付诸实行从而保证帕累托最适度之间进行实际选择的缘故。实际上，我们是在各种"次—最适度"位置之间进行选择，而需要进行变革的场合却是依据西托夫斯基或卡尔多—希克斯标准可能的满足来考虑的。

然而所有这一切都没有很大的重要性。因为，消费者只有一个，他的独特的替代率等于两种有关货物的相对价格，这意味着，变换率应与这一替代率相等仍是获致一个"最适度"的**必要**条件。如果不是这样的话，这个消费者在那两种货物的产量略有变动的情况下，就可以改善自己的处境而不致损害任何其他人；而对同样产量进行任何新的安排,都不可能做到这一点。因此,结论似乎是承认"最适度"条件是必要条件,同时要承认边界极大值与纽结行为线几乎是普遍存在的。

附录四　直接税对间接税[①]

下面是通常分析直接税与间接税(或贴补)的典型方式:[②]

假定有一单独的"经济人",他把收入花费在两种货物上面(其中一种可能是"货币")。在图附7中,Q_0是不收税时的均衡位置。当征收等于AB数额的X的所得税时,就达到Q_1。对Y可以征收到同样数额的间接税,结果达到位置Q_2。从曲线凸性的一般假设可以推定,Q_2比Q_1要差一些(待证)。

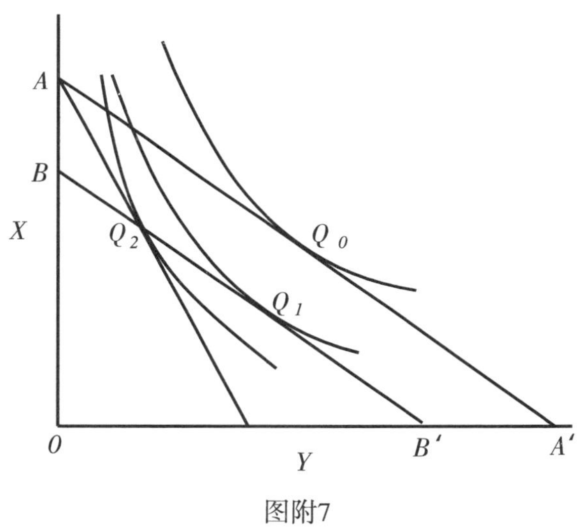

图附7

乍一看来,这个结果总好像是一种

① 这个附录是以我在《经济学杂志》1951年9月号用同一标题发表的一篇文章作为依据的。

② 试比较约瑟夫:"间接税的额外负担",《经济研究评论》,1939年6月号;沃耳德:"古典学派对间接税的控诉",《经济学季刊》,1945年8月号;汉德逊:"主张征收间接税的理由",《经济学杂志》,1948年12月号;皮科克与贝里:"简评收入再分配理论",《经济学报》,1951年2月号。

鬼把戏。因为它没有明显地涉及边际成本。可是大家都知道，不牵涉到边际成本就什么也不可能证明。[①] 明白提到的是下面这一点：为了使证明确实可靠，政府必需有可能买到同样的货物组合，不论这个人是处于 Q_2 还是处于 Q_1 的位置。这只有在 Q_2Q_1 具有与 X 及 Y 的变换曲线（即指出在不同数量的 Y 和固定数量的所有其他货物的条件下可能被生产出来的最大数量的 X 的曲线）同样的斜度时，才可以做到。从这一点可以推定，BB'的斜度必定等于这两种货物的相对边际成本。所以在图附 7 中，我们假定在 Q_2 与 Q_1 处的相对边际成本是一样的。

虽然图附 7 是针对着单独的个人画的，但是可以假定它是旨在说明提供同等货币额的两种不同税制对许多个人当中每一个人的相对影响的。因此，必须考虑相当大的生产上的变动。情形既然是这样，则在 Q_2 与 Q_1 处相对边际成本相等这一假定就与人们在这场合通常应用的递减边际变换率这一假定发生抵触。在其他方面，这种分析的片面性也是过分的和不必要的。当直接税改为间接税时，没有提到的那些货物的价格可能发生变动。当我们将这一点估计在内时，那就想象得到，任何既定的个人将会由于这种税制改变而获得好处。

然而，**假定劳动供给固定不变**，那么，所有这一切都不致推翻通常的结论（即间接税代之以直接税时，受益人可能超额补偿受害人）。图附 8 中，曲线 TQ_2Q_1T'就是给定所有其他货物的数量以

① 试比较弗里希-霍特林论战的原文，《经济计量学》，1939 年，第 145—160 页；特别是霍特林的最后论调，第 158—160 页。

及政府所需要的 X 与 Y 的数量时，X 与 Y 的变换曲线。[①] 在 Q_1 处，假定相对价格等于相对边际成本（这是由画一条在 Q_1 点与变换曲线相切的“社会无差异”曲线来表示的）。但在 Q_2，这一点却不能成立，因为当生产成本相对地降低（在边际上）时，Y 相对于 X 来讲变得更昂贵了。因此，仅仅根据相对价格与相对边际成本发生背离一点就足以推定 Q_2 并不是“最适度”状态。其他证明是不需要的，同时也是不可能的。但是，我们将指出，即令财富分配没有受到不利的影响，相对边际成本与相对价格的相等也不是改进的一个充分条件；**除非**我们作出劳动供给不受影响这样一个完全没有根据的特殊假设。

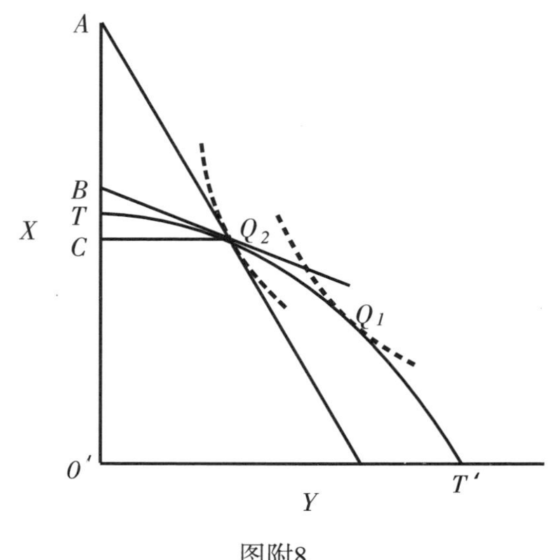

图附8

汉德逊提出了相反的意见：他认为，所有边际税都是对工作的征税（就替代效应来说，它也可以看成是对闲暇的一种补贴）这一事实并不能推翻反对间接税的理由。[②] 他的论证是这样的：间接税与直接税都会违反必要的“最适度”条件——闲暇对任何其他货

① 政府需求是绝对的这一假设只是为了阐述简单起见才作出的。在原则上，我们可以把政府当作一个“经济人”，他具有一致的效用曲线集。

② “主张征收间接税的理由”，《经济学杂志》，1948 年 12 月号。

物的替代率必须等于闲暇与该货物之间的变换率。然而他认为间接税也阻止闲暇以外的每两种货物之间的替代率与其相应的变换率趋于相等。因此，汉德逊写道：

> 如果需要一定数额的收入，那就必须用两种方法（即直接税或间接税）中的一种来限制消费者可以利用的资源使其不越出这种范围。但是征收间接税的方法还有一点不利的地方，那就是它会减低利用这些资源的效率，从而增加了一层负担。①

这一论证不能令人满意，因为它假定在两种情况下使用的资源是相同的，这一点从他提到“消费者可以利用的资源”一语就能够看出来。换句话说，不论征的是直接税还是间接税，都需要假定劳动供给是一样的。这等于说，就所有其他价格而论，每一个消费者对闲暇需求的交叉弹性等于零，也就是说，闲暇不能替代任何其他货物。实际上，劳动数量不变这一假设已经偷偷地钻进旨在证明直接税比间接税好的论证中，甚至当劳动供给被认为是一个变数时也是这样。如果我们当真能够合理地假定它在任何条件下都不会发生很大变动的话，那可能没有什么关系。然而，这却不是一个合理的假定。

我们试考察一下具有三种货物的完全竞争的经济，其中一种是闲暇。以 Z 代表闲暇，X 和 Y 代表其他两种货物。以 S 和 T 分别表示边际替代率与边际变换率。现在我们可以把三种情况区分如下：

① “主张征收间接税的理由”，《经济与杂志》，第 545 页。

I.直接税。这里我们得出：

$S=T$ 对于(X,Y)来说，

$S\neq T$ 对于(X,Z)来说，

$S\neq T$ 对于(Y,Z)来说。

II. 对闲暇以外的一种货物征收间接税。让 X 表示被征税的货物，我们得出：

$S=T$ 对于(Y,Z)来说，

$S\neq T$ 对于(X,Y)来说，

$S\neq T$ 对于(X,Z)来说。

III. 对于闲暇以外的两种货物征收不相等的间接税。这里我们得出

$S\neq T$ 对于(X,Y)、(X,Z)及(Y,Z)来说。

把第一种情况和第二种情况加以比较，就可以相当明显地看出，任何反对间接税的论点都不可能是完全笼统的。这两种情况是十分对称的。除非作出特殊的假设，否则凡是对于一种情况可以讲的对于另一种情况也可以讲。然而，即使人们认为间接税的意思通常是指第三种情况，看来也不可能得到什么结果。

现在让我们说明这一点。在图附 8 中，ABC 是减去政府的固定需要以后的生产面。假定政府成功地运用预算面，从而社会在这个面上所挑选的点也就是生产面 ABC 上的一点。如果挑选的一点在生产面的上方，政府就会得不到它所需要的货物；如果在生产面的下方，它所得的又会超过它所需要的。

Q_0、Q_1、Q_2、Q_3 及 Q_4 是面上的几点。AA'、BB'及 CC'是面上的线，沿着这些线就能使三个“最适度”条件中的一个得到满足。

因此在 CC' 线上的任何一点，Y 对 X 的偏替代率(闲暇保持不变)等于偏变换率(闲暇保持不变)。这些契约线如果分别投影在 BOC，AOC 以及 AOB 上面，就与普通的契约线相类似了。Q_0 点是所有最适度条件都得到满足的唯一的一点。第一种情况使我们停留在 C 与 Q_0 之间的 CC' 线上。第二种情况使我们停留在 A' 与 Q_0 之间的 AA' 上或 B' 与 Q_0 之间的 BB' 上。第三种情况把我们带到这些契约线以外的某一点。图附 7 的一部分嵌进到图附 8 中。平面 $TQ_2Q_1T'Q'$ 在两个图中是都出现的。

主张直接税或贴补的人必须断言，在 CC' 线上的每一点都比生产面上的任何其他一点要好些。靠直觉就可以明显地看出，没有任何理由断言 CC' 线上的各点优于 AA' 及 BB' 线上的各点。然而，比较小的要求，即在契约线上的各点优于不在契约线上的各点，却是可以提出来的。

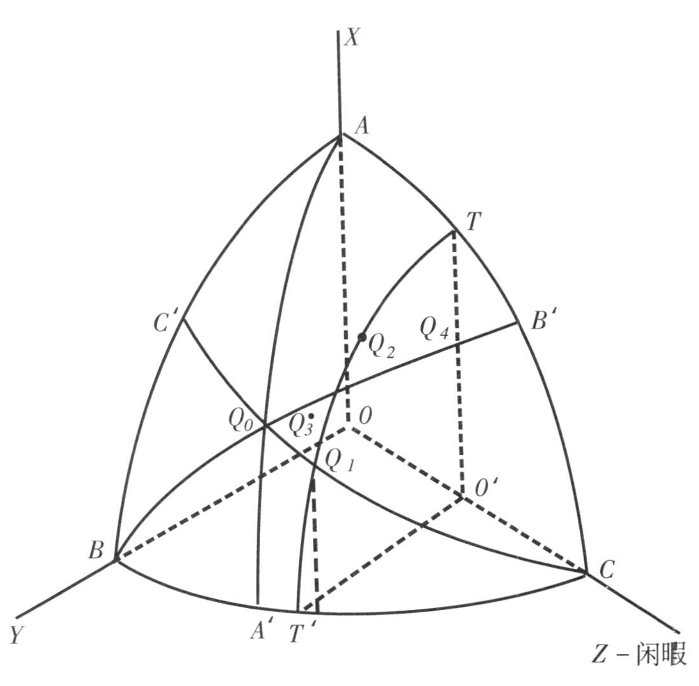

图附9

那么，对于 Q_0、Q_1、Q_2、Q_3 或 Q_4 这样一些点的相对优越性又能说些什么呢？首先，Q_0“优于”任何其他点，因为所有“最适度”条件都得到了满足。[①] 换句话说，一个“社会无差异”面同生产面相切于 Q_0，它不可能位于任何其他点的生产面的下方。其次，相应于 Q_1 的“社会无差异”面不可能位于 Q_2 附近的生产面的下方。这是因为它同 $T'Q_1Q_2T$ 这条线相切于 Q_1 处的缘故。第三，这两个条件应当得到满足，而同一无差异面应当或不应当位于像 Q_3 这样一点附近的生产面的下方，这二者是十分符合一致的。因此，似乎没有任何理由可以支持 Q_1 必定“优于”Q_3 的主张。从 Q_1 向 Q_3 的移动将会减少闲暇的时间。但是，如果给定适当的生产面与无差异面，那也可以想象得到 Q_1 的无差异面应当位于像 Q_4 这样一点(在这里闲暇时间有所增加)附近的生产面的下方。结论是，除非闲暇时间肯定不变，否则就谈不到直接税的“优越性”。

我们已经知道，汉德逊教授的论点是以劳动供给固定不变这一说法为依据的。就图附 9 来说，这意味着人们认为由直接税改为间接税总会引起像 Q_1 这样一点向像 Q_2 这样一点的移动，而闲暇则保持不变。如果把这种说法推进到逻辑的极端，它是极其荒谬的。它意味着劳动供应量仅只是政府所消费的货物量的函数。用极端的话来说，这意味着，即使所得税是全部收入的百分之一

① 我们说一点“优于”另一点的意思是，它的“社会无差异”面在那一点附近的另外一点的外侧(即对原点的距离比另一点远)通过；这就意味着，在从后者移向前者的过程中可能遭受损失的受害人无法有利地贿使潜在的受益人来反对这种变动。因此，如果 x 的无差异面处于 y 附近的生产面的下方，那就不会有一点 x“优于”任何其他被挑选的一点 y。

百，消费品如免费供应的话，人们仍然会做同样多的工作。一般来讲，我们必须说反对间接税的“纯理论的”理由是不存在的。

我们已经知道，在理论上反对间接税的一般论点是没有的。另一方面，撇开人们并不老是知道什么对他们有利这一先天性的理由不谈，我们还可以讲许多赞成间接税的话。它是向较穷困的阶级征税的一种比较便当的方法，它不像所得税那样容易逃脱。间接税的调整可以比直接税来得快。所以它在调节有效需求方面是有效的。在非常时期，例如在我们想要使消费倾向发生变动的场合，采用能够迅速增减的间接税是有益的。倘使人们把这种变动看作是临时性的，那就会取得预期的效果。而且在非常时期，物资缺乏妨碍产量调整到价格和边际成本相等为止，间接税（这时它不会违反任何“最适度”条件）就可以防止某些再分配的不良影响。因此它可以用作防止暴利的武器。

把一切都加以考虑以后，如果行政当局大大地忽视“反对间接税的理由”，我们就很难提意见了。这并不是说，有时在特殊情形下，反对间接税也许没有适当的理由。一个典型的论点是，“为什么要对奢侈品征税？提高所得税的累进率并让那些仍然比较富裕的人随意地指导生产反倒好些”。这个论点是多么有力量，请读者自己判断，只要记住上述的论点以及某些奢侈品可能引起外部不经济这一事实就行了。对某些人来说，这个论点是否正确可能要取决于这一奢侈品是否会引起消费方面的外部经济或不经济这个问题。还必须注意到，对奢侈品征收间接税，会使具有同样货币收入的人的实际收入发生变化。即变得有利于家庭人口较多的人。

如果能够大胆作出任何一般论述的话，那也不过是，最好的赋税就是那些对需求弹性最小的货物所征收的税。这对补贴来说也是同样适用的。类似对闲暇实行贴补的所得税也并不例外。只有在人们对闲暇的需求高度缺乏弹性的场合，它才是一种好税。纯理论上的“反对间接税的理由”是一种错觉。更一般的错觉的一个特例是认为，对一种改进来说，如果财富分配没有受到不良影响的话，只要将产量调整到价格与边际成本保持同一比例就足够了，或者大概就足够了。

译名对照表

三　画

马歇尔　Marshall
凡勃伦　Veblen

四　画

比克尔迪克　Bickerdike
贝里　Berry

五　画

边沁　Bentham
布莱克　Black
汉德逊　Henderson
卡尔多　Kaldor
卡莱基　Kalecki
兰格　Lange
刘易斯　Lewis
皮科克　Peacock
艾伦　Allen
艾利斯　Ellis
弗莱明　Fleming
弗里许　Frisch

六　画

安德鲁斯　Andrews
毕晓普　Bishop
达尔顿　Dalton
乔治斯库-罗根　Georgesou-Roegen
约翰逊　Johnson
约瑟夫　Joseph
列昂节夫　Leontief
米德　Meade
米山　Mishan
迈塞斯　Mises
西托夫斯基　Scitovsky
西格尔　Siegel
华尔希　Walsh

七　画

张伯伦　Chamberlin
张波尔诺　Champernowne
克拉彭　Clapham
克罗斯兰　Crosland
库兹涅茨　Kuznets
杜尔宾　Durbin
希克斯　Hicks
李特尔　Little
麦肯齐　McKenzie
庇古　Pigou
苏普斯　Suppes
沃耳德　Wald
沃尔斯维克　Warswiok

图书在版编目(CIP)数据

福利经济学评述/(英)李特尔著;陈彪如译.—北京:商务印书馆,2017
(汉译世界学术名著丛书:120年纪念版:珍藏本)
ISBN 978-7-100-14080-5

Ⅰ.①福… Ⅱ.①李… ②陈… Ⅲ.①福利经济学—研究 Ⅳ.①F061.4

中国版本图书馆CIP数据核字(2017)第138712号

汉译世界学术名著丛书
(120年纪念版·珍藏本)
福利经济学评述
〔英〕李特尔 著
陈彪如 译

商 务 印 书 馆 出 版
(北京王府井大街36号 邮政编码100710)
商 务 印 书 馆 发 行
南京爱德印刷有限公司印刷
ISBN 978-7-100-14080-5

2017年12月第1版 开本710×1000 1/16
2017年12月第1次印刷 印张23¾
定价:115.00元